LIRE
L'INITIATION À LA VIE BIENHEUREUSE
DE JOHANN GOTTLIEB FICHTE

DANS LA MÊME COLLECTION

Lire le Principe d'individuation *de Duns Scot*, par Olivier Boulnois, 224 p., 2014.

Lire le Tractatus logico-philosophicus – *Wittgenstein*, sous la direction de Christiane Chauviré, avec les contributions de J. Bouveresse, S. Gandon, S. Laugier, E. Halais, L. Soutif, J.-Ph. Narboux, D. Perrin, L. Raïd, 288 p., 2009.

*L'*Introduction à la métaphysique *de Heidegger*, sous la direction de Jean-François Courtine, avec les contributions de M. Crépon, F. Dastur, É. Escoubas, S. Jollivet, J. Greich, J. Grondin, M. Roesner, Ch. Sommer, F. Volpi, 240 p., 2007.

Les Méditations cartésiennes *de Husserl*, sous la direction de Jean-François Lavigne, 224 p., 2008.

L'unité de l'intellect de Thomas d'Aquin. Commentaire du De unitate intellectus contra avveroistas, par Alain de Libera, 560 p., 2007.

Religion, liberté, justice. Sur les Lettres écrites de la montagne de J.-J. Rousseau, sous la direction de Bruno Bernardi, 320 p., 2005.

L'évolution crétrice de Bergson, sous la direction d'Arnaud François, 352 p., 2010.

Lectures de la Krisis *de Husserl*, édité par F. de Gandt et C. Majolino, 304 p., 2008.

ÉTUDES & COMMENTAIRES

Directeur : Jean-François COURTINE

Patrick CERUTTI (dir.)

LIRE
L'INITIATION À LA VIE BIENHEUREUSE
DE JOHANN GOTTLIEB FICHTE

Introduction par

Miklos VETÖ

PARIS

LIBRAIRIE PHILOSOPHIQUE J. VRIN

6, place de la Sorbonne, V^e^

2017

Imprimé en France

ISSN 1769-5716
ISBN 978-2-7116-2758-5

www.vrin.fr

Patrick Cerutti

PRÉSENTATION

En 1976, un an avant sa disparition, Jan Patočka livre dans « Autour de la philosophie de la religion de Masaryk » sa plus profonde méditation sur la mort et l'éternité et son testament spirituel. Cette longue étude, centrée sur une lecture de *Faust* et de l'œuvre de Dostoïevski, s'ouvre cependant sur un éloge inattendu de la théologie morale de Kant. Patočka emprunte à Dieter Henrich l'idée que la doctrine des postulats, fort décriée d'ordinaire, est le fondement d'une nouvelle métaphysique du sens. Plus exactement, elle inaugure une nouvelle théologie du Verbe qui comprend Dieu uniquement à partir de son rapport à l'homme. Les développements ultérieurs d'une grande partie de la philosophie européenne et notamment les théologies de Feuerbach, de Nietzsche et du pragmatisme seront entièrement tributaires de cette « nouvelle science de Dieu, conçue du point de vue du sens de la vie humaine dans le cadre du sens général de l'univers ». Avec cette théologie critique apparaît quelque chose de radicalement inédit : « jamais auparavant il n'avait été nécessaire ni même possible de réfléchir sur le "sens" du monde et de la vie »[1].

La doctrine des postulats scelle donc la fin de l'ancien concept métaphysique de Dieu. En n'attribuant à la divinité que des qualités relatives à la détermination morale du monde, comme la bonté, la justice, la qualité de créateur et de législateur, la théologie morale fonde une nouvelle métaphysique qui trouve son point d'appui dans l'agir humain. Kant, en faisant

1. D. Henrich, *Der ontologische Gottesbeweis*, Tübingen, Mohr, 1960, p. 187-188 n.; J. Patočka, « Autour de la philosophie de la religion de Masaryk », in *La crise du sens*, trad. fr. E. Abrams, Bruxelles, Ousia, 1986, t. I, p. 139-142.

de Dieu le garant de la réalisation de l'harmonie de la nature et de la moralité, en l'érigeant, autrement dit, en condition indispensable pour que le monde et l'activité morale dans le monde n'apparaissent pas comme vains, rend possible l'exploration systématique du concept de sens. Il est le premier « penseur du sens ». La limite de son analyse cependant est de ne pas avoir extrait ce concept de ses « objectivations et fixations réflexives » et de ne le comprendre qu'à travers les notions de fin et de valeur, autrement dit à travers des concepts hérités de la métaphysique traditionnelle.

Kant, tout occupé à édifier une téléologie objective, « n'analyse pas le concept de sens, il n'analyse pas le "en vue de" auquel se rapporte notre comportement volitif, notre activité pratique concrète, il n'en présente pas la phénoménologie »[1]. Mais, si nous comprenons bien, en érigeant la théologie morale en connaissance de l'insondable principe de détermination de notre volonté, le maître de Königsberg inaugure en même temps dans la métaphysique de l'éternité un style nouveau, orienté vers le sens du monde et de la vie, compréhension à laquelle le renouvellement de la métaphysique onto-théologique par Hegel et Schelling aurait nui. C'est parce qu'à l'exact opposé de toute théosophie, il fait de l'argument moral un *argumentum kath'anthropon*[2] que nous lui devons la découverte du sens. Malgré l'insatisfaction profonde que fait naître la doctrine des fins de la *Critique de la faculté de juger*, Kant prépare ce que Fichte accomplit, à savoir le dépassement de la téléologie par la philosophie de l'action. Un pas reste à franchir, qui lui ferait dire que c'est du point de vue de la pratique seule, et non par exemple du point de vue de l'esthétique, qu'il existe des fins et une réalité originaire.

Patočka marque nettement sa préférence pour des auteurs qui, comme Heidegger, Dostoïevski ou Thomas Mann, soutiennent que tout sens est, en tant que tel, un sens fini. Nous pouvons cependant aussi nous arrêter sur le premier moment de son analyse, qui présente Fichte comme le penseur qui transforme d'un seul coup toute la situation de l'homme en faisant de l'activité pratique quelque chose qui repose sur son propre sens. Deleuze dit de Nietzsche qu'il est le premier à poser la question du sens. Nous croyons que l'idéalisme allemand la pose avant lui, et plus décisivement encore en l'enracinant dans l'expérience de l'activité ou en faisant de la problématique de l'agir celle de l'homme en général.

1. D. Henrich, *Der ontologische Gottesbeweis*, t. I, *op. cit.*, p. 149.

2. I. Kant, *Les progrès de la métaphysique en Allemagne depuis Leibniz et Wolf*, trad. fr. L. Guillermit, Paris, Vrin, 1990, p. 69.

L'originalité de l'analyse fichtéenne est en effet de faire de Dieu le garant du sens en tant précisément qu'il peut être cherché dans le monde des hommes et leur est présent dans leur vouloir. Dieu ne peut se manifester que dans un être actif et libre. En étant constamment actif, en faisant vivre l'idéal en nous, nous découvrons « le seul vrai Dieu qui est en nous », disait le premier Fichte[1]. Notre action a une signification et une portée dès lors qu'elle s'insère dans un ordre du monde vivant et efficace. Comme l'expliquait alors Jean-Christophe Goddard, « c'est à une telle efficacité *hors de nous*, c'est-à-dire hors de nos actions, que renvoie l'idée de Dieu comme ordre moral du monde : il est cette force de fertilisation sans laquelle nos actions morales seraient vaines ; il désigne la fécondité morale du monde »[2].

Dans l'*Initiation à la vie bienheureuse*, Fichte va plus loin et substitue à l'idée d'ordre moral du monde l'image du Règne de Dieu : ce qui donne la béatitude est la conviction qu'à travers mon action le Règne de Dieu se réalise[3]. Dieu n'a pas besoin de moi pour être, mais il a besoin de mon action pour que son Règne vienne. L'*Initiation à la vie bienheureuse* est donc autant une méditation sur le Prologue johannique qu'un commentaire du Notre Père. « Que ton Règne vienne » veut dire : que vienne, au moyen de la liberté, un état du monde où Toi seul es, vis et gouvernes. Alexis Philonenko notait déjà qu'en 1806, dans cette série de conférences, la foi reçoit une fonction différente de celle qui lui était dévolue à la fin de la *Destination de l'homme* : « elle signifie la totalisation des esprits et, par voie de conséquence, non seulement un ordre moral du monde, mais encore l'avènement du Royaume de Dieu »[4].

Avec cette idée de Règne ou de Royaume de Dieu disparaît tout ce qui, dans la notion d'ordre du monde, pouvait faire penser que l'Absolu ne relève que d'un simple idéal. Ce Règne est en quelque sorte déjà là. Il n'est pas autre chose que le monde des esprits des individus raisonnables et nous avons seulement à l'actualiser en nous : « dans la liberté, Dieu s'est déjà

1. Lettre à Jacobi du 30 août 1795, *Gesamtausgabe der bayerischen Akademie der Wissenschaften*, R. Lauth u. H. Gliwitzky (hrsg.), Stuttgart-Bad Cannstatt, Frommann-Holzboog, 1995 [dorénavant abrégé GA], Bd. III, 2, p. 392.

2. J.-C. Goddard, *La philosophie fichtéenne de la vie. Le transcendantal et le pathologique*, Paris, Vrin, 1999, p. 207.

3. J. G. Fichte, *Die Anweisung zum seligen Leben*, GA II, 9, p. 164 et 173; trad. fr. P. Cerutti, J.-C. Lemaitre, A. Schnell, F. Seyler, *L'initiation à la vie bienheureuse, ou encore la doctrine de la religion*, Paris, Vrin, 2012, p. 200 et 215.

4. A. Philonenko, *Métaphysique et politique chez Kant et Fichte*, Paris, Vrin, 1997, p. 470.

donné lui-même à nous, et il nous a donné son Royaume et toute la plénitude de sa béatitude, et il nous appartient seulement de développer tout cela en nous »[1]. À nous de comprendre que la béatitude n'est pas autre chose que l'affect qui accompagne l'action morale et qu'aucun miracle, ni aucun processus naturel ne peuvent nous la donner. Seule l'action éclairée par la pensée peut nous donner la vie bienheureuse : non pas celle qui n'est qu'obéissance à des prescriptions légales et dont l'amour est absent, mais celle qui ressortit d'une moralité créatrice.

Il ne fallait donc pas s'attendre à ce que le thème de l'agir disparaisse ou passe au second plan au moment où Fichte expose sa doctrine de la religion. L'*Anweisung zum seligen Leben*, l'*Initiation à la vie bienheureuse*, loin d'abandonner la perspective de l'action, montre comment celle-ci s'ouvre d'elle-même à la considération de Dieu et comment, dans l'agir, dans la participation à l'énergie divine, nous trouvons le moyen d'entrer dans la béatitude.

La dimension immédiatement pratique de cette « initiation » à la vie bienheureuse tient d'abord au fait qu'elle est une des quatre disciplines matérielles ou pratico-techniques qui accompagnent l'investigation transcendantale et tiennent lieu de supplément à la philosophie pure, la technique correspondant à la doctrine de la nature, la politique à la doctrine du droit, l'ascétique à la doctrine morale et l'initiation à la vie bienheureuse à la doctrine de la religion. De même que l'ascétique, à laquelle Fichte a consacré une étude séparée, donne lieu à une véritable éthique de l'exercice et fait signe vers la formation d'un *ethos* plus que vers l'adéquation à des usages existants[2], l'*Anweisung* prépare à la création d'une attitude ferme et constante que l'on appellera religiosité et qui consiste à se rendre attentif, en chacun de ses actes, au Dieu qui agit en nous.

L'importance de l'agir moral pour toute lecture de l'*Initiation à la vie bienheureuse* ne signifie donc pas, on le voit, que le point de vue de l'action supplante ceux de la religion et de la science ou les rende superflus, ou que, plus généralement, il soit sans danger d'isoler un des points de vue qu'elle distingue. L'agir moral ne représente même pas, semble-t-il, la manifestation originaire de Dieu, qui a lieu plutôt dans l'intuition intellectuelle. Elle n'est pourtant pas sans rapport avec cette dernière, car, comme le rappelle Bernard Bourgeois, dans ce qui reste la plus remarquable étude consacrée à ces thèmes, « la décision morale est en

1. *La doctrine de l'État*, trad. fr. J.-C. Goddard et G. Lacaze, Paris, Vrin, 2006, p. 102.

2. *Cf.* P. Cerutti, « D'une éthique de soi. L'ascétique comme supplément de la morale selon J. G. Fichte », *Revue roumaine de Philosophie*, t. 56, n° 1, 2012, p. 51-63.

l'homme qu'elle libère de l'être objectif le moment négatif crucial qui lui permet de s'ouvrir ensuite à l'Être et d'accéder à toute vie spirituelle positive »[1]. Plus simplement, nous dirons que les conférences de 1806 font reposer la religion et l'idée de Dieu tout entières sur un concept vivant de l'agir. La religion véritable est nécessairement active. Elle tient dans la conscience qu'en nous, Dieu parachève son œuvre, dans la conviction que, tant qu'il ne sort de nous aucune activité, Dieu n'est pas non plus actif en nous. Elle ne nous prescrit qu'une seule chose : reconnaître dans l'agir de chaque individu la figure que l'essence divine a prise en lui.

Maxime Chédin le rappelle dans l'étude qu'il consacre ici à la dixième leçon de cette *Initiation* : pour Fichte, l'amour de Dieu n'est pas seulement contemplatif. S'il est vrai que l'action découle de l'amour « en silence et en paix, de même que la lumière semble découler du soleil »[2], on peut dire que celui qui n'agit pas n'aime pas, tandis que l'homme religieux ne cesse pas d'être actif. Il ne cesse d'agir pour transformer le factuel et le rendre conforme à l'idéal.

Par cette action, l'homme religieux s'insère dans un ordre du monde vivant et efficace, auquel Dieu même s'identifie. À compter du moment où l'on se représente Dieu non comme un être, mais comme une vie, où l'on se persuade que son concept « ne se laisse absolument pas déterminer par des propositions existentielles, mais seulement par les prédicats d'un agir »[3], on comprend qu'il n'y a pas de monde, mais un ordre du monde, où ne se laissent penser « que des actes, des événements, quelque chose qui s'écoule, aucun être, aucune persistance immobile : un créer, un conserver, un régner, d'aucune façon un créateur, un conservateur, un souverain »[4]. On est alors en droit de conclure avec Maxime Chédin que la dixième conférence, qui clôt en quelque sorte l'ouvrage, atteint son point culminant dans l'injonction à « ne plus considérer le monde comme un *ordo ordinatus* agencé par un Dieu extérieur, mais à le vivre comme un *ordo ordinans* dans la réalisation duquel une place déterminée m'est assignée. Cet *ordo ordinans* (le monde se faisant, se révélant progressivement pour ce qu'il est : manifestation de l'essence divine), dont je suis une fraction déterminée, c'est Dieu même ».

1. B. Bourgeois, *L'idéalisme de Fichte*, Paris, Vrin, 1995, p. 125.

2. *Die Anweisung zum seligen Leben*, GA I, 9, 170 ; trad. fr. p. 210 (modifiée).

3. *Rückerinnerungen, Antworten, Fragen* [1799], GA II, 5, p. 180 ; *Rappels, réponses, questions*, *La querelle de l'athéisme*, trad. fr. J.-C. Goddard, Paris, Vrin, 1993, p. 168.

4. *Rückerinnerungen, Antworten, Fragen*, GA II, 5, p. 174 ; *Rappels, réponses, questions*, *op. cit.*, p. 164.

En se sentant devenir partie intégrante d'un ordre plus large, en s'éprouvant comme l'être-là de Dieu, on acquiert une assurance dans son agir qui fait apparaître l'impératif catégorique lui-même comme une manière donnée de voir le monde, la deuxième des cinq possibles. Si en effet, comme l'indique encore Maxime Chédin, « on peut agir moralement – c'est-à-dire non pas conserver, mais *transformer* le monde – tout en possédant intérieurement et réellement Dieu », si même « l'un n'est en fait pas possible sans l'autre », il semble qu'avec cette conception de l'ordre moral du monde comme ordre actif et vivant s'engage un dépassement définitif du kantisme et de son idéal de liberté et de perfectionnement moral entendu comme simple devoir-être. Cet idéalisme subjectif paraît même se ramener, oserions-nous dire, à un simple point de vue du sens commun et relever d'une morale uniquement fondée sur l'interdiction, qui nous laisse sans orientation dans la vie.

L'originalité et l'importance des conférences de 1806 sur l'*Initiation à la vie bienheureuse* tiennent en effet largement à la manière singulière dont elles ordonnent les différentes façons possibles de se rapporter à l'objet infini. Fichte, on le sait, distingue cinq niveaux de la vie spirituelle, qui sont aussi cinq manières de jouir de soi-même et de la vie : le premier place la réalité dans le sensible, le deuxième dans une loi d'égalité et de droit qui ordonne le monde, le troisième dans des valeurs substantielles comme le saint, le beau, le bien et dans une liberté qui fait apparaître un monde nouveau au sein du monde sensible (c'est le point de vue de l'éthicité), le quatrième montre que ces trois sphères ne trouvent leur réalité qu'en Dieu et dans son être-là (c'est le point de vue de la religion). Quant au cinquième, inévitablement moins détaillé dans un écrit populaire comme l'*Anweisung*, il montre scientifiquement comment le multiple procède de la vraie réalité qu'est l'unité.

Les deux reconstructions de cette doctrine des points de vue que nous proposent ici Marco Ivaldo et Luc Vincenti, non seulement en donnent un aperçu complet qui les rattache aux constructions abstraites de la *Grundlage der gesamten Wissenschaftslehre* de 1794, mais mettent en valeur, sans l'isoler des autres, le point de vue de cette « moralité supérieure », différente de la doctrine élémentaire du devoir, qui caractérise le troisième niveau de la vie de l'esprit. La description de cette troisième façon de voir le monde est en effet une des contributions les plus originales de *L'initiation à la vie bienheureuse*. Elle acquiert ici une telle importance qu'un passage de la cinquième leçon tend même à faire reposer sur cette moralité supérieure toutes les formes d'existence dont elle fait la typologie, et la religion elle-même : « c'est par elle seulement et par ceux qu'elle a saisis que la religion et en particulier la religion chrétienne, que sagesse et science, législation et culture, – que l'art, que tout ce que nous possédons de bon et de digne de considération, sont venus dans le monde »[1].

Comme le montre Marco Ivaldo, l'amour des valeurs substantielles que le troisième point de vue met en avant n'est pas un amour inerte. C'est un amour qui pousse à créer ce qui n'existe pas encore et à inventer des expressions efficaces et convaincantes de ces valeurs : « du point de vue moral, le moi tend vers l'œuvre et se concentre en elle ». Fichte ira jusqu'à dire dans ses derniers textes que la « vie morale » n'est pas simplement une vie non-immorale, non-injuste ou non-vicieuse, mais une « vie véritablement, positivement morale, qui crée le monde moral » et projette sur le monde donné ce qui doit être absolument[2]. Elle est « une vie créatrice de monde »[3], et donc bien davantage que la simple transformation de la nature dont parlait la première philosophie pratique.

Or, lorsqu'il s'engage sur la voie de cette moralité créatrice, le moi pressent aussitôt, dans l'accomplissement même de son agir, comme le dit encore Marco Ivaldo, « que ce à quoi il aspire, c'est au déploiement d'une vie et d'un être divins dans sa vie et son effort individuels ». « S'il parvient à cette compréhension, il s'élève au niveau de la religiosité ». Celui qui agit par amour des valeurs substantielles en vient presque aussitôt à poser sur son agir un regard neuf et à se sentir « en tout et pour tout comme un organe de la vie divine ». Il renonce à l'autoaffirmation pour se faire partie intégrante du règne de Dieu sur terre. « La volonté divine se révèle en nous et à nous, êtres finis, toutes les fois que nous aimons quelque chose pour lui-même, et non en vue d'autre chose », dit encore Marco Ivaldo. Le passage du point de vue de l'éthicité vraie et supérieure à celui de la religion est presque immédiat. La religion apparaît au point où la moralité supérieure se comprend elle-même, où elle identifie une manifestation de Dieu dans ce que le troisième point de vue avait posé comme une création libre de l'homme. Le point de vue de la religion consiste en effet à reconnaître qu'il n'y a rien de plus haut à quoi l'on puisse aspirer que le développement de la vie et de l'être divins en soi.

1. *Die Anweisung zum seligen Leben*, GA I, 9, p. 110 ; trad. fr. p. 118.

2. *La doctrine de l'État*, *op. cit.*, p. 77.

3. *Ibid.* À notre connaissance, c'est Nicolai Hartmann qui, le premier, a mis en valeur ce thème de la moralité supérieure dans l'*Initiation à la vie bienheureuse* et l'a interprété comme passage à la volonté parfaite et destruction de la moralité commune et de la liberté (*cf.* N. Hartmann, *Ethik*, Berlin, de Gruyter, 1925 (1949), p. 697).

À la science ensuite d'établir avec la religion ce que Marco Ivaldo appelle un « lien de synergie », pour que la réflexion devenue amour divin apparaisse pour ce qu'elle est véritablement, à savoir une sagesse, « si l'on entend par là l'unité de la théorie et de la pratique, de la science et de l'amour, de la pensée et de la vie ». Quel autre nom donner en effet à une pensée qui est tout entière agir et à un agir qui est tout entier pensée ?

On peut alors conclure avec Luc Vincenti que morale et religion se rencontrent dans le dépassement de soi qui caractérise la moralité supérieure et il ne paraît pas excessif de parler avec cet auteur d'une véritable « prévalence de la philosophie pratique » dans l'*Initiation à la vie bienheureuse*, ni de voir dans ce cycle de conférences « un point d'orgue de la philosophie pratique de Fichte, et particulièrement de sa philosophie morale ».

Fichte le dit fortement : « la religion véritable, bien qu'elle élève à sa sphère l'œil de celui dont elle s'est emparé, maintient néanmoins sa vie dans le domaine de l'agir, et de l'agir authentiquement moral »[1]. En religion, il ne s'agit pas de se contenter de considérer et de contempler. Fichte, fidèle au sens de l'éthique protestante, refuse de faire de la religion « un simple rêve dévot » : « la religion n'est absolument pas une affaire existant pour elle-même, à laquelle on pourrait se consacrer à part des autres affaires, par exemple certains jours à certaines heures ; elle est au contraire l'esprit intérieur qui pénètre, anime et absorbe en elle tout notre penser et notre agir »[2]. L'agir religieux n'est pas mystique. Il est intégralement *Bildung*, culture, formation, et nous pouvons conclure à nouveau avec Luc Vincenti que « Fichte se démarque plus qu'il ne le faisait dans la *Destination de l'homme* d'une position seulement contemplative », tant ses conférences mettent en avant la « dimension pratique dans la religion ». Il est vrai que Fichte compte parmi les preuves de la supériorité de l'Évangile de Jean le fait qu'il est le livre du Nouveau Testament qui lie le plus fortement moralité et religion.

C'est grâce au « rapport privilégié » qu'entretiennent les points de vue supérieurs, morale et religion, que l'on peut le mieux apercevoir l'ensemble de la *Doctrine de la science*, conclut Luc Vincenti. « Un élément se trouve présent dans la description des autres points de vue, élément rappelé au début de la leçon consacrée en propre au point de vue religieux : c'est la béatitude, fin de l'amour, lui-même principe du point de vue religieux ». L'*Initiation à la vie bienheureuse* peut se lire comme « la

1. *Die Anweisung zum seligen Leben*, GA I, 9, p. 113 ; trad. fr. p. 123.
2. *Die Anweisung zum seligen Leben*, GA I, 9, p. 113 ; trad. fr. p. 124.

mise en perspective de la totalité des points de vue à partir de l'amour, principe de la religion». Et il est vrai que nous serions tenté d'appliquer aussi à la doctrine des points de vue ce que Fichte dit du monde éclairé par la religion: «dans l'obscurité de la vision terrestre des choses, tous les objets se trouvent séparés; chaque objet particulier est retenu en lui-même par la matière obscure et froide qui s'étend en lui; dans cette obscurité, il n'y a aucun tout. Que jaillisse la lumière de la religion et tout s'éveille, s'extériorise, se dispose en un ensemble dont les parties se tiennent et s'ordonnent mutuellement, et baigne dans un rayon de lumière unique, éternel et omniprésent»[1].

Nous aurions même tendance à dire que si la problématique de l'action est le meilleur point d'entrée dans l'œuvre de Fichte, le thème de l'amour en assure la continuité globale, comme l'indique expressément une lettre à Jacobi : «élève-toi par l'amour au-dessus du concept (dixième leçon) et tu seras immédiatement dans l'être sans forme, et par là dans l'être pur [...]. Mais cela, je l'ai dit *dès le début*, et la Cinquième partie de la *Doctrine de la science* faisait de l'*effort*, de la *pulsion* le véritable véhicule de toute réalité»[2]. *Streben*, *Trieb*, *Liebe* : avec cette équivalence se découvre un fil directeur unique à l'intérieur d'une œuvre qui, sans cela, paraîtrait protéiforme.

À son niveau aussi, l'*Initiation à la vie bienheureuse* a l'amour pour seul fil conducteur. On ne peut aimer sans agir, ni agir sans aimer. En soi, l'agir n'est rien, il est sans principe propre. Il est seulement la «tranquille apparition» d'un amour qui, en lui-même, vit déjà. Il est superflu de dire à celui qui aime : agis, car son amour vit déjà par lui-même. Le monde, l'agir sont les vraies œuvres de l'amour. De l'amour, l'action découle «comme le monde s'écoule effectivement hors de l'amour intime que Dieu se porte à Lui-même»[3]. L'amour qui fait vivre, l'amour qui fait agir, l'amour qui est la source et l'élément de toute certitude est le modèle sans lequel nous ne pouvons nous représenter le lien qui unit à Dieu l'homme et le monde, ni nous représenter la vraie nature du moi, qui est, en son fond, un produit de l'amour. Sans une véritable pensée de l'amour, nous ne pouvons même, à vrai dire, comprendre ce qu'est la philosophie et reconnaître ce que, depuis Pythagore, elle a le plus de mal à penser, sa dimension d'amour. La philosophie est amour, donc religion.

1. *Le caractère de l'époque actuelle*, trad. fr. I. Radrizzani, Paris, Vrin, 1990, p. 252.
2. Lettre du 8 mai 1806, GA III, 5, p. 356.
3. *Die Anweisung zum seligen Leben*, GA I, 9, p. 170; trad. fr. p. 210.

Ainsi, l'amour est ce qui unit Dieu et son être-là. Comme le montre Jean-Christophe Lemaitre dans son étude consacrée à Michel Henry, lecteur de *L'initiation à la vie bienheureuse*, à partir de cette analyse se déploie une authentique pensée de l'immanence et de l'immanence dans l'agir: « en pensant l'être comme amour, Fichte rompt avec l'idée selon laquelle l'absolu n'est que sur le fond de son surgissement à même l'altérité ». S'esquisse ici une sortie hors de la métaphysique de la représentation et de la transcendance.

L'effort original de Fichte pour penser la différence du *Sein* et du *Dasein* ou pour dire quelque chose de fondamental sur la structure de la phénoménalité avait particulièrement arrêté Henry. Mais si, comme le dit Jean-Christophe Lemaitre, « l'union de l'être et de l'être-là n'est possible que dans l'agir », on peut se demander si l'auteur de *L'essence de la manifestation* a bien appréhendé la nature de l'agir fichtéen : « l'agir paraît être caractérisé par Fichte comme tout autre chose qu'un rapport objectivant réinstaurant la transcendance, comme semble le penser Henry ». Il semble au contraire revêtir « une dimension ontologique, au sens henryen du terme, dans la mesure où c'est bien l'immanence de l'être absolu qui s'y manifeste ». Il faut même dire que c'est l'agir en tant que tel qui est « le lieu adéquat pour penser l'*essence* de la manifestation ».

Car c'est bien ce qui est en jeu dans l'analyse fichtéenne des rapports de la morale et de la religion, ainsi que l'indique le résumé que Fichte donne de sa neuvième leçon : « le nouveau monde que crée la moralité supérieure au sein du monde sensible est la vie immédiate de Dieu Lui-même dans le temps et ne peut être vécu en soi qu'immédiatement »[1]. L'être est *là* pour nous sous la forme d'une vie immédiate immédiatement présente à notre agir et à notre foi.

La vie religieuse n'a donc de sens, disons-le une nouvelle fois, que portée par l'action. « C'est l'activité vivante qui distingue la vraie religiosité de toute exaltation »[2]. C'est ce qui défend la philosophie de Fichte contre toutes les imputations de *Schwärmerei* qu'on a pu lui adresser et qui corrige, par exemple, le jugement peu inspiré que Jacobi portait sur nos conférences : « l'*Introduction à la vie bienheureuse* de Fichte est une introduction à l'anéantissement de soi. Ne sois plus, mais laisse être seulement Dieu, alors tu seras sauvé. Si tous suivaient ce conseil et l'accomplissaient vraiment, Dieu même accèderait à la vie bienheureuse, c'est-à-dire que tout être-*là* disparaîtrait. Mais, puisque l'être-là est inséparable de l'être, si,

1. *Die Anweisung zum seligen Leben*, GA I, 9, p. 52; trad. fr. p. 252.
2. *Die Anweisung zum seligen Leben*, GA I, 9, p. 113; trad. fr. p. 124.

per impossibile, l'être-là pouvait être accompli, c'est-à-dire porté à son terme, l'*être* même disparaitrait, et il n'y aurait plus ni être ni être-là »[1].

Fichte contredit très expressément cette analyse et il la dénonçait, semble-t-il, avant même que n'éclate la Querelle de l'athéisme. Dès 1798, il affirmait que ceux qui attendent l'anéantissement de leur individualité et une fusion avec Dieu « se trompent fort » : « leur vertu est et reste de l'égoïsme ». Ce qu'il s'agit d'anéantir n'est pas son existence, mais son individualité sensible, marquée par le pâtir, pour se rendre véritablement actif. La vraie vertu consiste à agir et, en agissant pour la communauté, à s'oublier soi-même. Chacun alors « devient Dieu autant qu'il est permis de l'être »[2]. Le seul oubli de soi qui ait un sens est celui de l'homme qui agit. C'est ainsi par exemple que doit se lire ce distique rédigé à la même époque que notre texte : « *Es sterbe was nichtbar, / Und fortan lebt nur Gott in deinem Streben.* Que meure ce qui peut être anéanti, / En ton effort ne vit alors que Dieu »[3].

C'est ainsi que nous est donnée la vie bienheureuse. De même que le moi ne reçoit pas l'indépendance du dehors, mais se la donne en agissant, nous pouvons et devons atteindre la béatitude ici et maintenant, sans attendre qu'elle nous soit donnée après la tombe. C'est dans la vie que nous devons trouver notre ciel. « Ce que l'on appelle ciel ne se trouve pas au-delà de la tombe ; il est déjà ici répandu autour de notre nature, et sa lumière se lève dans chaque cœur pur »[4]. L'immortalité est déjà là, présente, pour celui qui sait se déterminer lui-même, c'est-à-dire se hisser au-delà de tout ce que la vie apparente peut avoir de borné.

Du point de vue religieux, la vie n'a pas à être pensée à l'horizon de la mort, elle n'a pas à chercher ailleurs qu'en elle ce qui lui donne sens. Ainsi, « sur l'immortalité de l'âme, la Doctrine de la science ne peut nullement statuer : car, d'après elle, il n'est pas d'âme, ni de mourir ni de mortalité, par conséquent pas d'immortalité non plus, mais il n'est que la vie, et celle-ci est éternellement en soi-même, et ce qui est là est dans la vie, est aussi éternelle que celle-ci : la Doctrine de la science soutient donc comme Jésus : "qui croit en moi, ne meurt jamais, mais il lui est donné d'avoir la vie en

1. *Fichte im Gespräch*, E. Fuchs (hrsg), Stuttgart, Frommann-Holzboog, 1992, Bd. 6. 2, p. 674.

2. *Le système de l'éthique*, trad. fr. P. Naulin, Paris, P.U.F., 1986, p. 244. *Cf.* B. Bourgeois, *L'idéalisme de Fichte*, *op. cit.*, p. 112.

3. *Sonnett (1805-1806)*, GA II, 9, *Nachgelassene Schriften 1805-1807*, p. 454.

4. *Die Bestimmung des Menschen*, GA I, 6, p. 280 ; *La destination de l'homme*, trad. fr. J.-C. Goddard, Paris, Garnier-Flammarion, 1995, p. 189.

lui-même"»[1]. Nous vivons dans l'acte de la vie et ne pouvons en sortir. « Qu'est-ce alors que la mort? La mort ne s'éclaire que par opposition à la vie, comme la lumière par opposition aux ténèbres. D'où : *mori*, et non *mors*. Il n'y a pas de mort absolue, mais seulement un *amenuisement* de la vie qui, à un certain degré, se trouve pourtant aussi en ce qui est mort »[2]. Nous pouvons seulement vivre la vie, et la vivre de manière active, car vivre est un verbe actif, rien de neutre.

Nos conférences relèvent donc, pour ce qui est de leur contenu aussi bien que de leur mode d'énonciation, d'une parole « injonctive », « énergique », « vivifiante », prescriptive, qui « commande la vie » ou commande de vivre, comme le dit ici Jean-Christophe Goddard.

Il nous faut donc aussi interroger l'*Initiation à la vie bienheureuse* au niveau de son dire, de ce dire qui est un agir. Cette nécessité tient bien sûr en grande partie au genre littéraire auquel elle appartient, celui de l'exposé de philosophie populaire. On sait qu'après la Querelle de l'athéisme, Fichte ne fait plus paraître que des écrits populaires (à l'exception de l'*Umriss* de 1810). Or un écrit de ce type se soucie immédiatement de l'effet qu'il veut provoquer ou, plus exactement, de l'action qu'il veut faire naître. Il n'y a donc rien d'étrange à ce que Fichte, qui se présentait auparavant comme « un prêtre de la vérité »[3], se fasse ici prédicateur. L'*Initiation à la vie bienheureuse* doit provoquer en nous, comme l'a dit Philonenko, la réaction qu'a eue Fichte en découvrant la *Critique de la raison pratique* : elle doit nous faire dire non pas « je pense », mais « je vis dans un monde nouveau »[4].

Lire *L'initiation à la vie bienheureuse*, c'est donc prendre la mesure d'un acte en train de s'accomplir. C'est se faire l'auditeur d'une parole qui, comme le dit encore Jean-Christophe Goddard, est « authentiquement et concrètement une *Tathandlung*, un faire, parce qu'elle est un ensemble d'actions effectivement accomplies ». C'est aussi, semble-t-il, répondre à un acte par un acte, car lire ici, c'est faire. Fichte n'avertissait-il pas que l'on ne peut s'élever à la compréhension de ce qu'il enseigne « si l'on ne fait pas en sorte que cet objet s'engendre lui-même en lui », autrement dit si « *soi-même*, la personne, n'engendre pas quelque chose, à savoir la

1. *Die Wissenschaftslehre 1804²*, GA II, 8, p. 134.

2. *Wissenschaftslehre. Königsberg (1807)*, GA II, 10, p. 119.

3. *Über die Bestimmung des Gelehrten* [1794], GA I, 3, 58; *La destination du savant*, trad. fr. J.-L. Vieillard-Baron, Paris, Vrin, 1994, p. 78.

4. A. Philonenko, *Métaphysique et politique chez Kant et Fichte*, *op. cit.*, p. 455.

condition de cet auto-engendrement de la compréhension »[1] ? Plus fortement, on dira encore avec Miklos Vetö que « la prédication spirituelle que constituent ces leçons demande à l'auditeur et au lecteur de suivre son discours, mais en le repensant effectivement à partir de lui-même. La pensée pour être agissante doit être vie et seule une vie *vécue* au sens strict peut être bienheureuse ».

Peut-être convient-il alors de rendre à ces conférences leur dimension d'oralité, s'il est vrai que, comme l'affirme Jean-Christophe Goddard, « la Parole », la parole agissante est « nécessairement et exclusivement orale, en tant qu'elle est *anweisend zum Leben* – qu'elle prescrit de vivre ».

Il ne fait aucun doute que c'est bien là le sens du mot *Anweisung* dans le titre *Anweisung zum seligen Leben* et que commander de vivre est effectivement ce que Fichte cherche à accomplir quand il prononce ses onze conférences. Il n'en reste pas moins que ce terme est particulièrement difficile à rendre en français. L'auteur de ces lignes a fait partie du groupe de traducteurs qui a proposé en 2012 une nouvelle édition française de ce livre aux éditions Vrin et il n'oublie pas les heures passées à chercher un équivalent du verbe *anweisen* dans notre langue. Aucune des options qui s'offraient à nous : « directive », « instruction », « prescription », « méthode pour introduire », « préparation » ou ce que l'on nous propose aujourd'hui : « indication », « révélation » (!) ne convenait, aussi bien pour des raisons de sens que d'euphonie, ou même de simple correction. L'introduction d'Alexander Schnell qui précède la traduction s'était fait l'écho de cet embarras et elle était même le premier texte français à notre connaissance à réfléchir sur cette difficulté.

Peut-être l'auteur de ces lignes aurait-il dû suggérer de contourner l'obstacle et de se contenter d'un « Vers la vie bienheureuse » ou d'un équivalent aux « The Way towards the Blessed Life » et « Introduzione alla vita beata » des éditions anglaise et italienne. On ne l'aurait pas accusé d'être esclave des usages académiques et éditoriaux, entre autres outrances.

Aujourd'hui, il conviendrait plutôt de s'interroger, comme le fait David Wood, sur la continuité méthodologique des titres et de la terminologie philosophique de Fichte. Analyser la méthode d'appropriation créatrice du lexique et des titres des autres philosophes à laquelle celui-ci a régulièrement recours doit permettre, comme le dit David Wood, de « comprendre en quoi la philosophie de Fichte diffère de celle des autres penseurs et de dire s'il a apporté quelque chose de différent et de neuf ». Gageons qu'une telle analyse, si elle s'appliquait au verbe « anweisen », permettrait de

1. *Die Wissenschaftslehre. II. Vortrag im Jahre 1804*, GA II, 8, 5.

l'inscrire dans une intertextualité qui en préciserait le sens et de cerner dans quelles constellations lexicales il s'inscrit. Proposons un premier rapprochement : l'*Anweisung vernünftig zu leben* (1744) de Christian August Crusius.

Résumons-nous. La religion établit un fait : Dieu est présent en nous comme activité vivante. Elle offre donc, comme le dit ici Marc Maesschalck, « par sa structure relationnelle un *espace d'expérience* qui permet de dépasser la séparation (*Trennung*) de l'être et de l'existence au nom d'une essence de la manifestation ».

Or c'est le Verbe, tel qu'il est décrit dans le Prologue de l'Évangile de Jean, qui représente la libre factualité de ce processus. C'est en effet dans le verset : « toutes choses ont été faites par le Verbe », qui, par ailleurs, contient en germe toute la doctrine idéaliste du Logos, que Fichte croit découvrir le noyau philosophique du christianisme et ce qui en fait une véritable doctrine de vie. La tâche qui incombe alors à la doctrine de la religion est de montrer comment ce Logos, en tant qu'essence immanente et active, vie et lumière, est reçu dans la vie apparente. Plus précisément, elle doit montrer que c'est un seul et même Logos que la Doctrine de la science expose philosophiquement et Jean religieusement.

Cependant, comme le note encore Marc Maesschalck, la manière dont l'*Initiation à la vie bienheureuse* envisage la nature du Logos est assez singulière, à l'opposé de toute approche gnostique : de son point de vue, « il ne s'agit pas de lire le *Prologue* comme autant de propositions d'un *Tractatus* sur la vérité du Logos éternel, montrant comme Melanchthon par exemple que ce dernier procède du Père par la pensée en tant qu'image éternelle ». Les cinq premiers versets « ont pour fonction essentielle de ramener le lecteur au principe fondamental de l'Évangile Johannique : qui est celui-là qui nous parle ? Au nom de qui s'adresse-t-il à nous ? Est-il un nouveau prophète ? Or tous les événements qui se rapportent au Christ n'ont qu'un principe : sa relation intime avec la présence de Dieu en lui qui se manifeste à travers ses actes et qui s'éclaire de sa réflexion consciente à travers ses paroles. C'est dans la factualité de cette conscience historique que peut s'ouvrir un espace d'expérience propice à l'attente d'un esprit religieux nouveau ». En ce sens, Fichte serait assez proche d'un Bultmann dans sa tentative de démythologiser la figure christique, mais surtout sa recherche des conditions de « nouvelles attaches des attentes légitimes de la raison dans l'expérience immédiate et effective des capacités collectives » placerait sa conception de l'histoire aux antipodes de la conception providentialiste et triomphaliste de l'histoire de Schelling. Sans doute aussi cette conception très neuve de la religion pourrait se définir, comme le fait ici Jean-Christophe Goddard, comme « un pouvoir capable de lier le moi sans le détruire, de le faire participer à un “nous” dont l’être propre consiste dans la seule écologie des interactions systémiques, non concurrentielles, entre les êtres qui en participent ».

Or, quand bien même le point de vue de la religion pourrait suffire à nous donner la vie bienheureuse, à travers la doctrine johannique du Logos s’exprime une exigence supplémentaire. Comme le dit Marc Maesschalck, ce qui est au centre du Prologue du Quatrième évangile est la saisie « du point de jointure entre la religion et la science » ou, comme on le trouve dans une étude plus ancienne du même auteur, tout l’enjeu de la réflexion fichtéenne sur le Logos est « le passage de la religion immédiate porteuse d’une vision du monde à la religion comprise portée cette fois par la vision scientifique du monde »[1]. C’est aussi la grandeur de l’Évangile de Jean que d’offrir un lexique commun aux textes populaires et aux textes spéculatifs.

Quand bien même le point de vue de la religion possède une autonomie par rapport au point de vue spéculatif, la béatitude en Dieu « ne réside pas seulement en l’homme à la manière d’un instinct et comme une obscure croyance, mais désire au contraire rendre raison de son propre fondement »[2]. La religion authentique est pratique, mais sa vérité ne peut être appréhendée que par la pure pensée. « La religion, privée de science, est au fond une simple croyance, ce qui ne l’empêche pas par ailleurs d’être inébranlable : la science supprime toute croyance et la métamorphose en un regarder »[3]. Cela dit contre Kant, qui devait se résoudre à supprimer le savoir pour faire place à la foi, et contre saint Paul qui affirmait que « nous cheminons dans la foi, non dans la claire vision » (2*Cor* 5, 7). Seule la vision scientifique, seul le voir de l’unité de toutes choses en Dieu, qui saisit génétiquement le comment de cette unité, donne pleinement son sens à l’expérience religieuse.

Ainsi, pour comprendre le dernier Fichte, rien n’importe autant que de situer précisément le point de vue de la science par rapport à ceux de la morale et de la religion. La vie morale fait apparaître que l’être est là, la science montre qu’il est là nécessairement. Fichte entend par « être-là » l’extériorisation de l’être absolu sous la forme de la conscience et de la pensée : l’être non seulement est, mais est là ; il se révèle, se manifeste et

1. *Cf.* M. Maesschalck, « La religion comme miroir de la philosophie ? Confrontation de Fichte et Schelling en 1804 », *Archives de philosophie*, n°3, 2009, p. 443-462, p. 458.

2. *Die Anweisung zum seligen Leben*, GA I, 9, p. 104 ; trad. fr. p. 109.

3. *Die Anweisung zum seligen Leben*, GA I, 9, p. 112 ; trad. fr. p. 122.

c'est « nous » en tant que savoir qui sommes le *là* de Dieu[1]. Or, comme la raison absolue porte nécessairement en elle le fondement de son propre être-là, la présence de cet être-là ne devient réelle pour nous que dans la science, dans une genèse. Science et action nous apprennent la même chose, mais la science fait aussi apparaître la nécessité de ce qu'elle dévoile.

Le savoir est *là*; il est l'être-là de Dieu; Dieu est absolument, mais n'est *là* que dans le savoir: depuis au moins la *Doctrine de la science de 1801* (l'autre « lumière de 1801 »), il apparaît sans équivoque que ces énoncés constituent le cœur de la philosophie fichtéenne. La religion établit un fait: nous sommes l'être-là de Dieu, la science le génétise. Elle nous fait devenir génétiquement image de l'être. Le point de vue de la science s'empare de la conviction que tout le divers est fondé dans l'un et la fait devenir pour nous chair et sang, en tout cas si l'on en croit l'étonnante comparaison avec *Jn* 6, 53 qui figure dans les textes préparatoires de nos conférences: « si vous ne mangez pas la chair du Fils de l'homme et si vous ne buvez pas son sang, vous n'aurez pas en vous la vie. Boire et manger, c'est là le génétique »[2].

Pour ce qui est du besoin de se porter au point de vue scientifique, Fichte dit les choses assez clairement: « la vie bienheureuse et bienheureuse en Dieu n'est certes aucunement conditionnée par ce point de vue; néanmoins l'exigence de réaliser cette science en nous et dans les autres, relève du domaine de la moralité supérieure »[3]. La moralité créatrice fait encore valoir son exigence au moment de passer au point de vue de la science. Sans doute, comme le souligne Marco Ivaldo, il n'y a pas, dans ce passage d'une forme de vie à l'autre, développement nécessaire, mais il en va d'un saut, d'un choix, en un mot d'une détermination pratique (comparée par l'auteur au choix kierkegaardien d'une forme d'existence). Mais ce saut répond aussi à une exigence, car c'est seulement à travers la science que nous pouvons prendre la mesure de la manifestation du Verbe en nous, telle que le Prologue de l'Évangile de Jean le décrit. « Tout homme peut et doit parvenir à l'unité avec Dieu et devenir dans sa personnalité l'être-là même de Dieu, c'est-à-dire le Verbe éternel »[4].

1. *Die Anweisung zum seligen Leben*, GA I, 9, p. 94; trad. fr. p. 95.

2. *Vorarbeiten zur Anweisung zum seligen Leben*, GA II, 9, p. 319: « *das essen, u. trinken ist das genetische* ».

3. *Die Anweisung zum seligen Leben*, GA I, 9, p. 112; trad. fr. p. 122.

4. *Die Anweisung zum seligen Leben*, GA I, 9, p. 127; trad. fr. p. 145.

En effet, le moi est Savoir, il est le Verbe de Dieu, la forme fondamentale du concept que l'absolu a de soi, ou, comme le dit ici Miklos Vetö, le moi est le savoir de Dieu au sens où « c'est Dieu qui le pense ou plutôt qui se pense en lui » : Dieu ne se pense dans la pensée que « de manière vestigiale ». Il faut donc se faire *savoir*, il faut se faire pensée pure et s'effacer en elle pour devenir l'être-là divin. Comme Fichte le redira en 1807, le moi et la pensée ne sont pas la vie même, mais les conditions et les moyens qui rendent la vie visible, qui permettent qu'elle apparaisse comme vie et se distingue de la non-vie[1].

Or, comme l'explique Jad Hatem, si s'unir à Dieu, être *instar Christi* veut dire se faire *savoir*, « *instar* ici signifie l'équivalence et guère l'imitation. Jésus ne jouit d'aucun privilège ontologique par rapport aux autres hommes ». Fichte est alors conduit à développer sur ces bases une christologie pour le moins atypique, où Jésus n'est le Premier né que de manière accidentelle et apparaît même plutôt comme un obstacle. Pour Jean, affirme-t-il, Jésus « n'était pas Dieu, car il n'admettait pas l'existence d'un Jésus indépendant, mais Dieu était Jésus et apparaissait en tant que Jésus »[2]. Si le Verbe est le Savoir et non à proprement parler une personne, si ce savoir n'a d'autre objet que le savoir, on n'a pas d'autre choix pour devenir l'être-là même de Dieu, comme le dit encore Jad Hatem, que de totaliser le « savoir en s'effaçant devant lui dans la progression de ses figures –, de voir l'être-là (la réflexion dans la conscience) de Dieu (et non la chose empirique) dans ces figures comme Dieu est connu "dans l'agir de tous les autres" ». Ce qui explique l'absence, dans l'*Initiation à la vie bienheureuse*, d'une véritable méditation sur le verset qui pose le Christ comme la voie, la vérité et la vie. Pour nous, être la vérité n'est possible, du point de vue fichtéen, qu'à travers la genèse absolue du savoir par lui-même ou dans l'effort pour « réaliser » la Doctrine de la science.

Se pose alors à nouveau la question de la nature et de la spécificité de cette doctrine de la religion exposée sous forme populaire, c'est-à-dire sans l'explication scientifique qui permet d'accomplir en soi le mouvement de la Doctrine de la science. Comme le dit Ives Radrizzani dans sa contribution, « en se fixant de brosser un tableau du quoi sans le comment, Fichte se remet artificiellement dans la position du Christ tel qu'il le conçoit, soit comme l'incarnation d'une présentation des éléments les plus profonds de la connaissance qui ne soit en rien tributaire d'une vision scientifiquement étayée ». Un exposé populaire se doit d'être en prise avec le « quoi »,

1. *Wissenschaftslehre. Königsberg (1807)*, GA II, 10, p. 117 : *Nichtleben*.
2. *Die Anweisung zum seligen Leben*, GA I, 9, p. 192 ; trad. fr. p. 245.

autrement dit de rester au plus près de la vie. Voilà pourquoi Fichte a fait le choix de cette forme d'écriture : pour montrer, contre Jacobi, « que sa philosophie est de part en part portée par la vie ». Ives Radrizzani l'établit fermement : l'*Initiation à la vie bienheureuse* est, avec la *Destination de l'homme*, la réplique la plus explicite que Fichte ait adressée à Jacobi et au reproche d'avoir produit une spéculation coupée de la vie.

Malgré cela, Fichte ne se désavoue pas. À ceux qui s'étonneraient qu'un héritier du criticisme délivre au public « une doctrine de la religion à teneur fortement ontologique, s'appuyant sur la vie », il faut répondre, encore une fois avec Ives Radrizzani que, « dans l'*Initiation à la vie bienheureuse*, Fichte reste fidèle à la perspective transcendantale qui commande son ontologie (au *Wie* selon lequel le *Was* est posé) ». On ne saurait trop insister sur le « caractère transcendantal de l'ontologie déployée, présentée comme un simple "principe d'explication" de la conscience ». L'ontologie est en effet toujours seconde : « l'un et immuable est compris comme fondement d'explication (*Erklärungsgrund*) de nous-mêmes et du monde »[1]. Cette fidélité de Fichte au transcendantalisme relativise infiniment la pertinence du découpage malheureusement encore souvent pratiqué entre un jeune Fichte criticiste et un Fichte tardif qui, après l'accusation d'athéisme dont il a été l'objet, serait soudainement devenu confit en dévotion et se serait rapproché des modèles ontologiques schellingien ou hégélien.

Ce qui se joue dans ces pages n'est donc rien de moins que la requalification de l'idéalisme transcendantal en science qui étudie l'être-là de Dieu. Mais l'enjeu n'en est pas moins proprement transcendantal. S'il est vrai, comme le rappelle Alexander Schnell dans son étude, que « ce qui *est* véritablement *là*, ce ne sont pas les choses réelles du monde, mais la *conscience*, le *savoir* – qui n'est autre que l'être-là absolu (divin) lui-même », il faut comprendre pourquoi l'être *doit* (*soll*) être là. Et « pour comprendre en quoi le "*Soll*" médiatise l'*être* et l'*être-là* », il faut précisément rappeler « que sa fonction fondamentale est de légitimer le transcendantal. D'une manière générale, le discours transcendantal ne dit pas ce qui *est* pour que la connaissance soit possible, mais ce qui *doit* être ».

En insistant à partir de là sur l'absence de lien causal entre l'être et l'être-là, qui rendrait compte de la détermination du second par le premier, Alexander Schnell met alors au jour un « corrélationisme » transcendantal qui répond d'ailleurs au « problème difficile de la conscience », posé par le philosophe cognitiviste D. Chalmers. Ce corrélationisme « exprime la

1. *Die Anweisung zum seligen Leben*, GA I, 9, p. 62 ; trad. fr. p. 44.

transcendance d'un réel s'auto-légitimant par la "conscience de soi" (transcendantale, précisément) de l'être absolu », aux antipodes de tous les dogmatismes et de tous les réalismes, qui « sautent par-dessus l'être-là et croient pouvoir saisir l'être », et il se décline ensuite en « conscience » de cette vie absolue (donnant lieu au *monde*) ainsi qu'en « réflexion » (donnant lieu à la *multiplicité déterminée* de ce même monde). L'*Initiation à la vie bienheureuse*, dans son effort pour rendre compte du caractère vivant du réel, est alors en droit de se présenter comme reposant sur une authentique doctrine de vie.

C'est bien là, en définitive, ce qui est en jeu dans cette *Initiation à la vie bienheureuse* : montrer à Schelling, qui l'avait nié, que la Doctrine de la science est une doctrine de vie et de félicité. Loin de réduire la vie au penser, elle pose, ce qui est bien différent, que le savoir n'a d'autre contenu que la vie même et elle s'impose comme « l'unique *Lebenslehre*, l'unique doctrine de vie possible »[1].

Mais, cette « parole injonctive » qui nous commande de vivre peut-elle encore se faire entendre aujourd'hui? On nous permettra, pour finir, de nous arrêter sur un exemple.

Un jour, Michel Henry eut une idée étrange : faire paraître un texte philosophique dans un journal. Dans cet article, le phénoménologue appelait de ses vœux l'apparition d'une nouvelle culture pour un monde nouveau et la création de valeurs qui, en faisant droit à la subjectivité, pourraient soutenir une vie qui, parce qu'elle s'éprouve constamment elle-même, risque à tout instant de succomber sous son propre poids. La culture était présentée, dans des termes que Fichte ne désavouerait pas, comme ce qui permet à la vie de s'accroître et de se sentir davantage. L'avant-dernière phrase du texte parut cependant sous cette forme : « la culture est le logo que la vie porte en elle-même »[2]. C'est bien à un journal de référence qu'il revenait de porter à son terme la dénaturation du *logos* en *logo*, caractéristique d'un temps de barbarie (d'une barbarie qui, aujourd'hui, nous ferait probablement écrire *log*). Fichte le demanderait alors en ces termes : qu'est-ce que l'époque actuelle, l'âge de l'indifférence absolue à l'égard de la vérité, peut comprendre au *logos* ?

1. *Bericht über den Begriff der Wissenschaftslehre*, GA II, 10, p. 31 ; *Sur le concept de la Doctrine de la science, Machiavel et autres écrits*, trad. fr. L. Ferry et A. Renaut, Paris, Payot, 1981, p. 150.

2. M. Henry, « Réinventer la culture », *Le monde des débats*, septembre 1993, p. 3-4.

MIKLOS VETÖ

INTRODUCTION[1]

L'*Initiation* est constituée par des leçons que Fichte avait professées à l'Université de Berlin pendant le semestre d'hiver de 1805/1806. Il est l'échantillon par excellence de ces ouvrages populaires qu'il rédige et publie parallèlement aux écrits spéculatifs. Ces écrits spéculatifs sont essentiellement les différentes versions de la *Doctrine de la Science*, « appliquée » dans la *Rechtslehre* et la *Sittenlehre*. Les ouvrages populaires valent un grand succès à cet écrivain dont les travaux proprement spéculatifs sont d'une facture difficile, d'une complexité et surtout d'une abstraction redoutables. Ils représentent un pendant de la création proprement métaphysique de leur auteur, mais ils ne constituent pas de simples transcriptions de l'immense édifice conceptuel, toujours recommencé de la *Doctrine de la Science*. Fichte se considère comme *le* philosophe de son temps, mais il est aussi désireux que les thèmes et les résultats de sa spéculation soient capables de mettre à la portée de ses contemporains non-philosophes les thèmes et les résultats de sa spéculation. Et ceci de deux manières. D'une part, les écrits populaires sont rédigés en un allemand éloquent et limpide, d'autre part, ils développent une thématique religieuse et morale, susceptible de toucher le cœur et l'esprit d'un public plus large.

1. Ce texte a d'abord paru en hongrois : *Utószó*. Johann Gottlieb Fichte. *A boldog élet útmutatója avagy a vallás tana*, trad. hongroise H. Tamás, Budapest, Szent István Társulat, 2010, p. 271-278.

Fichte s'est fait connaître par sa *Critique de toute révélation possible* qui, publiée anonymement, a été prise pour une œuvre de Kant. Nommé en 1794, à trente-deux ans à l'Université d'Iéna, il se trouve au milieu d'un cercle d'écrivains romantiques célèbres, sera en contact quasi régulier avec Goethe et Schiller, qui résident à Weimar, et quatre ans plus tard, aura comme collègue plus jeune, Schelling. La période d'Iéna prendra fin avec la Querelle de l'Athéisme. Le philosophe est accusé d'athéisme, il se défend par des écrits d'une grande élévation conceptuelle et morale, mais il finit par être congédié. Commence alors une difficile période de migration où le philosophe n'a pas de poste permanent, n'exerce pas une activité régulière, mais prononce des conférences, fait des cours à différentes universités de cette Allemagne secouée par les guerres napoléoniennes. Après ces années d'instabilité, il finit par être nommé à l'Université de Berlin où il continue à professer inlassablement des versions toujours renouvelées de la *Doctrine de la Science*, mais sa renommée sera surtout servie par les célèbres *Discours à la nation allemande*.

Fichte meurt à cinquante-deux ans à Berlin. Certes, pas oublié, mais tout de même relégué dans l'ombre par la célébrité croissante de Schelling, en attendant que s'impose le magistère de Hegel, qu'il avait pratiquement ignoré. Fichte a inauguré sa création philosophique dans le sillon du kantisme. C'est un fervent lecteur de Kant dont il se considère le meilleur disciple, mais un disciple qui a l'ambition de dire mieux tout ce que le maître avait dit et de dire aussi ce qu'il n'avait pas dit. La philosophie kantienne, la Critique, est une pensée de la subjectivité. La restriction des prétentions de la raison est compensée par un renforcement de leur validité. Les concepts de la raison sont *a priori*, ils jaillissent de la spontanéité de l'entendement. Quant au domaine pratique, c'est-à-dire moral, le sujet y est législateur, la source et le maître de tout savoir. Fichte adopte et assume les positions kantiennes et il les systématise. Les concepts, les catégories ne sont pas seulement *a priori*, mais elles constituent l'articulation propre de l'intelligence, elles se déploient nécessairement. Contrairement à Kant qui avait posé la *chose en soi* comme principe et limite de toute connaissance rationnelle, la *Doctrine de la Science* rejette tout ce résidu extérieur qui constituerait un monde inatteignable par la subjectivité. Le sujet est principe de connaissance et il a comme tâche d'élargir incessamment la connaissance. Il rencontre, certes, une limite mais une limite interne : le Non-moi qui désigne tout ce qui dans le moi n'est pas (encore) connu. La nature elle-même n'est que la sphère de cet inconnu à connaître : nature intérieure, elle désigne ce qui est à vaincre, c'est-à-dire à pénétrer du regard de la connaissance et de l'intention de la volonté en nous-mêmes, nature extérieure, ce qui est à conquérir, à soumettre aux pouvoirs de la technique et de la science. Fichte disserte avec pathos sur la vocation et le pouvoir du Moi, et quand il parle de l'Absolu, de Dieu, c'est pour le présenter comme le lieu ou le lien entre les esprits, entre les moi, sans vraiment le thématiser, sans l'analyser et le discuter en et pour lui-même.

Or à la suite de la Querelle de l'athéisme, les perspectives et les emphases subissent une essentielle modification. La réflexion philosophique esquisse un véritable tournant où la question de l'Absolu, la problématique de la relation entre l'Absolu et le moi se trouvent explicitées et mises au centre de la spéculation. À travers les multiples variantes tardives de sa *Doctrine de la Science*, Fichte relit la notion, le concept du moi qui se transpose désormais en apparition, en image, à savoir Apparition, Image de l'Absolu. L'Image, l'Apparition reflètent et manifestent l'Absolu, elles en présentent le caractère, les structures. L'Image n'est, certes, pas déductible de l'Absolu, il n'y a rien dans l'Absolu qui nécessiterait la production, l'engendrement de cet autre. Néanmoins, cet autre, ce pendant fidèle, tout en étant séparé par une béance ontologique de son Archétype, a comme tâche de le refléter et comme vocation de s'en approcher. Cette condition et cette vocation propres de l'image seront expliquées avec une éloquence et profondeur rares dans le plus parfait des écrits populaires fichtéens, *L'initiation à la vie bienheureuse.*

L'*Initiation* est un exposé de l'enseignement de la *Doctrine de la Science* tardive à travers un langage et une thématique qui se veulent dans la proximité étroite de l'Évangile de Saint Jean. Fichte, cet ancien étudiant en théologie, s'était éloigné du Christianisme, mais lui aussi à sa manière, participe à ce retour qu'entreprennent les Romantiques. Sans doute, il n'entend pas renouer avec les doctrines positives du Christianisme. Même si les cinq premières leçons de l'*Initiation* représentent une véritable refonte idéaliste de la doctrine johannique du Logos, le philosophe de la *Doctrine de la Science* ne tente aucunement d'élaborer – comme le feront Schelling Hegel, Baader – une dogmatique spéculative. Fichte est trop proche de Kant, ou des Lumières qu'il exècre pourtant, pour plier et appliquer les synthèses et les catégories de sa pensée aux thèmes de la théologie chrétienne. En revanche, il croit pouvoir et devoir présenter une philosophie où l'enseignement essentiel du christianisme, à savoir la venue du Verbe dans le monde, se retrouve repensée à travers une véritable ébauche de mystique spéculative. Sans doute, l'Absolu du Fichte tardif n'est toujours pas le Créateur du monde, le Dieu personnel, maître tout-puissant et tout-provident des êtres, et on ne saurait lire qu'avec beaucoup de difficultés dans cet Absolu le suprême mystère de la Sainte Trinité...

L'initiation à la Vie Bienheureuse n'est pas un traité théologique, mais elle n'est pas non plus un simple ouvrage d'édification, même supérieure. La *Doctrine de la Science,* même dans ses moments les plus abstraits, a ambitionné de constituer une voie de purification et de conversion pour le moi philosophant, et cette voie –qui se veut aussi voie et vérité– est retracée dans ces leçons avec une éloquence peut-être jamais égalée dans la philosophie de l'idéalisme allemand. Fichte expose sa doctrine à travers le thème de la pensée qui est vie, de la pensée vivante qui n'est finalement qu'un synonyme du Moi. Il définit le moi comme Savoir et le Savoir a un double statut ontologique : il est savoir de Dieu, c'est-à-dire connaissance que le moi fini possède de l'Absolu. Mais il est aussi savoir de Dieu dans le sens où c'est Dieu qui le pense ou plutôt qui se pense en lui. Sans doute, Dieu ne se pense dans la pensée que d'une manière lointaine, vestigiale. Or précisément, cette prédication spéculative que constitue *L'initiation* a comme vocation de rapprocher cette forme élémentaire, dérivée, de la Pensée divine qu'est le moi humain de la Pensée Divine comme Elle pense et comme Elle se pense. Sans doute, Dieu est un et unique et c'est une pluralité de moi qui chemine et progresse sur la voie du Penser. En réalité, toutefois, cette multiplicité de moi individuels n'est finalement que le signe et la marque d'une imperfection et le Savoir qui se diffracte en une pluralité d'individus pourra et devra viser à surmonter cette multiplicité, accomplir un retour unifiant au sein de l'Absolu. Ce retour d'ailleurs n'est pas à concevoir comme ne pouvant aboutir que dans une autre vie : Fichte, certes, professe l'immortalité de notre être pensant et aimant, mais l'immortalité est destinée à être actualisée dès maintenant, sur cette terre.

L'Initiation à la vie bienheureuse, qui préconise le retour vers le foyer lumineux d'où est issue toute réalité, n'est pas un programme intellectuel ou ascétique réservé à un petit nombre d'élus. Fichte entend s'adresser à tous et à chacun, aux savants et aux simples. Chaque moi est image et apparition de l'Absolu et chaque moi a vocation à rejoindre son Archétype suprême. Or précisément, cette vocation ne pourrait être réalisée que par l'individu lui-même. Le maître spirituel a comme rôle de transmettre le savoir et d'enseigner les voies pour y accéder. Or cette transmission n'est pas une communication de connaissances ni une instruction concernant des techniques. Si Fichte refait inlassablement la *Doctrine de la Science*, c'est que, pour lui, la philosophie n'existe qu'en acte : chaque fois qu'elle est professée, elle doit être repensée, c'est-à-dire pensée *hic et nunc*, à nouveau frais. Et l'enseignement sur la Vie Bienheureuse suit et applique cette même conception; le moi est pensée, mais la pensée qu'il est ne saurait être une opération toute faite : au sens propre la pensée n'est pensée que quand elle est effectivement pensée. La prédication spirituelle que constituent ces leçons demande à l'auditeur et au lecteur de suivre son discours, mais en le repensant effectivement à partir de lui-même. La pensée pour être agissante doit être vie et seule une vie *vécue* au sens strict peut être *bienheureuse*. Le grand fichtéisant allemand Fritz Medicus avait écrit que « *L'Initiation à la vie bienheureuse* est une des œuvres les plus mûres et les profondes de toute la littérature de l'humanité » et il avait raison. Ces leçons constituent un ouvrage d'édification morale et spirituelle incomparable aussi bien qu'un traité philosophique où les grands thèmes et les thèses centrales de la spéculation idéaliste sont exposés, avec une simplicité limpide, affranchis de toute terminologie technique. Bref, dans *L'initiation* la philosophie entend jouer le rôle qui lui est attribué et assigné depuis ses origines, depuis Socrate et Platon. À savoir instruire les hommes sur la vérité de ce qu'ils sont en eux-mêmes et au-delà d'eux-mêmes et leur servir de guide dans leur cheminement pour se comprendre et pour devenir meilleurs.

MARCO IVALDO

LA VIE AUTHENTIQUE. UNE LECTURE DE *L'INITIATION À LA VIE BIENHEUREUSE* DE FICHTE

L'*Initiation à la vie bienheureuse* contient la doctrine de la religion de Fichte, – comme l'indique la deuxième moitié de son titre. Elle est composée de onze conférences prononcées en 1806 à Berlin devant un public hétéroclite. Je crois qu'on peut lire cette œuvre comme une introduction à la vie authentique élaborée d'après les idées philosophiques fondamentales de l'auteur, ou mieux – en tenant compte de la polysémie du terme *Anweisung* – comme une initiation ou une introduction, un guide pour accéder à la vie authentique.

Comme il s'agit d'une doctrine de la religion, il convient d'éclaircir avant tout ce que l'on entend par ce mot. Fichte explique que la religion n'est pas là où la situe la manière commune de penser, c'est-à-dire dans le fait de croire, de juger et d'admettre *par ouï-dire et sur la base d'une assurance venant de l'extérieur* qu'il existe un Dieu : « c'est là une superstition idolâtre », qui sert tout au plus à des fins politiques et compense « spirituellement » l'action défaillante d'un gouvernement (c'est l'idée de la religion comme *instrumentum regni*), alors que l'intériorité de l'homme demeure tout aussi mauvaise qu'avant et se corrompt même davantage. La religion consiste au contraire à contempler, avoir et posséder Dieu immédiatement dans sa propre personne, plutôt qu'en une personne étrangère, et à le contempler et à le vivre avec son propre œil spirituel, plutôt qu'avec un œil étranger. La religion est l'unité vécue (la symbiose) de l'homme avec Dieu.

Or, cette union n'est possible que dans et grâce à ce que Fichte appelle « le penser pur et autonome », penser au moyen duquel nous nous approchons du Soi authentique et dans lequel Dieu se rend visible. On comprend que ce « penser pur et autonome » diffère de l'intelligence calculatrice et du penser empirique. Il n'est pas sans affinité avec ce que Luigi Pareyson appelait le « penser révélatif », le penser dans lequel la vérité sort de l'occultation et parvient à la lumière. C'est une « connaissance » préthéorique, intuitive et participative, une « connaissance réelle » (selon l'expression de Blondel) du rapport que l'archi-principe entretient avec la réalité étante dans son ensemble. Fichte s'attache à montrer qu'une telle figure du penser n'est pas en réalité une invention des philosophes, mais qu'elle est présente et répandue dans le monde, quoique de façon cachée, dès les débuts du christianisme, et bien que l'Église dominante ait largement méconnu cette vision et l'ait persécutée. Dans le christianisme authentique (qui, pour Fichte, est essentiellement celui de saint Jean)[1], cette connaissance existentielle est appelée « foi » : « cette foi, lisons-nous, est pour le christianisme tout à fait la même chose que ce que nous avons appelé la pensée : l'unique façon véritable de nous voir nous-mêmes et le monde dans l'essence divine immuable »[2]. Comprise dans sa profondeur,

1. Pour quelques indications sur ce thème, signalons quelques études assez récentes : X. Tilliette, « Christologie et Doctrine de la Science », *in* K. Hammacher u. A. Mues (hrsg), *Erneuerung der Transzendentalphilosophie im Anschluß an Kant und Fichte. Reinhard Lauth zum 60. Geburtstag*, Stuttgart-Bad Cannstatt, Frommann-Holzboog, 1979, p. 425-435; X. Tilliette, *La christologie idéaliste*, Paris, Desclée, 1986; trad. it. F. Coppellotti et G. Riccardino, *La cristologia idealista*, Brescia, Queriniana, 1993, p. 41-50, 124-131; G. Moretto, *Introduzione* a Johann Gottlieb Fichte, *La dottrina della religione*, Napoli, Guida, 1989, p. 11-67; J.-C. Goddard, « Christianisme et philosophie dans la première philosophie de Fichte », *Archives de Philosophie*, n°55, 1992, p. 199-220; C. Danz, « Im Anfang war das Wort. Zur Interpretation des Johannesprologes bei Schelling und Fichte », *Fichte-Studien*, n°8, 1995, p. 21-39; J.-C. Goddard, « Le Christ et l'histoire dans la Staatslehre de 1813 », *Revue de Métaphysique et de Morale*, n°1, 1996, p. 71-83; G. Moretto, « Coscienza e giovannismo. La cristologia filosofica di Schleiermacher e Fichte », *in* G. Moretto, *Filosofia e religione nell'età di Goethe*, Brescia, Morcelliana, 1997, p. 265-286; M. Ivaldo, « Johann Gottlieb Fichte. Gesù "punto fondamentale e punto di unità della storia" (Staatslehre 1813) », *in* S. Zucal (cur.), *Cristo nella filosofia contemporanea*, San Paolo, Cinisello Balsamo, 2000, t. I, p. 129-158; G. Boffi/F. Buzzi, « Immaginazione e religione nell'*Introduzione alla vita beata* di Johann Gottlieb Fichte », *in* G. Boffi e F. Buzzi (cur.), *Introduzione alla vita beata*, San Paolo, Cinisello Balsamo, 2004, p. 7-64; E. Brito, *J. G. Fichte et la transformation du christianisme*, Leuven, Leuven University Press & Peeters, 2004; E. Brito, *La théologie de Fichte*, Paris, Cerf, 2007.

2. GA I, 9, p. 63; trad. fr. p. 47.

la foi relève donc du penser pur, et inversement : ils sont l'un et l'autre la révélation pour nous et en nous du lien originaire qui constitue la réalité.

Que veut dire alors « vie bienheureuse »[1] ? Le point de départ de Fichte dans cette conférence est que la vie, comme telle, est béatitude, et que ce qui ne connaît pas effectivement cette béatitude, en vérité, ne vit pas. Cette affirmation n'est-elle toutefois pas amèrement contredite par notre expérience vécue et son mélange inextricable de douleurs et de joies (fugitives), de souffrance et de félicité (toujours menacée) ? Fichte est bien conscient de cette situation de précarité ontologique et existentiale (plutôt qu'existentielle et psychologique) qui affecte la *condition humaine*. Il veut avant tout déterminer ce qui est à ses yeux la juste compréhension de la vie, pour pouvoir clarifier ensuite *comment* nous, êtres précaires et hésitant entre la vie et la mort, pouvons avoir (ou peut-être mieux : *être*) rapport avec cette même vie qui nous constitue de l'intérieur et nous transcende, qui nous imprègne et nous englobe. Or Fichte précise cette compréhension de la vie en la rapprochant de deux autres concepts fondamentaux de son exposition philosophique : l'amour et l'être.

Premier rapprochement. Fichte affirme que « la vie est amour et que toute la forme et toute la force de la vie consiste dans l'amour et provient de l'amour »[2]. Dans cette série de conférences, l'amour est entendu comme « affect de l'être »[3], expression qui se comprend si l'on prête attention à la duplicité inhérente à l'affect : l'effort pour tendre-à et le devenir-affect (de l'être), le désir et le pathos. L'amour est une énergie qui divise et qui unit : il divise car il place celui qui aime face à lui-même et par là l'identifie, il fait de lui un soi, qui s'intuitionne et se connaît, il unifie car il compose de l'intérieur ce moi divisé, qui, sans l'amour, s'intuitionnerait lui-même froidement, sans éveiller d'intérêt. Cette unité de la dualité est la vie même, qui, en s'articulant, se divise en étants, se manifeste dans la multiplicité, mais demeure en même temps comme l'énergie qui met intimement en rapport la réalité existante tout entière : la vie (en tant qu'amour) n'est pas anéantie par le processus de division et d'unification qui pose dans l'être,

1. Sur ce point, voir J. Colette, « La vie bienheureuse », *in* M. Vetö (éd.), *Philosophie, théologie, littérature. Hommage à Xavier Tilliette, sj, pour ses quatre-vingt dix ans*, Louvain, Peeters, 2011, p. 228-243. L'auteur renvoie notamment à la lecture que Michel Henry a proposée de *L'initiation à la vie bienheureuse* dans l'*Essence de la manifestation*, Paris, P.U.F., 1963, § 38. Une comparaison théorique entre l'ontologie phénoménologique d'Henry et l'ontologie transcendantale de Fichte est en effet du plus haut intérêt. Voir aussi P. Grosos, « Michel Henry ou le dernier système », *Les études philosophiques*, n°2, 1998, p. 197-218.

2. GA I, 9, p. 55 ; trad. fr. p. 34.

3. GA I, 9, p. 133 ; trad. fr. p. 154.

mais elle demeure éternellement en soi. L'amour est environné d'une situation émotive fondamentale que l'on peut décrire comme satisfaction de soi, joie éprouvée pour soi, jouissance de soi, béatitude. On comprend alors la déclaration initiale de Fichte selon laquelle l'amour, la vie et la béatitude sont, dans leur essentialité, absolument une seule et même réalité : l'amour est la vie vivante qui, dans le fait de se vivre, *s*'éprouve et éprouve la joie, la satisfaction de soi.

Fichte déclare en outre – c'est là le second rapprochement : « être, – *être*, dis-je, et vivre, encore une fois, ne font qu'un et sont le même. Seule la vie peut être là de manière autonome, de soi et par elle-même, et inversement, la vie, aussi certainement qu'elle est vie et n'est que cela, entraîne avec soi l'être-là »[1]. Il n'est pas toujours facile de comprendre ce que Fichte entend par « être », notamment parce que ce terme a une signification variable dans l'ensemble de son œuvre[2]. Il répète pourtant inlassablement qu'il faut avoir un concept vivant et non un concept mort de l'être, et que c'est là précisément que se trouve la principale source de toutes les erreurs qui vont suivre. Il explique que le contenu du concept vivant est que « seul l'être est », et qu'il est simple, égal à soi, invariable et immuable : en lui, il n'y a ni génération ni déclin, ni changement ni jeu des formes, mais, toujours et uniquement, l'être est ce qui demeure identique et au repos. Cette pensée remonte à Parménide, à l'« inengendré, l'impérissable, l'entier, unique, immobile et sans fin » (fragment B7) dont parle son poème *Sur la nature*. Cependant, je ne crois pas que l'on puisse simplement voir en Fichte un néo-parménidien, si l'on tient compte du puissant développement qu'il impose à la théorie de la manifestation de l'être, ou de l'« existence » (de l'être). Cette théorie fichtéenne donne lieu à une compréhension de la phénoménalité (il faudrait dire, avec Platon : à un effort pour sauver les phénomènes) différente de celle du penseur d'Élée, lequel opposait la voie de la vérité et celle du faux-semblant, et cela se répercute en définitive sur cette même intuition originaire de l'être que Fichte appréhende comme vie qui existe en soi et de soi, et comme amour : l'être par conséquent, ou la vie, non seulement est en soi-même (*Deus absconditus*), mais aussi se manifeste et se révèle (*Deus revelatus*), et cette

1. GA I, 9, p. 57 ; trad. fr. p. 36.

2. Sur ce point voir l'analyse de Johannes Brachtendorf, *Fichtes Lehre vom Sein. Eine kritische Darstellung der Wissenschaftslehre von 1794, 1798-99 und 1812*, Paderborn, Schöning, 1995 et M. Ivaldo, « La visione dell'essere nella dottrina della scienza 1804-II di Fichte », *Acta philosophica*, n°7, 1998, p. 41-64.

révélation est, pour Fichte, bien autre chose qu'un faux-semblant fugitif et illusoire, mais elle représente la structure originaire du « monde ».

« Nous » – qui, par exemple, réfléchissons présentement – ne coïncidons nullement avec la vie dont parle Fichte, ni avec l'être qui est au centre de son ontologie, ni même avec l'amour qui représente l'énergie profonde de la vie. En manifestant encore une certaine proximité, au moins terminologique, avec le poème de Parménide, même si, en définitive, la compréhension de l'apparaître qu'il avance est différente, Fichte rappelle que la vie peut être considérée selon un double point de vue : pour une part celui de la vérité, pour une part celui de l'apparence (*Schein*, terme dont on met en valeur la dualité sémantique : faux-semblant et apparence). Du point de vue de l'apparence, la vie se révèle être un mélange, toujours précaire, d'être et de non-être : « tout être imparfait est simplement un mélange de ce qui est mort avec ce qui est vivant »[1]. Il s'agit, on le comprend, d'une reprise personnelle du thème platonicien du « mixte » (*miktos*). Or, si la vie apparente existe et n'est pas totalement rien, c'est parce qu'elle est maintenue dans l'être de la vie véritable, qui entre en elle et se mêle à elle.

Notre vie précaire, marquée ontologiquement par l'imperfection, porte pourtant toujours en soi, pour pouvoir être quelque chose, une trace, une présence de l'énergie positive qui se manifeste en toute vie apparente. Pour le dire dans les termes de Fichte : « le siège et le point central de cette vie apparente est seulement à chaque fois l'amour ». En outre, l'unique vie se particularise en une multiplicité de réalités individuelles. Si l'on demande ce qui donne à chacune de ces réalités son caractère spécifique, il faut répondre nettement : c'est l'amour de cette vie particulière et individuelle. « Révèle-moi ce que tu aimes véritablement, ce que tu cherches et vers quoi tu t'efforces de tout ton désir, lorsque tu espères atteindre à la vraie jouissance de toi-même, et tu m'auras par là indiqué la signification de ta vie. Ce que tu aimes, c'est ce que tu vis. Cet amour que tu me donnes à voir est précisément ta vie, c'est la racine, le siège et le point central de ta vie »[2]. Augustin avait exprimé des idées similaires : « mon poids, c'est mon amour; où que je sois porté, c'est lui qui m'emporte » (*Confessions* XIII, 9, 10); l'homme n'est au repos que s'il séjourne dans le « lieu » vers lequel son poids, l'amour, le porte.

1. GA I, 9, p. 56; trad. fr. p. 35.
2. GA I, 9, p. 57; trad. fr. p. 35.

La vie authentique consiste à être uni à ce que l'on aime; en être séparé est au contraire souffrance et malheur. La vie véritable, souligne Fichte, aime l'un, l'immuable et l'éternel : la vie simplement apparente, dispersée à travers les choses, s'emploie vainement à aimer l'« éphémère dans ce qu'il a d'éphémère » : vainement, car l'éphémère *comme tel* manque de « poids » et n'est pas susceptible d'être aimé, de sorte qu'en poursuivant le passager et l'éphémère, « la vie apparente devient un mourir ininterrompu, elle ne vit qu'en mourant, et dans le mourir »[1].

Tout être fini est habité par un « désir », ou une « nostalgie » de l'éternel. Cette *Sehnsucht* est la structure ontologique fondamentale de l'existence finie: l'existence finie est constitutivement une existence désirante, marquée par l'affect de l'être. Tout être fini repose sur ce désir, structural davantage que psychologique, de l'éternel, à partir duquel on parvient à la vie véritable ou on n'y parvient pas. En vérité, il faut appréhender exactement la nature de ce désir: « on parvient à la vie, celle-ci perce au grand jour », écrit Fichte, – ce qui veut dire : si l'on s'éprouve dans la vie et si la vie s'éprouve, – alors cette secrète nostalgie qui constitue notre « détermination existentielle fondamentale » est interprétée et comprise comme ce qu'elle est exactement: l'amour de l'éternel. Or, l'éternel, c'est-à-dire l'être vivant, l'amour substantiel n'est pas avare de lui-même, mais il nous entoure continuellement et s'offre à nous, même si nous ne savons pas le voir, et nous ne devons rien faire d'autre que le saisir. Mais que veut dire exactement « le saisir » ?

Nous devons encore ici nous référer au thème du « penser pur et autonome », d'une connaissance profonde et réelle qui diffère de l'entendement calculant et du penser empirique: « l'élément, l'éther, la forme substantielle de la vie véritable est la pensée »[2]. Vivre véritablement signifie penser véritablement et connaître la vérité. Dans la seconde exposition de la *Doctrine de la science 1804*, Fichte demande en quoi consiste la vie éternelle. Il répond, en se référant clairement à l'Évangile de Jean 17, 3 : « la vie éternelle, c'est qu'ils te connaissent, toi et celui que tu as envoyé, c'est-à-dire pour nous la loi originaire et son image éternelle : simplement qu'ils te connaissent; et en vérité cette connaissance ne fait pas que conduire à la vie, elle *est* la vie »[3]. Dieu n'(ad)vient qu'au suprême élan du penser originaire, qui est compénétration de conscience et de vie, et nul autre sens ne

1. GA I, 9, p. 59; trad. fr. p. 40.

2. GA I, 9, p. 62; trad. fr. p. 44.

3. *Cf.* GA II 8, p. 380; p. 381 ; trad. fr. D. Julia, *Théorie de la science*, Paris, Aubier, 1967, p. 244.

peut l'appréhender : vouloir rendre cet élan suspect aux yeux des hommes, nous prévient Fichte, c'est vouloir les séparer pour toujours de Dieu.

En réalité, le penser de Dieu que Fichte évoque ici n'est pas notre projection subjective : « il n'est en effet nullement demandé à l'homme qu'il se mette à créer l'éternel, ce que d'ailleurs il ne saurait jamais faire ; ce dernier est en lui et l'entoure sans cesse : l'homme doit seulement renoncer à ce qui est éphémère et futile, à quoi la vie véritable ne peut jamais s'unir ; sur quoi l'éternel viendra aussitôt à lui avec toute la béatitude qui est la sienne »[1]. Le penser originaire et existentiel ne crée pas Dieu. Il faut bien plutôt « dé-créer » (un terme qui rappelle la décréation de Simone Weil), il faut faire le vide en nous en nous dépouillant de ce qui est caduque et nul et qui nous remplit vainement : si cet acte de dépouillement se produit, alors l'être substantiel qui entoure comble de lui-même notre non-être : « acquérir la béatitude, nous ne le pouvons ; nous dépouiller de notre misère, en revanche, nous en sommes capables, sur quoi la béatitude viendra aussitôt d'elle-même prendre sa place »[2].

Comment ne pas apercevoir ici un point de convergence avec les idées de Plotin et d'Eckhart[3] ? Pour Plotin, le retour à l'un est un itinéraire que l'homme ne peut emprunter et parcourir qu'en revenant en soi-même. L'achèvement de ce parcours consiste à « se purifier », à « se séparer » de tout ce qui est corporel, à faire de soi une pensée libre de toute passion. Conversion, catharsis, détachement du sensible, renoncement à la dispersion sont autant de façons de s'unir à l'un. Le penser doit ensuite se tourner vers la partie supérieure de l'âme et rétablir le contact immédiat de l'âme et de l'entendement qui restaure la proximité à l'un. Pour Eckhart, l'ascèse de l'âme consiste dans son détachement (*Abegescheidenheit*) à l'égard du multiple extérieur à soi et de sa propre multiplicité intérieure : fantasmes, pensées, sentiments, souvenirs (en d'autres termes, de la prison du moi psychologique). Le dépouillement de soi, le vide intérieur, fait de l'âme une coupe qui se remplit de Dieu et devient Dieu en Dieu même. Pour

1. GA I, 9, p. 63-64 ; trad. fr. p. 47.

2. GA I 9, p. 64 ; trad. fr. p. 47. Les italiques sont de moi.

3. Sur Fichte et Plotin, nous devons à Luigi Pareyson des remarques fondamentales (« Essere e libertà. Il principio e la dialettica. Corso di Filosofia teoretica tenuto nell'Università di Torino nell'a. a. 1982/1983 », *Annuario filosofico*, n°10, 1994, p. 11-88) ; voir également H. P. Sturm, « Absolute Grunddisjunktion und Hypostasen. Das Vierphasen-Schema des Wissens bei J. G. Fichte und Plotin », *Fichte-Studien*, n°22, 2003, p. 37-47. Sur Fichte et Eckhart, *cf.* E. von Bracken, *Meister Eckhart und Fichte*, Würzburg, Triltsch, 1943 et K. Ceming, *Mystik und Ethik bei Meister Eckhart und Johann Gottlieb Fichte*, Frankfurt am Main-New York, P. Lang, 1999.

Fichte, il s'agit de soustraire l'âme à la dispersion pour l'orienter vers l'un, ce qui ne s'impose pas du tout spontanément à la vision naturelle des choses, mais demande un effort. Fichte décrit le mouvement spirituel exigé ici comme un « recueillement » de l'âme, une « retraite » en soi-même, un « sérieux » opposé au jeu facétieux que mène avec nous le divers de la vie, une « profondeur » opposée à cette légèreté ou superficialité qui, tout en ayant beaucoup de choses à saisir, ne saisit rien solidement. Fichte ne propose aucune « ascension du ciel » titanesque : nous ne pouvons produire la béatitude, nous pouvons seulement créer les conditions existentielles grâce auxquelles elle vient à nous, c'est-à-dire que nous pouvons seulement préparer sa libre advenue.

Le thème fondamental de *L'initiation à la vie bienheureuse* est que l'être-un non seulement est (en lui-même, pour lui-même et de lui-même), mais aussi « est là (*ist da*) », autrement dit se révèle, se manifeste. Edmund Husserl – dans l'extraordinaire commentaire de cette conférence de Fichte qu'il a proposé en 1917 dans une série de discours intitulée *Fichte et l'idéal de l'humanité*[1] – explique que cette révélation de l'un se donne comme une succession infinie d'actes à travers lesquels le monde physique et spirituel se constitue en tant que phénomène. Ces actes sont des « ré-flexions », par lesquelles l'un se représente et, en même temps, ce qui est représenté se tourne vers l'un (Husserl souligne la proximité du dernier Fichte avec le néoplatonisme). En effet, au fil de méditations complexes et profondes, Fichte met en avant, dans ces conférences, le fait que la révélation de l'être est « savoir », « conscience » – un savoir et une conscience qui ne coïncident pas avec notre conscience personnelle, mais en sont le principe et la « lumière ». La révélation de l'un est, pourrait-on dire, principe et énergie spirituelle – « lumière intérieure et spirituelle » –, dans lesquels et au moyen desquels toutes les choses qui forment le « monde », et donc aussi les individus, sont constituées.

Or, la révélation de l'un s'accompagne d'une dissimulation de soi de l'un même. Fichte explique que la lumière intérieure et spirituelle, laissée à elle-même, se disperse en de multiples (voire en d'infinis) rayons, ce que nous appelons un « monde », et devient par là étrangère à elle-même, à son être-lumière et à sa source originaire, à l'être qui est vie. Précisons cependant que cette lumière peut se rassembler et sortir de cette dispersion, qu'elle peut se comprendre comme ce qu'elle est en soi, comme une

1. *Cf.* E. Husserl, *Fichtes Menschheitsideal, Aufsätze und Vorträge 1911-1921*, Th. Nenon, H. R. Sepp (hrsg.), *Husserliana*, XXV, Dordrecht, 1985, p. 267-293; *Fichte e l'ideale di umanità. Tre lezioni*, trad. it. F. Rocci, Pisa, Edizioni Ets, 2006.

révélation de Dieu, tout en demeurant en soi, comme lumière et non comme être, comme manifestation et non principe. Il s'agit là d'un des centres vitaux de l'ontologie fichtéenne, que nous ne pouvons illustrer ici. Je voudrais seulement m'arrêter sur le thème, laissé jusqu'ici dans l'ombre, du rassemblement de ce qui est dispersé. Fichte conçoit donc ce rassemblement comme un processus spirituel et affectif d'anéantissement graduel du moi afin d'atteindre une conscience réelle du principe, une connaissance vitale et profonde, dans laquelle pratique et théorie agissent en synergie. Son idée fondamentale est que toute notre vie, à sa racine, c'est-à-dire en tant que vie, est vie de Dieu, que nous en soyons conscients ou non, et que notre vie apparente est désir ardent, nostalgie, pulsion d'assouvir un désir radical, c'est-à-dire qu'elle est un amour, qui traverse différentes formes de satisfaction jusqu'à cet accomplissement que Fichte appelle la « vie bienheureuse ». Dans ce processus d'anéantissement, Fichte distingue cinq niveaux, c'est-à-dire cinq formes de vie représentant autant d'expériences affectives de l'être et de la vie. Il faut donc préciser : il n'y a aucune nécessité qui nous pousse à passer d'un niveau à l'autre de cet itinéraire. Nous avons cinq formes de vie possibles, donc cinq typologies idéales d'humanité entre lesquelles nous pouvons choisir en toute liberté, avec cette liberté qui est un rayon de la liberté divine. Nous pouvons nous élever librement à un niveau supérieur, auquel cas nous faisons un pas en avant dans l'autorévélation de Dieu. L'*itinerarium mentis et cordis in Deum* est en même temps le mouvement par lequel le Dieu caché devient transparent, jusqu'à ce que l'on atteigne le niveau supérieur, celui de la contemplation affective de Dieu, encore que nous ne parvenions jamais à une fusion où toute distinction s'abolirait : même lorsque nous coïncidons avec lui, Dieu ne devient pas notre être le plus propre, mais « il flotte seulement devant nous comme quelque chose d'étranger se trouvant en dehors de nous, auquel nous nous abandonnons tout simplement, en nous serrant contre lui avec un profond amour »[1].

Ce sont là les cinq formes de vie ou les typologies d'humanité : point de vue de la sensibilité, point de vue de la moralité, point de vue de la moralité supérieure (ou éthicité), point de vue de la religion, point de vue de la science ou de la vision. Celui qui vit conformément au point de vue de la sensibilité croit qu'il n'existe que l'être sensible et que l'homme a pour seul but la félicité conçue comme assouvissement de ses besoins sensibles (et qui diffère donc de ce que Fichte appelle la béatitude, laquelle s'exprime affectivement dans la joie). Or, dans ce point de vue inférieur,

1. GA I, 9, p. 103 ; trad. fr. p. 108.

l'amour de ce qui est substantiel existe aussi, même s'il demeure caché, sans quoi ce point de vue ne pourrait subsister un instant. La vraie vie, en revanche, ne commence que si est ranimé l'amour authentique, l'amour pour ce qui n'est pas éphémère, et si l'on dissipe l'illusion sensible, qui tient lieu ici de barrière obscure qui nous sépare de Dieu. Ce qui s'appelle ici « nostalgie » de l'éternel incite le moi à dépasser l'apparence vers ce qui sous-tend l'apparence même et veut se révéler à travers elle. Dans ce processus n'intervient pourtant aucun déterminisme : c'est seulement *si* la liberté prend conscience de cette pulsion fondamentale que le moi peut se hisser aux niveaux plus élevés de la vie spirituelle. Comme nous l'avons montré, entre les stades de la vie (pour reprendre un thème qui est aussi celui de Kierkegaard), il n'y a pas développement nécessaire, mais un saut, un choix.

Du second point de vue, que Fichte appelle point de vue de la moralité, le concept directeur est celui d'une loi de l'ordre à tenir et du droit égal à respecter dans un système d'êtres raisonnables. À la sensibilité se substitue donc la conscience de la loi. Selon ce point de vue, l'humanité doit se faire l'instrument de la loi, afin d'en rendre possible la réalisation dans le monde. Le stoïcisme est la figure historico-spirituelle qui représente cette vision morale. Fichte souligne donc que cette vision morale (indépendamment de savoir si une telle manière de voir les choses rend effectivement justice au stoïcisme dans ses différentes versions)[1] est encore celle d'une éthicité formelle du devoir, qui ne commande que « négativement », par interdiction, et non pas positivement, c'est-à-dire dans le cadre de contenus de valeur réels. Lui fait défaut la déterminité de valeurs positivement caractérisées. Le stoïcien, en mettant en avant la répulsion que lui inspirent les passions et sentiments sensibles, en dépend lui aussi finalement encore.

La moralité n'est donc pas seulement l'éthique élémentaire du devoir, mais ce que Fichte appelle la « moralité supérieure ». Celle-ci caractérise le troisième niveau de la vie spirituelle et en elle agit non pas la passion pour la loi, mais l'amour des valeurs substantielles (Fichte les énumère : le saint, le beau, le bien), qui prêtent au devoir leur contenu déterminé. La morale supérieure a cependant elle-même rapport à une loi : à une loi qui n'est plus seulement ordonnatrice de ce qui existe, mais crée ce qui n'existe pas encore réellement, autrement dit à une loi qui pousse à inventer des

1. Sur la position de Fichte à l'égard du stoïcisme, *cf.* R. Picardi, « Morale inferiore e morale superiore. Fichte a confronto con F. Schlegel e F.D. Schleiermacher », *in* A. Bertinetto (cur.), *Leggere Fichte*, Napoli, Nella Sede dell'Istituto, 2009, p. 301-326.

expressions efficaces et convaincantes des valeurs. On trouve un exemple de moralité créatrice dans l'œuvre de l'artiste, qui veut donner forme au beau qu'il aime par-dessus tout et cherche dès lors à imprimer l'idée, en tant qu'idée divine, à la matière sensible. Fichte soutient que « c'est par la moralité supérieure seulement et par ceux qu'elle a saisis que la religion et en particulier la religion chrétienne, que sagesse et science, législation et culture, – que l'art, que tout ce que nous possédons de bon et de digne de considération, sont venus dans le monde »[1]. S'engager sur la voie de la moralité créatrice signifie renoncer à soi-même, ne rien vouloir pour soi, nous sentir en tout et pour tout comme un organe de la vie divine. La volonté divine se révèle en nous et à nous, êtres finis, toutes les fois que nous aimons quelque chose pour lui-même, et non en vue d'autre chose : la moralité supérieure consiste en ce sens à se dévouer à ce qui est digne d'être en soi-même. Telle est la question fondamentale qu'elle pose : qu'est-ce que je veux vraiment et du fond du cœur ? Et ce qui nous décide à la moralité supérieure, c'est seulement de vouloir, à compter de maintenant, de façon exclusive, cette chose et rien d'autre.

Du point de vue moral, le moi tend vers l'œuvre et se concentre en elle. L'effet de l'œuvre ne correspond cependant pas toujours à ce qui était vraiment voulu. Cette distance éprouvée entre le bien que l'on veut et celui que l'on réalise effectivement ramène l'homme à lui-même et le pousse à s'interroger à nouveaux frais sur ce qu'il désire véritablement. Or Fichte explique qu'en se mettant ainsi lui-même à l'épreuve, l'homme découvrira que ce n'est pas son œuvre extérieure qui possède une valeur au sens absolu et est une fin en soi, mais que c'est *lui-même* en tant qu'il est *celui* qui veut et crée l'œuvre qui a une valeur absolue. Il comprendra que ce à quoi il aspire, c'est au déploiement d'une vie et d'un être divins dans sa vie et son effort individuels. Or, s'il parvient finalement à cette compréhension, le moi s'élève au niveau de la religiosité. Non que l'homme religieux cesse d'agir, seulement, il regarde le monde et son agir avec un regard neuf. Il vit dans la conscience de l'unité avec Dieu et aspire à connaître et aimer Dieu. Cet amour divin prend la forme d'un amour pur des hommes. À travers tout son agir dans la société, l'homme moral et religieux veille sur ses prochains en tant qu'ils sont les (ou l'ensemble des) enfants de Dieu ; toujours et en dépit de tout, il sera attentif aux germes de ce qui est authentiquement divin en eux et s'attachera à encourager et stimuler ce qui forme leur noble humanité. L'homme devient ainsi partie intégrante d'un règne de Dieu sur terre,

1. GA I 9, p. 110 ; trad. fr. p. 118.

auquel chacun appartient en tant qu'il réalise les idées divines et en est conscient dans l'amour de Dieu.

La façon de voir religieuse se présente à nous à travers la connexion de trois principes : le principe selon lequel Dieu seul « est » et il n'y a rien en dehors de lui[1] – Dieu seul est l'absolu, l'être purement vivant comme tel –, ensuite, le principe selon lequel ce concept de Dieu représente encore une manière « négative » de le penser, puisqu'il ne dit pas *ce qu'*est Dieu (« pour nous, la forme enveloppe l'essence [...]. Notre œil lui-même fait obstacle à notre œil »)[2], enfin celui selon lequel *ce qu'*est Dieu, son essence, se révèle seulement en « ce que fait l'homme qui se voue à Lui et qui est enthousiasmé par Lui »[3]. Comme nous l'avons vu, on peut regarder la vie spirituelle comme un processus de manifestation progressive du divin, lequel reste caché dans les niveaux inférieurs. Fichte se demande alors : « veux-tu regarder Dieu face à face tel qu'Il est en Lui-même ? ». Il répond : « ne le cherche pas au-delà des nuages ; tu peux le trouver partout où tu es. Regarde la vie de ceux qui se vouent à Lui et tu le regarderas. Toi-même, voue-toi à Lui et tu Le trouveras en ton sein ».

C'est donc dans la religiosité, dans l'homme religieux authentique que se trouve la manifestation effective et réelle du divin. La religion est la conscience concrète, vécue, de l'unité de l'homme et du divin. Il existe cependant pour Fichte un point de vue au-delà de celui de la religion, ou mieux encore : ce point de vue est celui de la conscience religieuse même fondé sur une vision philosophique achevée. Fichte l'appelle le point de vue de la science. En lui, la religion, qui est un fait vivant, devient – comme le fait observer Husserl dans ses conférences sur Fichte – « un thème scientifique »[4]. L'unité de l'homme et de Dieu n'est pas comprise dans son « quoi », dans son advenir, comme dans la religiosité, mais dans son « comment », dans sa genèse. Or, du point de vue de la science philosophique, la conscience religieuse n'est pas niée, et moins encore dépassée comme forme de savoir immature ; on devrait plutôt dire qu'elle se trouve par la suite élevée, en tant qu'elle passe de la simple foi à la vision, de la conscience au savoir de Dieu.

Il est bien clair que, pour Fichte, la compréhension génétique, autrement dit la philosophie, n'épuise pas la vie, la dimension concrètement concrète du vivre, mais que c'est de la vie qu'il faut partir et que

1. GA I 9, p. 110 ; trad. fr. p. 119.
2. GA I 9, p. 111 ; trad. fr. p. 121.
3. *Ibid.*
4. Cf. *Fichte e l'ideale di umanità*, trad. it. p. 87.

c'est à la vie qu'il faut revenir. Le niveau scientifique, même s'il est le plus élevé, ne peut donner à l'image de l'homme idéal une inflexion ou une force motivante nouvelles par rapport à celles que possède déjà pour la vie l'image de l'homme religieux authentique. Ce que la philosophie apporte à la compréhension du lien originaire de la réalité est de nature théorique et intellectuelle, et non pas de nature pratique et vitale. On pourrait dire, en définitive, pour ce qui est du rapport de la religion à la philosophie, que Fichte le conçoit non pas comme un dépassement, mais comme un lien de synergie entre deux points de vue autonomes, dirigé vers l'idée régulatrice d'une « réflexion devenue amour divin »[1], dont parle la dixième leçon de l'*Initiation*, idée régulatrice pour laquelle il conviendrait peut-être d'employer le terme de *sagesse*, si l'on entend par là l'unité de la théorie et de la pratique, de la science et de l'amour, de la pensée et de la vie.

Traduit par Patrick CERUTTI

1. GA I 9, p. 168 ; trad. fr. p. 207.

IVES RADRIZZANI

PLACE ET FONCTION DE *L'INITIATION À LA VIE BIENHEUREUSE* DANS L'ŒUVRE DE FICHTE

CONSTAT D'ÉCHEC

L'initiation à la vie bienheureuse s'ouvre sur un constat d'échec. Échaudé par les insuccès accumulés, Fichte avoue dans son « Avant-Propos » ne plus savoir comment s'adresser au grand public et se demande si la publication d'un livre peut constituer un moyen approprié pour se faire entendre de lui [1].

Plus de sept ans se sont déjà écoulés depuis le début de l'accusation d'athéisme qui devait lui coûter sa chaire à l'Université de Iéna, et la blessure est loin d'être refermée. Plus douloureuse encore avait été l'attaque en règle lancée contre lui par celui dont il avait haut et fort proclamé qu'il était le plus grand philosophe de l'époque: Friedrich Heinrich Jacobi [2]. En effet, celui-ci, au plus fort de la querelle de

1. J. G. Fichte, *L'initiation à la vie bienheureuse ou encore la doctrine de la religion*, [abrégée VB], p. 31 (pour le texte allemand, nous renvoyons toujours à l'édition de référence de l'Académie bavaroise des sciences, *Fichte-Gesamtausgabe* [abrégé GA], R. Lauth et H. Jacob (Hrsg.), à partir de 1973, H. Gliwitzky), Stuttgart-Bad Cannstatt, Frommann-Holzboog, 1962-2011, 42 vol., I, 9, p. 47).

2. *Cf.* par exemple la *Seconde introduction à la Doctrine de la Science*, où Jacobi est qualifié de « penseur le plus brillant de [son] temps » (trad. fr. A. Philonenko, J. G. Fichte, *Œuvres choisies de philosophie première – Doctrine de la Science (1794-1797)* [abrégé OCPP], Paris, Vrin, 1980², p. 286; GA I, 4, p. 236), ou encore : « J'ai trouvé chez Jacobi des vues exposées avec une clarté que je n'ai rencontrée chez aucun autre philosophe

l'athéisme, avait, sous couvert de venir en aide à l'accusé en le lavant de l'accusation portée contre lui, profité de l'occasion pour continuer sa croisade contre la philosophie et dresser, au nom de la non-philosophie dont il se faisait le sectateur, un réquisitoire d'une violence inouïe. Dans sa fameuse « Lettre ouverte à Fichte »[1], Jacobi, tout en affichant une indéniable admiration pour celui qu'il n'hésitait pas à qualifier de « Messie de la raison spéculative »[2], s'était méthodiquement appliqué à torpiller la Doctrine de la Science, l'érigeant en joyau de la philosophie occidentale pour mieux en faire un bouc émissaire. Le mérite propre de la Doctrine de la Science serait en effet de mettre à nu le danger inhérent à tout projet philosophique en le portant à son extrême, parachevant ainsi la tendance nihiliste qui sous-tendrait toute la tradition philosophique post-platonicienne.

Accusé d'être un fossoyeur du réel, Fichte avait dès 1800 esquissé une première réponse publique dans un écrit de caractère populaire, *La destination de l'homme*. Selon lui, le nœud du désaccord que Jacobi croyait devoir enregistrer consistait dans l'articulation entre vie et spéculation. Foncièrement persuadé, en dépit de l'opposition massive affichée dans la *Lettre à Fichte*, d'une profonde convergence de vues entre eux, Fichte s'était efforcé dans la *Destination de l'homme* de prouver à Jacobi leur accord aussi bien sur la spéculation que sur la vie, une stratégie qui s'était avérée fort peu payante, puisque Jacobi, loin de percer le jeu de Fichte, s'était cru plagié.

En 1806, l'épisode n'est toujours pas clos (il ne le sera d'ailleurs jamais), l'histoire pèse de tout son poids, ce qui explique la forte dimension apologétique que présente *L'initiation à la vie bienheureuse*. Les divers chefs d'accusation formulés à l'occasion de la querelle de l'athéisme : l'athéisme bien sûr, mais aussi le fictionalisme, le subjectivisme, le constructivisme et surtout le nihilisme, continuent d'occuper l'esprit de Fichte, et le besoin de se justifier le ronge. Le titre de l'œuvre (*L'initiation à*

contemporain (*J. G. Fichtes Antwortsschreiben an Herrn Professor Reinhold auf dessen im ersten Hefte der Beiträge zur leichtern Übersicht des Zustandes der Philosophie etc. etc. (Hamburg, bei Perthes 1801) befindliches Sendschreiben an den erstern* », GA I, 7, p. 323).

1. Jacobi rédigea sa « Lettre à Fichte » du 3 au 21 mars 1799 et l'envoya dans un premier temps à l'intéressé. Il décida par la suite, en accord avec Fichte, de lui donner une dimension publique, et la fit paraître vers la fin de la même année dans une version retravaillée : *Jacobi an Fichte*, Hamburg, 1799. Une traduction française de cette lettre figure *in* Jacobi, *Lettre sur le nihilisme et autres textes* [abrégé LN], trad. fr. I. Radrizzani, Paris, GF, 2009, « Lettre de Jacobi à Fichte », p. 41-114 [abrégé JF] (GA III, 3, p. 224-281).

2. JF, p. 47 (GA III, 3, p. 226).

la vie bienheureuse ou encore la doctrine de la religion) l'indique assez : contre ceux qui l'accusent d'athéisme, il s'agit de montrer que la Doctrine de la Science est parfaitement compatible avec une « doctrine de la religion » dont Fichte s'applique par ailleurs à démontrer la concordance avec l'enseignement chrétien ; contre Jacobi, il s'agit de montrer que cette doctrine de la religion se fonde tout entière sur le concept de « vie », et ce n'est pas un hasard que dans la « Première leçon », Fichte s'en prenne à ceux qui ne professent que mépris pour la spéculation, bien qu'ignorant tout d'elle[1]. De même que dans la *Destination de l'homme*, mais en recourant à une autre stratégie, il s'agit d'éclairer l'articulation entre spéculation et vie. À cet égard, l'*Initiation à la vie bienheureuse* mérite bien d'être considérée comme la seconde réponse publique à la *Lettre à Fichte*.

Pourquoi cette réponse prend-elle la forme d'une doctrine de la religion ? Certains interprètes, et parmi les plus prestigieux, y ont vu l'indice d'un retour du religieux chez le Fichte tardif, retour qui aurait déjà été amorcé dans le troisième livre de la *Destination de l'homme* intitulé « Croyance »[2]. Sous la pression des critiques, Fichte aurait été amené à infléchir sa doctrine, ce qui constituerait d'ailleurs chez lui un retour aux origines, puisque Fichte avait d'abord été étudiant en théologie et l'auteur, pendant sa période précritique, de toute une série de textes relatifs à la religion, documentant un puissant motif religieux[3]. Cet intérêt pour la religion aurait toutefois été occulté pendant la période iénéenne par le développement d'un système réducteur, le système paradoxalement qualifié par Luigi Pareyson de « système de la liberté », confinant la philosophie dans le domaine de l'action et résorbant la politique et la religion dans le monde éthico-juridique[4]. Dans cette perspective, le retour du religieux que l'on observerait dans les écrits postérieurs à la querelle de l'athéisme est interprété comme un retour aux sources profondes du fichtéanisme.

1. VB, p. 45 (GA I, 9, p. 62).

2. Fichte, *La destination de l'homme*, p. 151-229 (GA I, 6, p. 253-309).

3. *Cf.* notamment « Sur les intentions de la mort de Jésus » [1786], « L'annonce faite à Marie » [1786], « Quelques aphorismes sur la religion et le déisme » [1790], « Prédication sur Luc, 22,14-15 » [1791] et le « Fragment d'un sermon » [1791-1793], textes réunis dans le recueil : J. G. Fichte, *Querelle de l'athéisme suivie de divers textes sur la religion* [abrégé QA] trad. fr. J.-C. Goddard, Paris, Vrin, 1993, p. 195-251 (GA II, 1, p. 53-66, 75-98, 287-291, 423-431).

4. *Cf.* L. Pareyson, *Fichte – Il sistema della libertà*, Milano, Mursia, 1976², p. 403 *sq.*

Enfin ce retour du religieux ne s'accompagne-t-il pas d'une formidable promotion de l'ontologie, d'ailleurs également observable dans les versions correspondantes de la Doctrine de la Science, cela au détriment de la dimension transcendantale qui, sans être carrément renvoyée aux oubliettes, ne se verrait plus attribuer qu'un rôle fort subalterne? Et lorsqu'à la Seconde leçon, pour attester l'innocuité de son enseignement, Fichte convoque à côté du Christ également Platon[1], ne donne-t-il pas à penser qu'il baisse pavillon devant l'hydre toujours renaissante du dogmatisme ontologisant, se laissant peut-être piéger par les systèmes adverses de Schelling et de Hegel, au risque de retomber dans une position précritique.

Le but de cette contribution sera de chercher à préciser la nature du message que Fichte se propose de délivrer auprès du grand public en développant une doctrine de la religion à teneur fortement ontologique, s'appuyant sur la vie.

PHILOSOPHIE ET RELIGION

Certaines des questions soulevées trouvent d'emblée une réponse si l'on prend en considération la nature du texte envisagé. Fichte renonce dans l'*Initiation à la vie bienheureuse* à apporter aux diverses attaques dont il a fait l'objet une réponse philosophique au sens précis où il entend ce terme. Comme il l'indique dès l'« Avant-Propos », cet ouvrage relève de la catégorie des écrits dits « populaires »[2]. La philosophie s'intéresse quant à elle primairement à la question du Comment (*Wie*). Selon une excellente formule figurant dans la *Doctrine de la Science Nova Methodo*, elle procède « par auto-observation du comment » (*durch Selbstbeobachtung des Wie*)[3]. Chez Fichte, comme plus tard chez Hegel, davantage que le résultat, c'est le cheminement qui compte. L'exposé populaire, dont le rôle se borne à enregistrer les résultats de l'exposé scientifique, reste donc confiné dans l'antichambre de la philosophie. Il n'a entre les mains que le *Was* et non le *Wie*, des concepts tout formés, coupés du regard qui a

1. VB, p. 62 *sq.* (GA I, 9, p. 73) ; *cf.* également p. 118 *sq.* (GA I, 9, p. 110).

2. VB, p. 29 (GA I, 9, p. 47).

3. « La Doctrine de la Science Nova Methodo » [abrégé DSNM], dans J. G. Fichte, *La Doctrine de la Science Nova Methodo. Suivi de Essai d'une nouvelle présentation de la Doctrine de la Science*, trad. fr. I. Radrizzani, Lausanne, L'Âge d'homme, 1989, p. 75 (GA IV, 2, p. 33).

présidé à leur engendrement, une pensée morte dont a été gommé tout le travail de genèse, le résultat sans le cheminement. Par le choix du genre littéraire (l'écrit populaire), Fichte donne à entendre que, ni dans l'*Initiation à la vie bienheureuse*, ni dans les deux autres textes de caractère populaire qu'il lui associe, l'écrit *Sur la destination du savant* et le *Caractère de l'époque actuelle* (un « tout d'enseignement populaire », dont l'*Initiation* constituerait le sommet)[1], il ne s'agit pour lui de poursuivre dans l'élaboration de la Doctrine de la Science. Après les attaques auxquelles celle-ci s'est trouvée en butte, le moment est venu d'entamer une phase de consolidation. Pour parer au plus pressé, il convient d'abord de lever auprès du public les malentendus, de désamorcer les critiques, de désarmer les craintes.

L'exposé populaire ne s'intéresse pas au Comment, au *Wie*, mais au *Was*, et s'il est coupé de la pensée vivante, il n'est pas pour autant coupé de la vie, bien au contraire. À la différence de l'exposé scientifique, qui cherche à donner une explication de la vie et qui est de nature spéculative, l'exposé populaire se rapporte directement à la vie. La philosophie s'appuie sur la vie, nous y reviendrons, mais elle n'en détient pas le monopole. Sa spécificité consiste bien plutôt à s'écarter de la vie pour en fournir une explication. L'exposé populaire au contraire reste ancré dans la vie. Il lui manque le Comment, et à cet égard il est toujours entaché de naïveté. Mais l'accès au monde des idées n'est pas le privilège de la philosophie. Il existe selon Fichte un sens inné de la vérité et c'est à lui que l'exposé populaire fait appel.

Le *Was* et le *Wie* sont liés. Le philosophe, comme tout homme, participe de la vie. Il peut, comme tout homme, s'appuyer sur le sens inné de la vérité. Qui plus est, il le fait, n'a pas d'autre choix que de le faire, et, pour peu qu'il prête attention aux présupposés de sa démarche, en est parfaitement conscient. Si en effet la philosophie consiste, selon le procédé utilisé dans les *Principes de la Doctrine de la Science* et décrit dans la seconde leçon de l'*Initiation à la vie bienheureuse*, à partir de l'erreur pour démasquer progressivement la part de vérité qu'elle contient par l'exclusion systématique du faux[2], cela implique que le philosophe soit

1. VB, p. 29 (GA I, 9, p. 47).

2. Sur la méthode suivie dans la première version de la Doctrine de la Science, *cf.* en particulier la notice clé figurant dans la *Doctrine de la Science nova methodo* sous le titre « Quelques remarques sur la méthode synthétique » (DSNM, p. 160; GA IV, 2, p. 107 *sq.*). *Cf.* VB, p. 59-60 : « L'exposé scientifique fait [...] sortir la vérité de l'erreur qui lui est opposée dans toutes ses dimensions et déterminations, et montre, par la destruction de toutes les façons de voir qui, en tant qu'erronées et impossibles dans le penser droit, s'opposent à

déjà en possession du vrai et qu'il s'appuie lui aussi sur ce sens inné de la vérité[1].

En dépit de la distinction opérée entre exposé scientifique et exposé populaire, il convient donc de noter également leur étroit apparentement. L'exposé populaire ne peut prétendre à la dignité du savoir; il ne produit que des *opinions*, mais, dans la mesure où il prend appui sur le sens inné de la vérité, il produit du moins des *opinions vraies*, auxquelles ne manque pour être élevées au rang de savoir que le support génétique de la philosophie.

La distinction entre exposé scientifique et exposé populaire qui vient d'être établie recoupe exactement l'opposition construite par Fichte entre philosophie et doctrine de la religion. De la philosophie, il ne peut y avoir d'exposé que scientifique; l'exposé populaire, qui présente le *Was* sans le *Wie*, le résultat sans le cheminement, la doctrine sans la genèse, tombe nécessairement hors de la philosophie. À l'inverse, il ne peut y avoir de la religion qu'un exposé populaire, car s'il était possible d'en produire un exposé scientifique, elle ne serait plus religion mais philosophie. La philosophie consiste très précisément à fonder génétiquement la vérité de la religion, à livrer le Comment du *Was* que ces deux disciplines partagent en commun.

En choisissant de présenter en 1806 un « tout d'enseignement populaire », Fichte inscrit les considérations qu'il livre au public très clairement dans un contexte religieux, au sens qui vient d'être défini. Avant de continuer à présenter l'évolution de ses recherches portant sur le *Wie*, Fichte, qui a pris à l'occasion de la Querelle de l'athéisme la mesure de l'incompréhension de sa doctrine auprès du public, juge plus urgent ou plus prudent de détromper ses lecteurs en les éclairant sur sa conception du *Was*.

elle, que la vérité est la seule qui reste et, pour cette raison, la seule solution correcte possible une fois ces façons de voir retirées : et c'est dans cette dissociation des contraires et dans cette purification de la vérité sortie du chaos confus dans lequel erreur et vérité sont emmêlées, que réside l'essence caractéristique propre de l'exposé scientifique » (GA I, 9, p. 71).

1. *Cf.* VB, p. 60 : « Or, il est manifeste que le philosophe doit déjà avoir et posséder la vérité dès avant cette démonstration qui est la sienne, ne serait-ce que pour pouvoir l'inaugurer et l'esquisser, et il doit ainsi nécessairement déjà posséder et avoir la vérité indépendamment de ses artifices démonstratifs. Mais comment pourrait-il entrer en sa possession s'il n'était pas conduit par le sens naturel de la vérité » (GA I, 9, p. 72).

LE STATUT DE LA VIE DANS L'ŒUVRE FICHTÉENNE

Mais pourquoi la doctrine de la religion prend-elle la forme d'une initiation à la vie? Quelle est, d'une façon générale, la conception fichtéenne de la vie, et peut-on, du moins sur ce concept de vie, enregistrer une modification marquante de la position défendue?

Force est de constater que le terme même de vie est peu présent dans l'œuvre fichtéenne de l'époque iénéenne. À défaut du terme, peut-on du moins trouver déjà chez le jeune Fichte ce à quoi ce terme renvoie, et quel en est le statut?

Dans l'« Avant-Propos » de l'*Initiation à la vie bienheureuse*, Fichte insiste sur la continuité de son œuvre: si l'*Initiation* appartient plus particulièrement à une séquence ouverte « six ou sept ans » auparavant (ce qui correspond au déclenchement de la Querelle de l'athéisme), elle relève d'une entreprise à laquelle il serait indéfectiblement attaché depuis « treize ans », soit depuis les *Méditations personnelles sur la philosophie élémentaire*[1], et Fichte souligne avec vigueur que la conception qu'il y défend n'aurait « en elle-même, depuis ce temps, changé en aucun de ses éléments »[2]. Fichte peut très bien s'illusionner complètement sur la prétendue continuité de son entreprise, il n'en demeure pas moins qu'il nous suggère qu'une doctrine de la vie était déjà présente dans les œuvres de l'époque iénéenne.

Dans un texte publié cinq ans plus tôt, le *Rapport clair comme le jour*, dans lequel il utilise « vie » comme synonyme d'« expérience », il affirmait déjà que l'âme de sa philosophie consisterait à reconnaître à la vie seule une signification absolue:

> Je déclare [...] publiquement que l'esprit foncier, l'âme de ma philosophie consiste en ceci : l'homme ne possède rien d'autre que l'expérience; et tout ce qu'il acquiert jamais, c'est par l'expérience, par la vie même qu'il l'acquiert. Tout son Penser, qu'il soit systématiquement lié ou non, transcendantal ou commun, part de l'expérience pour y retourner. La vie seule a une valeur, une signification absolue. Penser, Imaginer, Savoir, n'ont de valeur que dans la mesure où ils se rapportent à ce qui vit, où ils en viennent, où ils doivent y retourner.
>
> Telle est la tendance de ma philosophie. C'est celle de la philosophie kantienne, qui, au moins sur ce point, est d'accord avec la mienne. C'est

1. J. G. Fichte, *Méditations personnelles sur la philosophie élémentaire*, trad. fr. I. Thomas-Fogiel en collaboration avec A. Gahier, Paris, Vrin, 1999 (GA II, 3, p. 3 *sq*.).

2. VB, p. 29-30 (GA I, 9, p. 47).

> celle aussi d'un réformateur philosophique contemporain de Kant, Jacobi, lequel, s'il voulait seulement comprendre ce point, ne s'emporterait plus en plaintes contre mon système[1].

Une version parallèle de ce passage figure dans un texte rédigé deux ans plus tôt (soit en pleine Querelle de l'athéisme), demeuré inédit, qui apporte d'intéressants compléments :

> La philosophie, même accomplie, ne peut fournir la sensation. Celle-ci est le seul vrai principe interne de la vie. Cela Kant [...] l'a déjà dit. C'est ce que [...] Jacobi a dit également, d'une manière tout à fait indépendante de Kant, en croyant qu'il était en désaccord avec lui [...]. C'est enfin ce que j'ai dit, d'une manière aussi intelligible que possible, dès les premiers éclaircissements sur le concept de mon système[2].

Il ressort de ces divers textes qui jalonnent l'itinéraire de Fichte que, bien avant l'*Initiation à la vie bienheureuse*, celui-ci s'était intéressé à la notion de vie, qu'il conçoit comme l'élément de la philosophie, son point d'ancrage, son objet et sa fin. Selon le dernier texte, il s'agirait même d'une thèse que Fichte aurait défendue « dès les premiers éclaircissements sur le concept de [son] système ». Si l'on prend cette indication à la lettre et si l'on cherche dans l'écrit programmatique *Sur le concept de la Doctrine de la Science* à identifier ce à quoi Fichte fait allusion, on trouvera certes que le concept de vie n'est pas expressément thématisé, en revanche l'idée évoquée est bel et bien présente et le concept de sentiment (*Gefühl*) constitue la clé recherchée. Dans une note figurant dans la première édition de ce texte, Fichte insiste sur la fonction médiatrice du sentiment comme ouverture sur l'hors-conscience : « notre connaissance », écrit-il, « entre en relation avec la chose en soi, certes pas immédiatement par la représentation, mais bien médiatement par le sentiment », ajoutant que « sans le sentiment, à vrai dire, aucune représentation ne serait possible »[3]. On trouve donc déjà dans ce texte l'idée d'une donation originaire du réel dans le sentiment et l'idée que la réflexion doit s'appuyer sur le sentiment pour trouver matière à s'exercer. La même idée figure dans un autre

1. *Rapport clair comme le jour adressé au grand public sur le caractère propre de la philosophie nouvelle (1801) et autres textes*, trad. fr. A. Valensin, Paris, Vrin, 1985, p. 11 (GA I, 7, p. 194).

2. « Rappels, réponses, questions » [datant de mars-avril 1799], dans J. G. Fichte, QA, *op. cit.*, p. 141 (GA II, 5, p. 120).

3. « Sur le concept de la Doctrine de la Science ou de ce que l'on appelle philosophie » [abrégé CDS], dans *J. G. Fichte, Essais philosophiques choisis (1794-1795)*, trad. fr. L. Ferry et A. Renaut, Paris, Vrin, 1984, p. [19] (GA I, 2, p. 109).

passage de la *Begriffsschrift*, au demeurant fort connu : « Nous ne sommes pas les législateurs de l'esprit humain, mais seulement ses historiographes »[1].

Le bref passage en revue de cet échantillonnage de textes appartenant à différentes périodes de la production fichtéenne permet de confirmer la thèse continuiste soutenue par Fichte lui-même. Il apparaît bien que, dès le début de son entreprise, celui-ci conçoit ce qu'il désignera plus tard du terme de vie comme l'assise de la philosophie, la matière sur laquelle elle trouve à s'exercer, le *Was* par rapport auquel elle se trouve toujours en position de spectatrice et qu'elle doit se borner à enregistrer mais qu'il ne dépend jamais d'elle de produire. Toute la philosophie fichtéenne est une spéculation sur la vie, mais ce n'est pas la spéculation qui peut produire la vie. Peu importe au fond le nom attribué à ce donné originaire, dont la philosophie s'écarte dans son entreprise de génétisation mais à laquelle elle prétend reconduire : expérience, sensation, sentiment, il s'agit toujours d'une forme de vie.

C'est précisément pour clarifier le rapport entre le *Was* et le *Wie*, entre la vie et la spéculation, que Fichte introduit pendant sa période iénéenne sa doctrine des points de vue et distingue le point de vue commun, ou point de vue de la conscience commune, soit le point de vue de la conscience engagée dans le monde de la vie – de la conscience qui perçoit, pense, produit des savoirs, mais d'une conscience qui ne réfléchit pas sur elle-même et qui ne s'observe pas percevant, pensant et produisant ces savoirs – et d'autre part le point de vue philosophique, propre à la Doctrine de la Science, soit le point de vue de la conscience qui, s'arrachant à son engluement dans la vie, porte son regard sur elle-même et s'interroge sur son mode de perception, de pensée et de production de savoir, et se meut donc sur un plan métascientifique, proprement épistémologique.

C'est dans le contexte de la correspondance et, plus généralement, des échanges avec Jacobi que Fichte substituera au couple : point de vue commun/point de vue philosophique, celui de vie et de spéculation. Fichte, qui nourrit la plus vive admiration pour Jacobi, cherche à se rapprocher de lui et à le persuader d'une profonde convergence de leurs positions[2]. Sans doute, Fichte en est bien conscient, divergent-ils sur la conception de la spéculation (sur le *Wie*), du moins, c'est en tout cas ce qu'il croit, s'accordent-ils sur la conception de la vie (sur le *Was*), et ce n'est

1. CDS, p. 66 (GA I, 2, p. 147).

2. *Cf.* la première lettre de Fichte à Jacobi du 29 septembre 1794, ainsi que celles du 30 août 1795 et du 26 avril 1796 (GA III, 2, p. 202, 391 *sq.* et GA III, 3, p. 17 *sq.*).

certainement pas un hasard qu'au plus fort de la Querelle de l'athéisme, dans l'*Appel au public*, Fichte, tout en évoquant leur point de divergence, rende publiquement hommage à Jacobi pour sa célébration de la vie :

> Et, parmi les philosophes, toi, noble Jacobi, [...] – bien que pour ce qui regarde la pure théorie, nous pensions différemment –, ce qui importe ici, depuis longtemps déjà, tu l'as dit exactement comme je le pense, – tu l'as dit avec une force et une chaleur, dont je ne suis pas capable, – tu en as fait l'âme de ta philosophie : « *c'est par une vie divine, que l'on se rend compte de Dieu* » [1].

Convaincu de leur accord sur la vie, Fichte va jusqu'à proposer à Jacobi une « alliance » (*Bündniß*)[2]. Même s'ils appartiennent à deux camps opposés, un accord est possible : si tant est que Jacobi accepte de cantonner son réalisme au domaine de la vie, il n'entrera pas en collision avec l'idéalisme fichtéen, d'ordre purement spéculatif. L'accord proposé porte sur la ligne de partage entre vie et spéculation.

L'offre de Fichte prit Jacobi complètement au dépourvu. Ce dernier, qui peinait à identifier le point de vue de la Doctrine de la Science, changea à plusieurs reprises de position – sa correspondance et ses *Carnets* (*Denkbücher*) en ont conservé la trace[3] –, avant d'adopter pour finir la ligne hostile à la Doctrine de la Science qu'il fixera dans sa fameuse *Lettre ouverte à Fichte*. L'accord proposé, estime finalement Jacobi, n'est qu'un marché de dupes, car le monde que la philosophie retrouve au terme de sa démarche spéculative ne coïncide nullement avec le monde de la vie initial, et ce n'est que par un tour de passe-passe que Fichte peut vouloir faire croire que la réponse à la question *Wie* laisse indemne le *Was*. Le monde que la philosophie trouve au terme de son entreprise de génétisation n'est pas le monde de la vie, mais une dépouille inerte. Forte du savoir engrangé, la philosophie sait en effet désormais que le monde de la vie n'est qu'une projection du Moi, le reflet creux d'un ego hypertrophié, un simple leurre. La spéculation conduit par une pente nécessaire au nihilisme.

1. *Appel au public contre l'accusation d'athéisme* (*1799*), QA, p. 73, trad. revue (GA I, 5, p. 447 *sq*.) Fichte s'inspire ici d'un passage de la première édition des *Lettres sur la doctrine de Spinoza* : F. H. Jacobi, *Ueber die Lehre des Spinoza in Briefen an den Herrn Moses Mendelssohn*, Breslau, Loewe, 1785, p. 187 (*Werke* [abrégé W], K. Hammacher, I.-M. Piske (Hrsg.), Hamburg, Meiner, vol. I, 1, 1998, p. 138).

2. *Cf.* la lettre de Fichte à Jacobi du 30 août 1795 (GA III, 2, p. 392).

3. *Cf.* à ce sujet mon article « La confrontation entre Jacobi et Fichte à la lumière des *Denkbücher* », *Archives de Philosophie*, 62/3, 1999, p. 473-493 ainsi que la « Présentation » *in* LN.

Sévèrement accusé d'être un fossoyeur de vie, et même, en tant que « Messie de la raison spéculative », d'en être le spécimen le plus abouti et le plus dangereux, Fichte se doit de trouver une réponse. Selon un diagnostic dont il avait déjà par anticipation formulé le principe dans la *Seconde introduction à la Doctrine de la Science*[1], il explique le violent réquisitoire dressé par Jacobi dans sa *Lettre ouverte* par une confusion opérée entre le point de vue de la vie et celui de la spéculation. « Je souscris entièrement aux déclarations de Jacobi », écrit-il le 22 avril 1799 à Reinhold après une première lecture de la *Lettre ouverte*.

> Il connaît si profondément l'essence de la spéculation de même que l'essence de la vie. Comment se fait-il qu'il ne soit pas capable de *s'élever* froidement *au-dessus des deux* et de les maintenir l'une face à l'autre? Pourquoi faut-il, *soit* qu'il reste prisonnier du point de vue de la spéculation au point d'avoir honte de se formuler à lui-même les objections contre mon système, *soit* que, dans une autre disposition, à partir du point de vue de la vie, il tourne en dérision la spéculation, dont il connaît mieux que personne la valeur et la signification, se perde en imprécations contre elle et la prenne en horreur[2]?

Sur la base d'un tel diagnostic, il lui incombe dès lors de mettre en œuvre un dispositif susceptible d'amener Jacobi à réviser sa conception de l'articulation entre spéculation et vie, et Fichte n'aura de cesse d'y parvenir.

Fichte cherchera par trois fois à s'expliquer publiquement.

La première tentative, peu connue, figure dans un court texte intitulé « Fragment »[3], extrait d'un ouvrage en chantier demeuré inédit[4]. Anticipant une éventuelle requête de Jacobi, Fichte avait, dans une lettre à Reinhold – à cette époque très proche du premier –, indiqué qu'il donnerait à celui-ci son accord « sans réserve » pour la publication de la *Lettre ouverte*, tout en émettant le vœu qu'y soit joint le « Fragment »[5], dans lequel se trouve esquissé le principe de sa réponse. Jacobi, qui n'avait rien demandé, publia sa lettre sans l'accompagner de l'annexe souhaitée.

1. *Cf.* OCPP, p. 286 (GA I, 4, p. 236).

2. LN, p. 200 (GA III, 3, p. 334). *Cf.* également la version parallèle figurant dans le brouillon de cette lettre in : GA II, 5, p. 194.

3. *Cf.* LN, p. 117-120 (GA III, 3, p. 330-333).

4. Fichte, *Rükerinnerungen, Antworten, Fragen*, GA II, 5, p. 103 *sq.*

5. *Cf.* la lettre de Fichte à Reinhold du 22 mai 1799 (LN, p. 204; GA III, 3, p. 362).

Le thème central du « Fragment » est précisément l'articulation entre vie et spéculation. Fichte réagit selon toute vraisemblance à un passage de la « Lettre à Erhard O » que Jacobi avait annexée dans l'édition de 1792 à son roman épistolaire, la *Correspondance d'Allwill*[1]. Jacobi avait écrit : « Une charpente d'os est le fondement de la figure humaine, de sa beauté, de son aspect royal. Mais seule, sans contenu ni habillement, elle signifie la mort, qui, encore moins que la nuit, n'est l'amie de qui que ce soit. Un horrible squelette n'est pas non plus ce qu'il y a de premier. Quelque chose a bougé, s'est remué. Quelque chose de vivant dans un être vivant »[2]. Fichte qui s'était senti personnellement visé par ce passage rétorque :

> Nous composons sous les yeux des spectateurs le modèle d'un corps à partir du modèle de ses parties isolées. Vous nous tombez dessus en plein travail et vous exclamez : Voyez le squelette nu ! Et cela devrait être un corps ? Non, braves gens, il ne doit pas être un corps, mais un simple squelette ! Notre enseignement ne devient intelligible que peu à peu, à mesure que nous ajoutons une pièce à l'autre, et c'est uniquement dans ce but que nous avons entrepris le travail. Attendez un peu et nous habillerons le squelette de veines, de muscles et de peau ! Nous avons maintenant terminé, et vous vous écriez : Eh bien ! faites donc que ce corps se meuve, qu'il parle, que le sang circule dans ses veines, en un mot, faites-le vivre ! Vous avez tort, une fois encore. Nous n'avons jamais prétendu en être capables. Seule la *nature* donne la vie, non l'*art*, nous le savons fort bien, et croyons que c'est précisément de le savoir qui fait notre avantage sur certaines autres philosophies[3].

Dans le « Fragment », Fichte adopte une stratégie défensive et tente de se justifier. Sa ligne argumentative consiste à soutenir que le reproche qui lui est adressé de développer une spéculation étrangère à la vie manque nécessairement sa cible car il repose sur une méconnaissance de la spéculation, par nature étrangère à la vie (« *vivre*, c'est proprement *ne pas philosopher*; *philosopher*, proprement *ne pas vivre* »)[4]. Fichte insiste sur le primat de la vie (« c'est la vie qui est la fin, nullement la spéculation ; cette dernière n'est que moyen »), sur l'enracinement de la spéculation dans la vie (« la spéculation n'est pas possible sans la vie dont elle fait abstraction ») et sur la nécessité de la spéculation comme moyen de

1. « An Erhard O », dans Jacobi, *Eduard Allwills Briefsammlung mit einer Zugabe von eigenen Briefen*, Königsberg, Nicolavius, 1792, vol. 1, p. 281-318 (W 6, 1, p. 219-241).
2. *Ibid.*, p. 304 (W 6, 1, p. 234).
3. LN, p. 118 (GA III, 3, p. 331-332).
4. LN, p. 120 (GA III, 3, p. 333).

connaissance de la vie (« il n'est pas possible de connaître ce en quoi l'on est englué, ce que l'on est soi-même. Il faut en sortir et se placer à un point de vue extérieur » ; « on peut vivre sans connaître la vie, mais on ne peut pas connaître la vie sans spéculer »)[1]. Accuser la spéculation de produire un « horrible squelette », c'est commettre une confusion, car, comme il n'y a pas de point de contact entre vie et spéculation en dehors de la conscience du philosophe, la spéculation, en tant qu'abstraction de la vie, n'a pas de répercussions sur elle et ne présente pas de danger.

La seconde tentative menée par Fichte pour amener Jacobi à comprendre sa façon d'articuler vie et spéculation est la *Destination de l'homme*. Dans cet ouvrage, Fichte change de stratégie. Il ne s'agit plus prioritairement de convaincre Jacobi d'une confusion, mais de l'amener à découvrir l'accord profond de leurs positions respectives. Fichte se fixe pour tâche de démontrer leur communauté de vues pour ce qui touche aussi bien la spéculation que la vie. Pour mieux se faire comprendre de Jacobi, il entre dans son jeu et va jusqu'à reprendre des formules de la *Lettre ouverte*. C'est ainsi qu'au second livre intitulé « Savoir », Fichte, adoptant le point de vue de Jacobi, présente une spéculation caricaturale qui aurait oublié son enracinement pratique et correspond trait pour trait au tableau qu'en avait dressé Jacobi dans la *Lettre ouverte*, sauf que ce savoir fantoche ne correspond en rien au savoir de la Doctrine de la Science, dont l'enseignement le plus profond avait précisément consisté à montrer la nécessité pour la théorie de s'ancrer dans la pratique. Enfin, dans le troisième livre intitulé « Croyance » et censé apporter à Jacobi la preuve de leur accord sur la vie, Fichte parodiait délibérément le ton adopté par Jacobi dans les *Lettres sur la doctrine de Spinoza* et proposait un tableau de cette « vie divine » qui serait l'âme de la philosophie jacobienne et dont il avait expressément fait l'éloge dans l'*Appel au public*. Le but de l'exercice était d'amener dialectiquement Jacobi à comprendre la légitimité d'une spéculation qui ne serait pas oublieuse de son enracinement dans la vie.

Dans l'*Initiation à la vie bienheureuse*, Fichte fait une troisième tentative; il remet le travail sur le métier en changeant une nouvelle fois de stratégie. Il ne s'agit plus de mettre en lumière une confusion commise par ses détracteurs, il ne s'agit pas davantage de singer sa propre philosophie pour amener dialectiquement à une juste compréhension du rapport entre vie et spéculation. L'*Initiation* propose en quelque sorte une preuve par l'acte. Se sentant accusé de produire un « horrible squelette », Fichte

1. *Ibid.*

s'emploie à démontrer que sa philosophie est de part en part portée par la vie. Il choisit pour ce faire la voie populaire, c'est-à-dire que du couple vie-spéculation, il ne retient que la vie, s'interdisant tout recours à la spéculation à laquelle il substitue le sens inné de la vérité. En se fixant de brosser un tableau du quoi sans le comment, Fichte se remet artificiellement dans la position du Christ tel qu'il le conçoit, soit comme l'incarnation d'une présentation des éléments les plus profonds de la connaissance qui ne soit en rien tributaire d'une vision scientifiquement étayée[1].

LE STATUT DE L'ONTOLOGIE

Il nous reste pour boucler cette enquête à examiner encore un point. Après avoir montré que la spécificité de l'*Initiation à la vie bienheureuse* – et en particulier son caractère religieux prononcé – est indissociablement liée à la forme populaire adoptée (présentation du quoi sans le comment), puisque le rôle qu'elle accorde à la vie correspond structurellement à celui qui lui était dévolu dès la *Begriffsschrift* (continuité du quoi), il convient encore de nous interroger sur la transcendantalité de la position défendue. Quel est le statut de la métaphysique de la vie présentée à la première leçon, approfondie ensuite à la troisième leçon de l'*Initiation* – « l'ontologie et la métaphysique les plus profondes » qui soient, nous dit Fichte au début de la seconde leçon[2] ? Y a-t-il lieu de constater un affaiblissement du thème transcendantal, éventuellement sous l'influence des entreprises philosophiques concurrentes de Schelling et de Hegel, et Fichte passerait-il subrepticement d'une philosophie de la conscience à une philosophie de l'absolu, affirmation qui avait cours dès la parution de cet écrit et ressassée à l'envi dans la littérature secondaire ?

La question de l'articulation entre ontologie et philosophie transcendantale se pose à propos de chaque œuvre de Fichte et, compte tenu de la nature viscéralement dialectique de la pensée fichtéenne, ce n'est qu'au travers d'une incontournable gymnastique de l'esprit qu'il est possible d'identifier le point de vue défendu. Ainsi, dans les *Principes de la Doctrine de la Science*, une lecture circulaire s'impose pour comprendre la portée des principes établis en tête d'ouvrage, qui, comme l'a très bien

1. *Cf.* par exemple VB, p. 56 *sq.* (GA I, 9, p. 69 *sq.*).
2. VB, p. 53 (GA I, 9, p. 67).

montré Alexis Philonenko[1] et selon la méthode propre à l'exposé scientifique décrite à la seconde leçon de l'*Initiation à la vie bienheureuse*[2], sont l'illustration du faux, tant que la part de vérité qu'ils contiennent n'a pas été mise en lumière au travers d'une subtile dialectique des systèmes. Ce n'est que dans la partie pratique, une fois ramenés au statut d'« idée »[3], que leur signification profonde se révèle, en tant que principes à portée purement épistémologique et dont la dimension ontologique est uniquement dérivée. Ce résultat coïncide avec celui de la *Doctrine de la Science Nova Methodo*, dans laquelle ce n'est qu'à titre de condition transcendantale de la conscience que le vouloir pur remplit la fonction qui lui incombe de « substrat du monde intelligible pour le monde sensible »[4]. Le vouloir pur permet bien de fonder une ontologie et fonctionne comme un point d'appui transsubjectif, comme un absolu actuel existant par-delà le moi fini, mais il n'est lui-même introduit qu'à titre de principe d'explication de la conscience. L'ontologie est toujours seconde, tributaire d'une perspective épistémologique, et c'est en ce sens que l'on peut parler d'une ontologie transcendantale.

Qu'en est-il maintenant de l'*Initiation à la vie bienheureuse* ? Quel est le statut du principe de la vie, peu importe qu'il soit qualifié de Dieu ou d'être ? Fichte fait-il le grand écart et, partant, à l'instar d'un Schelling, de l'Absolu, régresse-t-il d'une ontologie transcendantale à une ontologie précritique ? En quel sens par exemple interpréter le passage suivant :

> L'être vrai et propre ne devient pas, n'advient pas, ne procède pas du non-être. [...] Il vous faut en fin de compte toujours aboutir à un être qui là n'est pas devenu et qui précisément pour cette raison n'a besoin d'aucun autre pour son être, mais qui est là absolument par soi-même, de soi et à partir de soi, lui-même. C'est dans cet être, auquel il vous faudra tôt ou tard vous élever à partir de tout ce qui devient, que vous devez maintenant, comme je vous le demande, vous fixer solidement dès le départ[5] ?

Comme dans les *Principes de la Doctrine de la Science*, comme dans les versions de la Doctrine de la Science postérieures à la Querelle du panthéisme, Fichte part de l'Absolu dans l'*Initiation à la vie bienheureuse*, mais sans que cela ne préjuge en rien du statut de cet Absolu. Certes,

1. *Cf.* A. Philonenko, *La liberté humaine dans la philosophie de Fichte*, Paris, Vrin, 1980, p. 105.

2. Cf. *supra* n. 2 p. 51 *sq*.

3. *Cf.* OCPP, p. 143 (GA I, 2, p. 409).

4. DSNM, p. 113 (GA IV, 2, p. 150).

5. VB, p. 81 (GA I, 9, p. 85).

en raison du caractère populaire de cet écrit, Fichte ne s'étend-il pas sur le mode sur lequel ce principe est posé, les indications qu'il livre sont toutefois suffisamment claires pour qu'aucun doute ne soit permis. C'est ainsi que Fichte écrit à la première leçon que « l'un et immuable est compris comme fondement d'explication (*Erklärungsgrund*) de nous-mêmes et du monde »[1]. À la troisième leçon, il est encore plus explicite : du point de vue de l'existant, il est impossible d'expliquer la génération de l'existence à partir de l'être, car l'existant se trouve toujours déjà existant, et il lui est impossible de transcender l'existence (*über das Dasein hinauszugehen*)[2]. Dans l'*Initiation à la vie bienheureuse*, Fichte reste fidèle à la perspective transcendantale qui commande son ontologie (au *Wie* selon lequel le *Was* est posé).

Conclusion

Dès l'époque de sa parution, l'*Initiation à la vie bienheureuse* a été lue dans une perspective massivement discontinuiste. Comment expliquer le discours à forte coloration religieuse adopté dans cette œuvre sinon par un tournant religieux ? Comment concilier l'ontologie qui y est développée avec le transcendantalisme précédemment défendu ? Après la Querelle de l'athéisme, Fichte se serait vu amené à modifier sa position, d'une part pour désamorcer les critiques sur le plan religieux et se réhabiliter, d'autre part pour intégrer les apports des ontologies schellingiennes et hégéliennes. Face à une telle ligne interprétative encore très largement dominante, nous avons cherché dans cette contribution à proposer une piste de lecture radicalement différente, d'inspiration foncièrement continuiste. Il nous a d'abord fallu insister sur le statut de cette œuvre, dont l'appartenance à la catégorie des écrits dits populaires lui confère nécessairement un caractère religieux et non philosophique. Engagé dans une phase de consolidation, Fichte se soucie d'éclairer le public sur le contenu de la Doctrine de la Science (la question du *Was*), laissant délibérément de côté la question de la genèse (le *Wie*). Il nous a fallu ensuite montrer qu'en dépit d'une incontestable innovation d'ordre terminologique, la position de Fichte sur le *Was* n'a pas fondamentalement changé et qu'en particulier les premiers écrits accordaient déjà à la vie la fonction qui lui est dévolue dans

1. VB, p. 44 (GA I, 9, p. 62).
2. *Cf.* VB, p. 86 (GA I, 9, p. 88).

l'*Initiation à la vie bienheureuse*. Il nous a fallu enfin souligner le caractère transcendantal de l'ontologie déployée, présentée comme un simple « principe d'explication » de la conscience. Contrairement à ses adversaires philosophiques, Fichte ne part pas de l'absolu, mais de la conscience finie, restant parfaitement fidèle à l'enseignement qu'il dispensait dès les *Principes de la Doctrine de la Science*.

JEAN-CHRISTOPHE GODDARD

ANWEISUNG ZUM SEELIGEN LEBEN CONTRE *INITIATION À LA VIE BIENHEUREUSE*

Il faut admettre qu'A. Schnell a été bien inspiré de préciser que si le titre de l'*Anweisung zum seeligen Leben* dont il vient de préfacer la traduction à la Libraire Vrin doit continuer d'être traduit en français par *Initiation à la vie bienheureuse*, c'est en raison d'une « tradition établie dans l'espace philosophique francophone »[1].

En français (dans l'espace philosophique francophone, ou, plus précisément, dans la bibliothèque des textes philosophiques francophones), l'*Anweisung zum Leben* – puisqu'en fin de compte toute vie est bienheureuse et que l'adjectif *seelig* est en conséquence redondant – est donc une *Initiation à la vie*. Pas en allemand. En allemand, l'*Anweisung* n'initie pas. Elle ne livre pas les premiers éléments ou les conditions préalables d'une connaissance à laquelle on accéderait progressivement à travers une série d'étapes et de transformations. Elle instruit immédiatement, sans délai, par la seule révélation de ce qu'elle indique. Cette indication-révélation est *zum Leben*. Ce qui ne veut pas dire qu'elle montre la direction à suivre pour parvenir *à la vie*, mais que, indication prescriptive, elle constitue immédiatement une directive *de vie* – commande la vie ou de vivre. Cela signifie qu'elle est une parole monstrative et performative susceptible par sa seule profération de rétablir la vie – de faire vivre là où la vie malheureuse, la vie en souffrance, ne vit pas – n'est pas une vie (au sens où beaucoup disent que leur vie n'est pas une vie). En allemand, l'*Anweisung zum Leben* revêt, on le concédera, une signification autrement

1. Fichte, *L'initiation à la vie bienheureuse*, *op. cit.*, p. 26.

plus concrète et plus active qu'en français *L'initiation à la vie bienheureuse*.

Dans le champ discursif de la philosophie francophone, *L'initiation à la vie bienheureuse* est, en effet, exclusivement l'un de ces grands textes philosophiques occidentaux qui communiquent à leurs lecteurs, d'une génération à une autre, une information précieuse, mais réservée, difficile d'accès, qui doit encore être décodée par une longue étude, aidée du commentaire explicatif d'experts savants initiés dans l'art de reconstruire le système des représentations mentales qui en commandent l'écriture. À cet égard, *L'initiation à la vie bienheureuse* peut naturellement servir pour la formation et la sélection des futurs experts en décodage de textes. Elle est un texte initiatique. Quoiqu'il ne s'agisse, bien sûr, nullement d'une initiation au sens « traditionnel » du terme.

Que l'espace philosophique francophone soit presque exclusivement dominé par ce préjugé éditorial tient, en effet, sans aucun doute à ce modèle pédagogique auquel s'identifient depuis le début du XIXe siècle la République et l'Empire colonial français, que leurs instituteurs et leurs universitaires ont, avec l'aide de leurs militaires et de leurs hommes d'affaires, largement répandu dans le monde : celui d'un enseignement civilisateur consistant dans la communication à un sujet neutre, supposé ignorant et même imbécile, sans langue et sans culture propre – au fond à peine existant –, d'un savoir abstrait, métaphorique, encodé dans des énoncés propositionnels ou semi-propositionnels, progressivement enchaînés selon un ordre logique, strictement linéaire, écrits dans une langue muette seulement intelligible à condition que le peu de matérialité qui lui reste soit traduite en idées mentales universelles.

Une suffisance que Fichte a combattue en 1807, dans les *Discours à la nation allemande*, en opposant la langue française – son usage impérial – à la puissance créatrice de la langue allemande identifiée à la puissance d'une *Einbildungskraft*, d'une force de formation immanente, d'invention culturelle et de formation d'images, de production d'un symbolisme partagé en métamorphose permanente[1]. Une écriture du symbole immanente au geste qui le trace, qui se désintégrerait si le geste s'interrompait, comme il s'interrompt effectivement lorsque triomphe l'éducation républicaine-coloniale française qui, très concrètement, en apprenant à ne plus écrire et ne plus lire que les signes inscrits sous forme de caractères imprimés sur du papier, fige le *Schweben* de cette *Einbildungskraft* qui,

1. *Cf.* J.-C. Goddard, « Fichte ou la révolution aborigène permanente », *in* G. Marmasse et A. Schnell (dir.), *Comment fonder la philosophie ?*, Paris, CNRS éditions, 2014.

elle, écrit sans support, dessine pour ainsi dire « dans l'air » une ligne-trajet, une ligne-geste lévitante, susceptible de s'orienter dans toutes les directions possibles, certainement pas en ligne droite, en engendrant l'espace même où elle se trace. L'anthropologue-phénoménologue britannique Tim Ingold [1] résume parfaitement la catastrophe à quoi aboutit l'apprentissage de la lecture et de l'écriture dans les sociétés dominées par le modèle colonial : lorsqu'ils sont suffisamment aptes à lire et à écrire sur du papier, les enfants ne peuvent plus ni écrire, ni lire ce qui est écrit dans l'air.

Or, l'*Anweisung zum Leben* est écrite dans l'air. On peut ironiser sur l'Avant-Propos de sa publication fin avril 1806. Comme sur celui des *Grundzüge des gegenwärtigen Zeitalters*, parus le mois précédent. Ils signifient tous deux, d'une façon on ne peut plus explicite : 1. Que les deux textes n'ont pas été écrits pour être imprimés – qu'ils sont formés d'une autre « texture » qu'un texte imprimé; 2. Que leur lecture sous la forme de textes imprimés est susceptible d'être sans effet, ou du moins de ne pas avoir l'effet escompté par leur auteur – seulement garanti par la parole vive de l'exposé oral.

S'il s'agit maintenant de tenter un propos qui ne soit pas sous le joug du modèle pédagogique et épistémologique catastrophique qui domine l'enseignement primaire et secondaire français, dont le rapport fondamental à l'écriture vient d'être évoqué, et qui domine aussi encore largement l'enseignement supérieur – du moins dans « l'espace philosophique francophone » –, alors il faudra tenir compte de ce double avertissement d'un bout à l'autre de notre lecture, non pas de *L'initiation à la vie bienheureuse* – qui, de ce point de vue, ne mérite pas d'être lue (elle ne le mérite que du point de vue d'une épistémologie critique) –, mais bien de l'*Anweisung zum Leben*, c'est-à-dire d'un livre qui est la trace imprimée d'une *Anweisung*, c'est-à-dire d'une parole agissante, exclusivement gestuelle (au double sens de *gestus* et de *gestia*), – d'une parole telle qu'elle implique à ce point le corps affectif que sa signification, son intelligibilité mêmes sont indissociables d'une attitude, d'un jeu corporel, – d'une parole qui est authentiquement et concrètement une *Tathandlung*, un faire, parce qu'elle est un ensemble d'actions effectivement accomplies. Les mouvements d'une écriture orale (« dans l'air ») qu'anticipent – non pas en les préfigurant pour les reproduire, mais comme un premier accomplissement – les mouvements irréguliers, non linéaires, purement

1. *Cf.* T. Ingold, *Une brève histoire des lignes*, Le Kremlin-Bicêtre, Zones Sensibles, 2013.

graphiques, de l'écriture manuscrite préparatoire aux *Vorlesungen* – que l'on n'a pas d'ordinaire l'idée de considérer comme partie intégrante de l'œuvre philosophique, mais dont l'étude devient indispensable du point de vue de l'approche tracéologique à laquelle on est obligé par la spécificité du texte fichtéen.

Difficile de croire que Fichte n'ait pas voulu écrire de livre. A-t-il sérieusement voulu être seulement entendu par la quarantaine d'auditeurs effectivement présents à ses conférences chaque dimanche entre midi et une heure de l'après-midi du 12 janvier au 30 mars 1806? Par cette assemblée de poètes, de musiciens, d'ambassadeurs, de conseillers d'État, d'enseignants, de prédicateurs, dont on trouvera la composition la plus probable dans le *Vorwort* de l'édition bavaroise de l'*Anweisung zum seeligen Leben*? Quel philosophe professionnel se contenterait d'un tel public, d'une notoriété aussi restreinte? Quand on pense avec quelle véhémence Marx se plaint à *Dear Fred* de la faible réception de ses premières publications, et combien Nietzsche est inquiet que personne ne lise son premier livre. Mais leur addiction au livre ne se nourrit-elle pas de l'addiction de notre époque à ces héros savants susceptibles par leurs écrits de dominer une opinion publique labile, désorientée par la liberté sans limite dont elle jouit, et de la fixer dans une dogmatique – fut-elle critique – imprimée? Ces aspirants philosophes ne sont-ils pas d'abord candidats à la République des érudits, ce Sénat du Genre Humain où siègent à vie – mais au titre d'Immortels – les champions de l'opinion publique?

La sixième conférence des *Grundzüge des gegenwärtigen Zeitalters* constitue l'un des pamphlets les plus intelligents et les plus redoutables contre l'époque où l'on vend des auteurs « choc » et de la philosophie « aussi passionnante qu'un polar ». Car le *marketing* éditorial n'est pas une concession accidentelle faite à l'époque: il est le principe même selon lequel se forme la République des savants dans l'Europe moderne. Peu importe en effet ce qu'on écrit: « l'accès à ce glorieux Sénat du genre humain », dit Fichte, « dépend ordinairement du premier éditeur venu, qui sait encore moins ce qu'il imprime que l'écrivain ne sait ce qu'il écrit, et qui a pour unique ambition d'échanger du papier imprimé par d'autres contre du papier imprimé par lui ». L'imprimerie crée ainsi au sein de la société une séparation formelle entre ceux qui ont l'avantage d'écrire et de publier et la masse de ceux qui les liront. Une division formelle qui n'est pas sans effet réel: c'est elle qui pose les fondements de l'institution scolaire universelle en lui assignant la mission de désapprendre aux enfants à écrire et à lire dans l'air pour ne plus écrire et lire que des lettres imprimées, non cursives, ne plus reconnaître comme indice d'un sens que des agencements de signes abstraits disposés en lignes droites et en colonnes sur des feuilles de papier cousues ou collées entre elles, – à n'avoir plus d'autre savoir que l'information délivrée par le décodage de ces signes. Bref, elle réalise l'abêtissement général de la société. Et, pour comble d'idiotie, fait accroire que l'attachement à toute autre forme de savoir serait une marque d'obscurantisme.

Accroc au livre, l'écrivain n'a pas, en effet, besoin de savoir ce qu'il écrit. Pressé par la concurrence éditoriale, il lui faut écrire avant de savoir. Aussi, pur écrivain, écrit-il sans savoir. Séduit par la fière allure d'un empereur à cheval entre-aperçu depuis la fenêtre de son Université, il pourra lui venir à l'idée que des noirs révoltés aux Caraïbes, insoumis à l'esclavagisme de l'Empereur, sont bien mal partis pour accomplir la totalité du processus historique qui conduit à ce qu'il appelle la reconnaissance de soi dans l'absolu – et qui ne désigne en réalité rien de plus que ce qui se pratique en matière de religion dans la province isolée où il habite. D'Haïti et de la guerre qui ravage l'Europe, il ne sait rien que ce que les imprimés, livres et journaux, en disent – c'est-à-dire, tout bonnement, n'en sait rien. Mais il écrit des centaines de pages. Le pur écrivain peut même s'emporter et se surprendre à écrire des choses qu'il n'osera pas publier : une légende des siècles entièrement privée, une vraie bizarrerie ethnologique, une théo-cosmo-gonie qui n'est d'aucun peuple, d'aucune langue, d'aucun pays, d'aucun voyage, et n'a aucune valeur ontologique, c'est-à-dire médicinale – puisque les récits de cette sorte n'ont traditionnellement d'autre sens, en délivrant le savoir purement technique de la fabrication des êtres, que de permettre leur recréation thérapeutique. Il n'a jamais assisté à un autre rite funéraire que celui de son Église, n'a jamais eu recours à un psychotrope autrement que comme une drogue, mais il écrit des centaines de pages sur le polythéisme et le paganisme. Qu'il le veuille ou non, le pur écrivain sera publié et lu. Des sociétés entières se soumettront alors à sa domination et formeront le projet d'orienter leur avenir et de soigner leurs désordres en s'appuyant sur ses écrits – auxquels on accordera pompeusement le titre d'ontologie.

À l'écriture pure répond, pour Fichte, la lecture pure : le livre agit sur le lecteur comme un narcotique dont il devient dépendant au point de se détourner de l'action et de ne plus vivre que dans la lecture. Le flot incessant des publications, en fixant sur le papier une inflation d'opinions originales et fugaces qui ne procèdent d'aucune mémoire vivante, et qui seraient vouées à un oubli immédiat si l'imprimerie ne pourvoyait à leur conservation en les muséifiant, elles et leurs auteurs, a nourri une gigantesque Bibliothèque des Textes à lire, où le pur lecteur s'installe et s'enferme de jour comme de nuit, et qui suscite à son tour un flot toxique d'écrits critiques et explicatifs, de sorte qu'aux innombrables publications originales s'ajoutent encore les livres écrits sur les livres qui n'ont d'autre effet que de conforter le pur lecteur dans sa bibliodépendance. La conclusion de Fichte est sans appel : « parvenu à ce point l'effort scientifique de l'époque s'autodétruit, et le genre humain se trouve placé d'une part dans une impuissance absolue, d'autre part dans l'incapacité totale d'être formé davantage : l'époque ne sait plus lire et, pour cette raison, écrire est vain. Il est alors grand temps de commencer quelque chose de nouveau. Ce quelque chose de nouveau consiste, à mon avis, d'une part à revenir au moyen de la communication orale, et de la cultiver jusqu'à en faire un art parfaitement maîtrisé, d'autre part à chercher à développer en soi la réceptivité pour ce mode de communication »[1].

Revenir à la transmission orale ! Fichte a donc bien souhaité n'être entendu que par la quarantaine d'auditeurs effectivement présents à ses conférences chaque dimanche entre midi et une heure de l'après-midi du 12 janvier au 30 mars 1806. L'*Anweisung* de *l'Anweisung zum Leben* n'est pas une métaphore : elle *est* la parole injonctive, énergique, que fait retentir la voix du conférencier dans la salle où s'est rassemblée une communauté d'auditeurs attentifs à cette voix et affectés par elle. Elle est d'abord vivifiante, *zum Leben*, dans la mesure où elle rompt avec le régime mortifère du livre imprimé, de l'écriture et de la lecture modernes.

Cette parole nous ne l'entendrons plus. Comment en lire alors la trace imprimée ? C'est-à-dire comment lire ? Puisqu'il nous faut en conséquence continuer de lire ce que nous ne pouvons plus entendre. Cela aussi la sixième conférence des *Grundzüge des gegenwärtigen Zeitalters* nous l'apprend. Or, cette méthode de lecture n'est pas un pis-aller. Elle atteste le profond remaniement épistémologique qu'entraîne la reconnaissance du primat de la communication orale et la désintoxication bibliographique du lecteur.

Ce que Gregory Bateson a mis en lumière à propos de l'addiction alcoolique[2] vaut, en effet, tout aussi bien pour l'addiction bibliographique. Couplée à l'effort sans relâche des purs écrivains pour faire connaître ce qu'ils trouvent à redire sur ce qu'ils viennent tout juste d'écrire et sur ce que les autres écrivains ont publié dans l'heure qui précède, elle est d'abord un effort sans relâche pour ne rien perdre de ce qui s'écrit et, ce faisant,

1. Fichte, *Le caractère de l'époque actuelle*, *op. cit.*, p. 101.

2. *Cf.* G. Bateson, « La cybernétique du "soi" : une théorie de l'alcoolisme », *Vers une écologie de l'esprit*, Paris, Seuil, 1977, t. I.

affirmer sur le flot bibliographique une maîtrise dont le lecteur peut s'enorgueillir. Il existe entre le pur écrivain et le pur lecteur une relation symétrique simple : le renforcement du comportement de l'un renforce le comportement de l'autre. La relation symétrique complémentaire initialement instituée par l'imprimerie entre l'écrivain et le lecteur, qui partageait la société en deux – le Sénat du Genre Humain et la masse des incultes –, relation de domination et de soumission, instable, tourne mal – comme risque toujours de le faire ce type de relation –, et se transforme en une relation symétrique simple où les termes entrent mutuellement en compétition. Plus le lecteur lit, plus il a lieu d'être fier de soi, plus il affirme sa maîtrise sur le flux réputé indomptable des publications dont le nombre s'accroit par ailleurs à proportion qu'elles sont lues. C'est dire que l'affirmation de soi du pur lecteur est indissolublement liée à l'aggravation du risque encouru qui est d'affronter une tâche infinie, inexécutable et destructrice de soi – puisque le soi s'est entièrement concentré, confiné, dans la seule affirmation de sa maîtrise – : lire tous les livres.

En d'autres termes (qui sont fichtéens) : la concentration centripète du moi dans l'affirmation abstraite de la maîtrise de soi enclenche et accroît le mouvement centrifuge inverse, irréversible, de dispersion dissolvante du moi à travers une multiplicité innombrable de modifications qui lui sont étrangères – le flot des opinions imprimées. En lisant, le lecteur vainc le risque de sa propre dissolution et derechef s'y expose. La question que Fichte ne cessera de traiter à travers la pratique de la *Wissenschaftslehre*, et qu'il aborde stratégiquement dans les *Grundzüge des gegenwärtigen Zeitalters* en traitant de la lecture, celle d'une possible relation entre le moi et le non moi qui articulerait sous une forme complémentaire l'intégrité du moi et sa dépendance à autre chose que soi, est une question de toxicologie – et d'écologie : la question de savoir comment il est possible de rétablir une relation non compétitive du moi avec son environnement.

À cette question, il donne une réponse très proche de celle que donne Bateson – ou, plus exactement, que donnent les fondateurs de l'association américaine « AA ». Personne ne se défait d'une addiction par une décision morale – par l'affirmation d'une suprématie sur ce qui le domine. Une telle affirmation ne fait, en effet, que reconduire les présupposés épistémologiques et ontologiques sur lesquels repose l'addiction. En intimant, en l'occurrence, au lecteur de « maîtriser » sa bibliographie, on ne fait qu'augmenter son exposition au risque d'une lecture toxique. L'addictif quitte son addiction sans le vouloir, uniquement parce qu'il « touche le fond ». Et, il « touche le fond » dès que la substance toxique n'est plus ingérée que comme un narcotique susceptible de provoquer un complet oubli de soi – seul moyen de lâcher la tension insupportable que la relation symétrique simple impose au moi en l'obligeant à s'isoler de plus en plus, à s'extraire de toute forme de complémentarité par l'affirmation abstraite de sa maîtrise sur ce qu'il ne parvient pas à maîtriser.

Or, en matière d'addiction bibliographique, le fond a bien été touché. Du moins est-ce le cas pour Fichte – quoiqu'il en aille autrement et qu'il continuera d'en aller autrement pour d'autres. En faisant le constat que, « du point de vue scientifique, l'époque s'est autodétruite », que « plus personne ne sait lire et qu'il est en conséquence devenu vain d'écrire des livres », il admet tout simplement être sans défense devant le pouvoir de l'imprimerie, du régime de la pure lecture et de la pure écriture. Il rend les armes. Mais l'échec à maîtriser la relation symétrique simple, l'abandon à cet échec, n'est pas en soi un échec : il constitue, comme l'a montré Bateson, la première étape du profond changement que constitue une totale désintoxication. Cette étape a en effet pour conséquence immédiate la reconnaissance de la nécessité de substituer à la symétrie simple une symétrie complémentaire non schismogénétique – c'est-à-dire un rapport de domination qui ne soit pas susceptible de provoquer et d'entretenir de nouveau une concurrence. Elle libère l'accès à une seconde étape de la désintoxication bibliographique, qui est de s'en remettre à un pouvoir plus grand que celui du livre – c'est-à-dire que celui du moi (puisque le livre n'exerce son pouvoir qu'en magnifiant celui du moi). La soumission à un pouvoir capable de lier le moi sans le détruire, de le faire participer à un « nous » dont l'être propre consiste dans la seule écologie des interactions systémiques, non concurrentielles, entre les êtres qui en participent (une religion). Ce pouvoir, seul susceptible de dominer l'addiction au livre, est celui de la Parole, nécessairement et exclusivement orale, en tant qu'elle est *anweisend zum Leben* – qu'elle prescrit de vivre. La question toxico-bibliographique est ainsi étroitement liée à la question religieuse : il s'agit bien, avec ce « commencement de quelque chose de nouveau », auquel invite Fichte, de substituer au pouvoir toxique du livre le pouvoir d'une *Religionslehre* ou, ce qui revient au même, d'une *Anweisung zum Leben*.

Il est maintenant possible de comprendre selon quelle méthode l'*Anweisung zum seeligen Leben* peut être lue. La méthode de lecture des écrits scientifiques préconisée par Fichte dans les *Grundzüge des gegenwärtigen Zeitalters* illustre le bouleversement épistémologique induit par la rupture avec la lecture addictive. Il s'agit tout bonnement de ne plus s'en remettre à l'écrivain, à la parole soufflée qu'il met lui-même en avant (*was er vorsagen will*), mais de tenter par une investigation expérimentale de son texte, que Fichte conçoit sur le mode de l'exploration d'une réalité naturelle

(*Naturforschung*), d'en dégager le sens authentique – dont l'écrivain ne possède pas forcément lui-même un concept tout à fait clair. Non pas de chercher à *connaître* la *pensée* de l'auteur en décodant le texte, le système matériel des signes imprimés, comme s'il était intégralement transposable dans un système d'idées intemporelles parfaitement et intentionnellement déterminées – ce qui est encore trop prêter à l'écrivain –, mais de chercher à en « reconnaître historiquement (*historisch*) le sens », c'est-à-dire à restituer l'action, le geste significatif passé, dont il est seulement la trace, l'indice. Non pas d'appréhender le texte écrit comme le moyen de communication d'une pensée individuelle originale, mais comme le lieu d'une révélation de sens. D'abord le lire « cursivement » (*cursorisch*), le parcourir de bout en bout avec la rapidité, la linéarité libre, aérienne et manuelle, d'une écriture cursive – opérer une lecture *schwebend*, restitutive de cette écriture en l'air, en spirales, que réprime l'imprimerie : désimprimer le texte. Puis, au sein de cette nouvelle texture vivante, de cet enchevêtrement de différences indéterminées, dépister la différence significative, l'unité textuelle, non pas fondamentale – une telle texture est sans fondement –, mais primordiale : celle qui, parmi toutes les unités enchevêtrées, importe le plus parce qu'elle vient en avant, c'est-à-dire commence et motive un mouvement déterminé, trace la première ligne, constitue la première piste qui donne sens à toutes les autres unités ou lignes textuelles, permet de les déterminer comme de nouvelles unités ou lignes de sens.

Une méthode qui, en renversant la symétrie simple au profit d'une relation complémentaire, en soumettant le lecteur au seul pouvoir sans rival du sens révélé par une lecture cursive, renverse du même coup la modalité même selon laquelle s'invente la culture littéraire occidentale – celle de l'humanité lectrice et cultivée – telle que la définit et l'analyse Roy Wagner[1], un autre anthropologue de la modernité. La différenciation et la célébration de l'écrivain pur, génie héroïque, inné, de la pensée non-conventionnelle, précisément célébré en raison de sa capacité à traduire bibliographiquement sa singularité, caractérise en effet la manière même dont l'humanité occidentale et urbaine de fait opère, et dissimule, sa soumission à l'ordre conventionnel qu'elle s'est elle-même construit – opère sa collectivisation sous l'Empire de l'écriture droite, silencieuse et disciplinée. En déséquilibrant l'ordre conventionnel de l'écriture par une lecture expérimentale, purement pragmatique et déprédictive, capable de révéler, seulement par l'exploration des multiples pistes alternatives susceptibles de faire sens, un ordre de significations indépendant de ce que

1. *Cf.* R. Wagner, *L'invention de la culture*, Le Kremlin-Bicêtre, Zones Sensibles, 2014.

l'écrivain a voulu communiquer, en transformant le texte en un objet actif, une parole par elle-même agissante et collectivisante indépendamment de son contenu intentionnel, le lecteur fichtéen tente bien quelque chose de nouveau. Mais ce quelque chose de nouveau est aussi quelque chose de très ancien : il est caractéristique de la manière dont, selon Roy Wagner, l'humanité tribale, religieuse, paysanne ou prolétaire, articule la convention et la non-convention pour produire de la culture – ou du moins quelque chose que l'homme occidental nommera « culture », mais qui n'en est pas du point de vue de ce qu'il comprend, lui, sous ce terme, et qu'il serait peut-être plus exact de désigner comme un « savoir ». Quelque chose qui n'est pas une culture, mais un savoir, peut-être précisément du fait de prévenir toute addiction à une impossible maîtrise.

Fichte prolétaire ? N'a-t-il pas revendiqué en 1813, dans la conférence sur la guerre, le mérite d'appartenir au clan des *Nicht-Eigenthümer* ? En un sens qui n'est évidemment ni saint-simonien ni marxiste. Fichte paysan ? L'enfant gardien d'oies ne s'était-il pas fait remarquer à sept ans par sa capacité à reproduire intégralement et sans la moindre erreur des prêches déclamés seulement une fois ? On connaît l'anecdote. Un hobereau stupide en conclut que l'enfant devait être scolarisé. Nous lui devons l'avantage – ambivalent – de pouvoir lire dans une édition érudite une œuvre critique des principes fondamentaux de la scolarisation. Mais s'est-on interrogé sur la qualité de cette mémoire préscolaire ? N'a-t-elle pas pour condition que le jeune Johann ne dissocie d'aucune manière la parole et le chant, le verbe et le son – comme le font d'ailleurs beaucoup d'enfants capables, avant qu'on leur ait « appris à lire », c'est-à-dire à séparer le langage de sa composante acoustique et donc à lire silencieusement, de « lire » intégralement un livre qu'on leur a lu une fois, ou, ce qui revient au même, de chanter une chanson qu'on leur a chanté une fois ? Cette unité du verbe et de la musique n'est-elle pas précisément constitutive de la « communication orale » en laquelle se forme et se transmet le savoir traditionnel et que la voix humaine du récitant ou des membres de la communauté assemblée a pour rôle non pas tant de produire que de faire éclore ? Fichte tribal ? Une telle lecture – pour dire vite : non saussurienne – ne présente-t-elle pas la même caractéristique que la lecture chamanique qui est de faire parler, non pas métaphoriquement mais littéralement, un livre – de faire parler une écriture qui parle ? On ne comprendra pas Fichte tant qu'on n'aura pas compris ce qu'il ne cesse pourtant de dire : que la lecture d'un livre ou d'un écrit scientifique peut bien s'accompagner d'une prise de notes, mais que celles-ci ne seront jamais que des notations, en aucun cas des commentaires explicatifs ou des partitions permettant de rejouer la pensée – seulement des notes marginales permettant de s'orienter dans le texte comme dans une forêt à la manière d'un chasseur primitif dépistant une proie, le long d'un trajet plutôt que sur un plan. On ne le comprendra pas tant que, d'une manière générale, on n'aura pas « touché le fond » de notre addiction à la modernité et abandonné cette morgue si caractéristique de l'humanité occidentale et urbaine qui est de penser qu'elle fait quelque chose de nouveau en ne faisant plus rien, à part défaire les savoirs paysans et indigènes. Nul besoin de dire ce que la littérature philosophique moderne comprend de mépris, le plus souvent raciste, envers ces « primitifs » qui faute de mettre un terme aux choses du passé sont pour elle sans histoire : cela ressort assez de la lecture de la plupart de ses champions. La figure subtile d'une involution non régressive vers la primitivité, par laquelle on cherche parfois, d'une façon moins méprisante, à vanter les ressources des milieux tempérés où fleurit notre civilisation, ne change rien à l'affaire.

Religieux, Fichte ne l'est en aucun des sens qui prêtent à de stériles polémiques dans un espace idéologique où l'on est incapable de penser la religion, que ce soit pour y adhérer ou pour la rejeter, autrement qu'à travers l'alternative du progrès ou de la régression. Religieux, il l'est d'abord au sens où il exerce cette pratique, semblable à celle des lecteurs monastiques médiévaux, qui est de faire parler l'écriture seulement en la lisant publiquement et à voix haute au sein d'une communauté – rattachant ainsi de nouveau le *reden* moderne allemand au *read* anglais, lui-même dérivé de l'Anglo-Saxon *roed*, dont l'un des sens est « donner un conseil », « aviser ». Dans quelle mesure l'*Anweisung zum seeligen Leben* est-elle une *Religionslehre* ? Dans la mesure où elle est simultanément un discours oral, une lecture (*Vorlesung*) et un conseil avisé. La question de savoir si cette *Religionslehre* est ou non chrétienne est secondaire. La lecture attentive de l'*Anweisung zum seeligen Leben* réserve d'ailleurs sur ce point quelques surprises.

Si l'on voulait vraiment lire l'*Anweisung zum seeligen Leben*, la meilleure méthode serait ainsi sans doute de la lire à voix haute. L'*Anweisung* est en effet elle-même sa propre lecture. Il n'y a en a pas d'autre : aucune lecture d'aucun lecteur ne saurait se substituer à la lecture de l'orateur. Les conseils de lecture donnés par les *Grundzüge des gegenwärtigen Zeitalters* à celui qui ne peut plus qu'en lire la trace imprimée ne visent-ils pas eux-mêmes d'abord à l'aider à dépister au cœur du texte cette même parole lectrice et avisante, *anweisend* : les voix des pages lus par Fichte devant ses auditeurs? En lisant ainsi à voix haute la première *Vorlesung* on serait peut-être surpris d'entendre, c'est-à-dire d'être sensiblement affecté, par ce que révèle une rapide analyse littéraire. On percevrait que le texte lu par Fichte est une composition d'unités purement textuelles qui se répondent musicalement, comme les éléments et les parties d'un chant, selon les règles élémentaires de la rhétorique sémitique : l'usage de plusieurs termes récurrents (*Leben*, *Liebe*, *Seeligkeit*, *Seyn*, *Tod*, *Nichtseyn*…) regroupés en syntagmes (*wahrhaftige Leben*, *wahrhaftige Seyn und Leben*…), répétés et disposés comme des indices de la composition elle-même, sous une forme identique (*was lebendig erscheine, sey lebendig in der That*…), synonymique (*Leben, Liebe, und Seeligkeit, schlechthin Eins sind und Dasselbe*…), antithétique (*Leben/Tod*, *Seyn/Nichtseyn*, *Leben/Scheinleben*…) ou paronymique (*Leben/Liebe*, *was du liebest, das lebest du*…) – ce que l'*Initiation à la vie bienheureuse* ne peut pas faire entendre –, afin de constituer des segments symétriques, parallèles (*Leben ist selber die Seeligkeit; Leben ist Liebe; Form und Kraft des Lebens besteht in der Liebe, und ensteht aus der Liebe; Leben, Liebe, und Seeligkeit, schlechthin Eins sind und Dasselbe*...) ou antithétiques (*Das wahrhaftige Leben lebet in dem Unverändlichen/ Das Scheinleben lebet nur in dem veränderlichen*; *Das wahrhaftige Leben ist durch sich selber seelig/das Scheinleben ist nothwendig unseelig*…). Une composition qui est également celle des cinq premiers versets du Prologue de l'Évangile de Jean auxquels l'*Anweisung zum seeligen Leben* consacre sa sixième lecture sous la forme, non pas d'un commentaire spéculatif et explicatif, mais d'une reprise et d'une amplification de son chant en ajoutant à la sonorité des termes (*Anfang*, *Wort*, *Gott*, *Leben*, *Licht*, *Finsternis*) agencés dans les chiasmes, les parallélismes et les antithèses des versets bibliques qui sont déclinés tout au long du texte fichtéen, la sonorité du vocabulaire philosophique moderne.

Pas étonnant, dès lors, que Fichte considère comme n'ayant aucune valeur métaphysique ce que les auteurs de l'Évangile de Jean ont pu écrire à partir du sixième verset du Prologue. Les cinq premiers versets de l'Évangile sont, en effet, on le sait, très probablement un chant cultuel propre à la communauté des adeptes du naziréen connu sous le nom chrétien de Jean-Baptiste, traduit de l'araméen en grec par les évangélistes. À partir du sixième verset du Prologue commence la suite des récits historiques et des commentaires spéculatifs qui transforment en Prologue un chant qui n'a, en réalité, jamais introduit à rien d'autre qu'à soi, et qui cherchent à lui conférer la valeur d'une assise théorique pour la fondation théologico-politique du christianisme. L'une des plus importantes *Anweisungen* de Fichte, l'un de ses conseils les plus avisés *zum Leben*, pour vivre, étant ainsi peut-être de ne jamais dissocier métaphysique et chant – de ne donner de valeur authentiquement métaphysique qu'à un texte dont les dimensions verbale et vocale seraient absolument indissociables. Une sage précaution contre l'institution symbolique qui, en mythologisant le mythe, en substituant à la tradition orale en constante métamorphose sa traduction écrite dans une langue majeure par une classe « savante », prépare l'unification étatique, culturelle et politique, et fait le lit du monothéisme religieux (chrétien) et philosophique (grec)[1].

Fichte araméen? Afro-asiatique? Fichte nazir? Est-il aussi incongru de penser qu'un philosophe européen ait pu tenter quelque chose qui contrevienne autant à son époque et – bien au-delà des seuls présupposés de « l'espace philosophique francophone » – aux fondamentaux de la culture occidentale? Les cinq premiers versets du Prologue, comme l'a souligné Rudolf Bultmann, célèbrent la révélation du Verbe et formulent une cosmogonie indépendamment de toute intention eschatologique ou sotériologique. La « christologie » que Fichte élabore sur cette base dans la seconde partie de la sixième lecture de l'*Anweisung zum seeligen Leben* est bien peu chrétienne. Dessinant le portrait d'un Jésus plutôt prophète naziréen que Fils de Dieu, il n'admet ni le dogme de l'Incarnation ni le dogme de la Trinité – pour lesquels il propose une explication exclusivement métaphorique, historique et culturelle, soulignant ainsi qu'ils sont d'abord le résultat de la métaphorisation par les Évangélistes, dans la culture hellénistique, de la vie révélée et célébrée par le chant araméen. Pour dire vite : la sixième lecture de l'*Anweisung zum seeligen Leben*, en laissant parler les seules voix araméennes des cinq premiers versets du Prologue, vise à prévenir la lecture théologique chrétienne – sur laquelle repose par exemple le commentaire eckhartien –, de Jn 1, 1 à partir de Jn 1, 18. Non, pour Fichte, le Verbe n'est pas engendré, « il était déjà », au commencement et avant tout temps, « il y avait le Verbe ». Mais qu'y avait-il d'inengendré avant tout temps? Ici, la forme et le contenu même de l'*Anweisung* sont parfaitement interchangeables. Au commencement, il y avait, il était (*es war*), le verbe, la voix, la parole mythique cosmogonique, l'identité du dire et de ce qui est dit (« *Logos* » traduit très vraisemblablement le mot araméen « Millha » qui désigne aussi bien les paroles qui s'écoutent que la chose dite), la puissance du nom, la parole littérale, non métaphorique, agissante. Aucun Réel, aucune impossibilité de dire ou d'imager, aucun immémorial, aucune mort ne précède et ne menace d'anéantissement cette parole qui *est* avant tout temps. Et si l'on veut, pour finir, comprendre en quoi cette parole est *zum Leben*, et ce que veut dire vivre, il suffira de se représenter ce que serait une vie, notre vie, si elle était libérée de l'angoisse de la mort.

1. *Cf.* M. Richir, « Qu'est-ce qu'un dieu ? Mythologie et question de la pensée », Préface à Schelling, *Philosophie de la mythologie*, Grenoble, Millon, 1994.

DAVID WOOD

CONTINUITÉ MÉTHODOLOGIQUE CHEZ FICHTE : TITRES ET TERMINOLOGIE PHILOSOPHIQUE

Fichte a parfois la réputation d'être un philosophe insoucieux des autres visions du monde philosophiques ou de l'histoire de la philosophie en général. L'*Initiation à la vie bienheureuse* en est un contre-exemple frappant. Dans ce texte, Fichte renvoie directement à des courants intellectuels anciens et contemporains. Il place, par exemple, expressément sa conception philosophique dans la lignée de la philosophie platonicienne et de la conception du *logos* qu'il découvre dans l'Évangile de Jean, mais il affirme tout aussi bien que sa conception de la religion s'accorde avec les idées des « deux plus grands poètes allemands », Goethe et Schiller. On lit ainsi dans la deuxième conférence :

> Non pas que notre doctrine serait en soi nouvelle et paradoxale. Parmi les Grecs, Platon est sur ce chemin. Le Christ johannique dit exactement la même chose que ce que nous enseignons et démontrons ; et il le dit même en des termes identiques à ceux dont nous nous servons ici ; et jusque dans ces dernières décennies, au sein de notre nation, nos deux plus grands poètes l'ont dit dans les tournures les plus variées et sous les revêtements les plus divers [1].

1. J. G. Fichte, *L'initiation à la vie bienheureuse ou encore la doctrine de la religion*, *op. cit.*, p. 62-63 (désormais abrégé : Fichte, *L'initiation*). Le texte est originellement paru en 1806 sous le titre : *Die Anweisung zum seeligen Leben, oder auch die Religionslehre. Durch Johann Gottlieb Fichte* (Berlin, Realschulbuchhandlung Verlag, 1806). Je renverrai à l'occasion à l'édition originale de 1806. Le texte a été réédité aux p. 45 à 212 de J. G. Fichte, *Gesamtausgabe* (GA) (ici : 1806, p. 47-48 ; GA I, 9, p. 73).

À travers cette brève étude, nous voudrions cerner la relation que la *Wissenschaftslehre* entretient avec sa terminologie philosophique et avec les titres que Fichte a choisis pour ses livres, en particulier l'*Initiation à la vie bienheureuse.* Je montrerai que Fichte a essentiellement adapté et emprunté à ses contemporains et à d'autres philosophes aussi bien sa terminologie philosophique que ses titres. La façon dont Fichte procède ne doit pas être conçue comme l'appropriation servile d'un certain nombre de traditions et de références philosophiques ou comme un appel à leur autorité, mais comme une *transformation moderne* répétée de leur langage et de leurs titres, transformation dont le but est d'inciter et de stimuler le lecteur à aller au-delà du langage extérieur du texte et à entrer dans l'intimité de son esprit.

Pas de terminologie rigide

Pour ce qui est de sa terminologie philosophique, Fichte a, tout au long de sa carrière, suivi une stratégie et une méthode particulières. Le premier grand exposé qu'il ait fait paraître, la *Grundlage der gesamten Wissenschaftslehre* de 1794-1795, annonce en fait déjà cette méthode. Dans la Préface, Fichte affirme clairement que la terminologie de la *Wissenschaftslehre* dans ce texte est à regarder comme simplement *provisoire*. Il est susceptible, à l'avenir, de ne pas se servir du même vocabulaire technique, mais de le changer et le modifier constamment : « j'ai cherché [...] dans la mesure du possible à éviter toute terminologie rigide. Je resterai d'ailleurs fidèle à cette maxime aussi dans la future élaboration de ce système, jusqu'à ce que je parvienne à une exposition de celui-ci finalement parfaite »[1]. Dans la *Nova methodo*, la nouvelle exposition de sa philosophie qu'il propose à peine quelques années plus tard (en 1796-1798), Fichte reprend cette affirmation et démarque la langue de son système de ce qu'il considère être l'exposition la moins flexible de la philosophie critique de Kant : « Kant ne s'est fait tant d'adeptes qui ne répètent que des formules toutes faites parce qu'il a adopté une terminologie rigide. Au contraire du système de Kant, ce système (celui de la *Doctrine de la science*) n'a pas de terminologie spéciale, et cela n'encourage pas la simple imitation »[2].

1. *Grundlage der gesamten Wissenschaftslehre*, FW I, 87.
2. *Wissenschaftslehre nova methodo 1796-1799*, GA IV, 2, p. 25.

Cette manière de changer régulièrement sa terminologie philosophique vaut aussi pour les œuvres plus tardives de la période berlinoise. Ainsi, par exemple, dans la Préface d'août 1801 à la seconde édition de la *Grundlage*, Fichte indique qu'il travaille une nouvelle version de la *Doctrine de la science* appelée à être bientôt complétée. Le *contenu* philosophique de cette nouvelle version doit être identique à celui de la *Grundlage*, mais le style, le langage et la méthodologie de cette exposition sont susceptibles d'être différents. Cela revient à dire que l'on doit « retrouver le même contenu en deux formes très différentes »[1]. De la même manière, dans la deuxième leçon du texte que nous considérons – l'*Initiation à la vie bienheureuse* de 1806 –, Fichte répète qu'il est encore fidèle à sa méthode philosophique, désormais habituelle, consistant à modifier la terminologie de ses exposés : « je méditerai sans relâche pour trouver de nouvelles formules, de nouvelles tournures, et de nouveaux agencements, tout comme s'il était impossible de se faire entendre de vous »[2]. Dans *L'initiation à la vie bienheureuse*, Fichte esquisse une « traduction » de la doctrine johannique du *logos* grec en langue allemande. Quel en est le résultat ? Il considère que « Verbe » est la meilleure traduction de *logos*, mais ajoute que des termes comme *Vernunft* (« raison ») et *Weisheit* (« Sagesse ») sont possibles[3]. Pour Fichte, le concept principal de *logos* contient par conséquent en lui, comme autant de sous-ensembles, les notions de Verbe, de raison et de sagesse. Ces derniers termes ne sont que différentes façons de désigner un seul et même *logos*. Avec une telle façon de faire, il n'y a pas lieu de s'étonner qu'il existe plus d'une douzaine d'expositions parfois très différentes du système fichtéen, toutes présentées comme des expositions d'une seule et même philosophie, la *Wissenschaftslehre*.

Le choix de ne pas retenir la même terminologie philosophique, mais de modifier systématiquement la langue de son système n'est pas quelque chose d'accidentel ou un ajout après-coup, autrement dit une excuse alléguée pour expliquer l'existence de nombreuses expositions différentes de sa philosophie tardive. Au contraire, il s'agissait, comme le montre ce bref aperçu, d'une stratégie consciente et délibérée que Fichte mit en œuvre

1. *Grundlage*, Préface à la deuxième édition, FW I, 85. Cette nouvelle version n'a jamais été achevée ni publiée par Fichte. On peut trouver dans ses écrits non publiés comme la *Neue Bearbeitung der Wissenschaftslehre* (GA II, 5, p. 331-401) l'ébauche d'une nouvelle version commencée en 1800.

2. *Die Anweisung zum seligen Leben*, GA I 9, p. 71 ; trad. fr. p. 59.

3. *Die Anweisung zum seligen Leben*, GA I 9, p. 118 ; trad. fr. p. 132.

dès le commencement, puis tout au long de sa carrière. Autrement dit, l'habitude propre à Fichte de modifier sa terminologie pourrait être partie intégrante de sa *méthodologie philosophique* globale.

Pourquoi Fichte a-t-il fait ce choix d'une terminologie non figée? – Cela n'a-t-il pas provoqué des incompréhensions et sollicité sans nécessité les capacités intellectuelles de ses lecteurs? Fichte osait courir le risque d'être incompris parce qu'il essayait d'éviter un danger plus grand : produire un système de pensée stérile et passif que ses disciples auraient à apprendre dogmatiquement. Il pensait qu'on ne devrait pas se plier rigidement à la même présentation technique, parce qu'une « terminologie rigide est le moyen le plus commode pour les lecteurs qui lisent à la lettre d'ôter à chaque système son esprit et de le transformer en un squelette desséché »[1]. Bien que changer sa terminologie puisse tout d'abord prêter à confusions, cette manière de procéder servait un but pédagogique plus élevé : inciter les étudiants à être actifs conceptuellement et encourager la pensée indépendante. En réalité, d'après Fichte, celui qui ne parvient pas à s'engager dans l'activité de pensée libre et autonome ne peut comprendre l'essence de la *Wissenschaftslehre* : « ce système s'adresse à ceux qui sont capables de penser par eux-mêmes. On ne peut pas le saisir en lisant et en l'apprenant. Chacun doit le produire en soi, d'autant plus que nous n'adoptons pas de terminologie fixe » (*Nova methodo*)[2].

Le procédé qui consiste à changer la lettre pour développer un esprit philosophique actif chez ses lecteurs n'est pas sans grandes conséquences pour l'une des plus questions les plus controversées des études fichtéennes – à savoir s'il y a une *rupture fondamentale* dans la structure et le contenu de la *Wissenschaftslehre*. Fichte estimait quant à lui que sa philosophie se caractérisait par une indiscutable continuité interne, malgré les formes et les modes d'expression apparemment différents des périodes de Zurich, Iéna, Erlangen, Königsberg et Berlin. Dans la Préface de l'*Initiation à la vie bienheureuse*, il revendique même explicitement cette continuité, en assurant que ce cycle de conférences n'est qu'une nouvelle façon d'exposer la conception philosophique qu'il a faite sienne treize années auparavant. Bien que sa philosophie ait pu modifier sa personnalité depuis les années 1793-1806, la vision du monde qui la sous-tend n'a « changé en aucun de ses éléments (*in keinem Stücke geändert hat*) »[3]. Si l'on prend cette datation au sérieux, elle nous ramène aux premiers écrits zurichois

1. *Grundlage der gesamten Wissenschaftslehre*, 1794, p. VII (I, 87).
2. *Fondements de la philosophie transcendantale*, p. 101.
3. *Die Anweisung zum seligen Leben*, GA I 9, p. 47; trad. fr. p. 30.

qu'il consacre à sa philosophie, comme les *Méditations personnelles* et la *Philosophie pratique* de 1793-1794, et aux conférences du début 1794 sur la *Doctrine de la science*, qui contiennent la première mention du nom de son système[1]. Ainsi, la Préface de l'*Initiation* nous montre qu'aux yeux mêmes de Fichte, il n'y a pas de rupture entre le contenu de ses premiers écrits d'Iéna et les exposés berlinois plus tardifs.

En réalité, la question de la rupture à l'intérieur du système fichtéen dépend du point de vue où l'on se place. *Du point de vue du contenu ou de l'essence* de la philosophie fichtéenne, le philosophe regardait lui-même manifestement sa *Wissenschaftslehre* comme une unité et comme un tout, et il ne faudrait *pas* imaginer que l'introduction ultérieure de nouveaux termes ou d'un nouveau style de présentation signifie une rupture avec les expositions antérieures. Toutefois, *du point de vue de la lettre ou du langage* du système fichtéen, il y a évidemment une nette rupture entre les premières et les dernières expositions, et l'auteur lui-même reconnaît l'existence de ces différences linguistiques. Des esprits soupçonneux pourraient croire que Fichte n'a changé le langage et le mode d'exposition de son système que parce que sa philosophie ne fonctionnait pas, ou qu'il s'est précipité dans des problèmes systématiques qu'il ne pouvait pas résoudre. Ce serait un moyen pour Fichte de dissimuler un certain nombre de difficultés théoriques. Or, si un auteur déclare ouvertement, au commencement de sa carrière philosophique, qu'il va changer de terminologie dans le futur et s'il le fait effectivement, alors, au lieu qu'il s'agisse d'une forme de discontinuité philosophique ou d'une rupture du côté de l'auteur, on a une manifestation évidente de *continuité méthodologique*. Il en va de même pour l'auteur de la *Wissenschaftslehre* : sa méthode philosophique, son choix de se passer de terminologie rigide sont un parfait exemple de continuité méthodologique entre la période d'Iéna et celle de Berlin.

L'ORIGINE DES TERMES PHILOSOPHIQUES DE FICHTE

Comme nous venons de le voir, Fichte n'a pas de terminologie philosophique fixe. Quelle est cependant l'origine de son langage et de ses termes ? – Par exemple, Fichte reprend-il lui aussi ces termes de ses prédécesseurs, Platon, Spinoza ou Kant, à l'image de ce que le quatrième

1. *Méditations personnelles sur la philosophie élémentaire*, *op. cit.* L'original allemand se trouve en GA II, 3, p. 3-266. La transcription de Lavater des conférences de Zurich sur la *Doctrine de la science* se trouve en GA IV, 3, p. 1-18.

évangéliste a fait avec le langage du *logos* et la philosophie grecque, ou bien invente-t-il des mots totalement nouveaux ? Malgré les grands malentendus qu'on a pu commettre à ce sujet, la langue de la *Wissenschaftslehre* n'est pas en réalité une langue unique ou fourmillant de néologismes, mais elle provient ou bien du langage ordinaire de son époque, ou bien des œuvres et des écrits de plusieurs autres philosophes et penseurs. Fichte l'expliquait à Reinhold dans une lettre de juillet : « la *Doctrine de la science* n'a pas de terminologie propre, mais je cherche constamment à me plier à la manière d'écrire ordinaire »[1]. Nous voyons ici encore une fois la précarité et la flexibilité de sa terminologie. Dans le texte programmatique *Über den Begriff der Wissenschaftslehre* (*Sur le concept de la Doctrine de la science*), Fichte dit qu'il prend la terminologie philosophique comme il la trouve et qu'il ne se soucie pas de savoir si elle provient des langues anciennes ou modernes : « l'auteur [...] se sert des termes techniques tels qu'il les a trouvés, qu'ils fussent allemands, grecs ou latins. Pour lui, toute terminologie est seulement provisoire »[2].

Un exemple bien connu est l'emploi que fait Fichte du terme « intuition intellectuelle (*intellektuellen Anschauung*) ». Fichte l'a emprunté à des philosophes plus anciens comme Kant, Reinhold et Schulze, et a donné à ce concept une signification différente, qui ne figure pas dans leurs écrits[3]. Si, chez Kant, le rôle de l'intuition se cantonne principalement à la sphère sensible, l'idée d'intuition intellectuelle y étant simplement suggérée comme une possibilité (puisque, dans la philosophie critique, aucune connaissance finie ne peut outrepasser les limites de l'expérience sensible)[4], dans le système de Fichte, l'idée d'une conscience immédiate non sensible devient quelque chose de central. En réalité, dans ces écrits, un seul et même concept d'intuition intellectuelle reçoit des significations différentes, mais toutes liées entre elles et dont aucune ne coïncide avec le concept unique que suggère la lettre de la philosophie critique. C'est

1. GA III, 3, p. 71 : « aber die W.L. hat eben keine eigenthümliche Terminologie, und ich suche mich beständig des gemeinschriftstellerischen Sprachgebrauchs zu bedienen ».

2. *Sur le concept de la Doctrine de la science*, trad. fr. L. Ferry et A. Renaut, Paris, Vrin, 1984, p. 36 n. : « der Verf. [...] sich der Kunstwörter bedient, wie er sie eben vorgefunden, ob sie nun deutsch waren, oder Lateinisch, oder griechisch. Ihm ist alle Terminologie provisorisch ».

3. Sur le concept et l'usage de l'intuition intellectuelle chez Kant et Fichte, *cf.* en particulier l'essai d'Y. Estes, « Intellectual Intuition. Reconsidering Continuity in Kant, Fichte and Schelling », *in* D. Breazeale, T. Rockmore (eds.), *Fichte, German Idealism and Early Romanticism*, New York, Rodopi, 2010, p. 165-178.

4. *Cf.* entre autres passages *Critique de la raison pure*, B 308.

pourquoi Fichte ne s'est pas considéré lui-même comme un imitateur ou un disciple servile du philosophe de Königsberg, mais comme un homme à même de poursuivre et développer de manière originale une idée qui était simplement latente chez Kant[1].

On pourrait croire que ce principe qui consiste à inclure dans sa terminologie des mots déjà existants ne vaut pas pour un des termes les plus inhabituels et pourtant les plus connus de Fichte : *Tathandlung* (acte-action). Dans le système de Fichte, ce terme apparaît pour la première fois publiquement dans la *Recension de l'Énésidème* de 1792, où il désigne le principe suprême de la philosophie, principe qui n'est pas simplement formel, mais matériel[2]. *Tathandlung* a longtemps été considéré comme un néologisme inventé par Fichte. Ce n'est pourtant pas le cas, comme l'ont signalé Paul Franks et divers autres chercheurs[3]. Le mot existait avant Fichte dans la langue allemande ordinaire. À l'origine, il était utilisé dans la sphère légale pour désigner non pas simplement une action (*Handlung*), mais une action ou un acte violents (*Tat*), d'où : *Tathandlung*. Il apparaît aussi chez un auteur comme Goethe, dans son premier grand drame de 1773 *Götz von Berlichingen à la main de fer*[4]. Dans ce cas, Fichte a pris un terme déjà existant et l'a transformé philosophiquement en l'adaptant et en lui donnant un sens nouveau, qui met particulièrement l'accent sur le vouloir ou la nature volitive de l'homme.

Un autre exemple clair et simple de la capacité de Fichte à adopter un langage déjà existant pour lui donner un sens totalement nouveau se trouve dans l'emploi qu'il fait des propositions usuelles « von » (de) et *durch* (à travers). Entre ses mains, ces mots acquièrent un haut degré de complexité philosophique, bien loin de leurs fonctions linguistiques conventionnelles consistant à désigner des relations temporelles ou spatiales. Par exemple, dans la deuxième exposition de la *Doctrine de la science* de 1804, « von » désigne quelque chose qui « présuppose une genèse », ou une « lumière »[5], tandis que la préposition « durch » joue le rôle de médiateur ou de

1. Ces divers emplois du terme d'intuition intellectuelle sont analysés en détail par D. Brezeale au chap. VIII de son dernier livre *Thinking Through the Wissenschaftslehre. Themes from Fichte's Early Philosophy*, Oxford, Oxford University Press, 2014, p. 197-229.

2. *Cf.* J. G. Fichte, *Recension de l'Énésidème*, GA I, 2, p. 46.

3. *Cf.* P. Franks, « *Freedom, Tatsache and Tathandlung in the Development of Fichtes's Jena Wissenschaftslehre* », *Archiv für Geschichte der Philosophie*, n°79/3, 1997, p. 331-344.

4. *Cf.* J. W. Goethe, *Götz von Berlichingen mit der eisernen Hand. Ein Schauspiel* [1773], p. 179.

5. Cf. *Die Wissenschaftslehre, Zweiter Vortrag im Jahre 1804*, Hamburg, Meiner, 1986, p. 211

« lebendige Vernunft », de raison vivante[1]. Cette différence entre les prépositions « von » et « durch » permet aussi d'apprécier dans quelle mesure la transformation philosophique que Fichte fait subir à ces termes vaut pour les titres de ses œuvres et le concerne en tant qu'auteur : en particulier en tant qu'auteur de l'*Anweisung zum seligen Leben* (*L'initiation à la vie bienheureuse*, 1806) et des *Reden an die deutsche Nation* (*Discours à la nation allemande*, 1808) –. Sur leurs pages de garde, ces livres sont dits avoir été écrits « durch Johann Gottlieb Fichte (à travers Johann Gottlieb Fichte) » et pas simplement « von Johann Gottlieb Fichte (par Johann Gottlieb Fichte) ». Si l'on tient compte de cette distinction, il semble que Fichte demande à ses lecteurs de voir à travers son statut d'auteur de l'*Initiation à la vie bienheureuse* un effort impersonnel pour se faire le médiateur de la raison vivante. Fichte s'accorde ainsi, du moins si l'on suit son propre raisonnement avec l'exposé du quatrième Évangile. Dans la conclusion de la sixième conférence, Fichte affirme que l'auteur du quatrième Évangile avait entre autres objectifs de s'exprimer de manière totalement impersonnelle. Il s'agissait pour lui non pas de mettre en avant ses vues, mais de laisser la divinité s'exprimer à travers lui, d'exposer objectivement les faits et ses perceptions : « remarquez combien il a à cœur d'apparaître dans son Évangile, non pas comme exposant ses propres pensées, mais en tant que simple témoin des perceptions qu'il a eues ! »[2].

LE TITRE « *ANWEISUNG* » ET LES AUTRES TITRES DE FICHTE

Ces remarques sur la façon particulière qu'a Fichte de broder à partir d'un langage préexistant et de le transformer philosophiquement pourraient aussi s'étendre à certains des *principaux titres* de ses écrits philosophiques. Comme avec Kant et le terme « intuition intellectuelle », Fichte semble mettre encore directement à contribution, en les transformant, les idées de philosophes contemporains. Les exemples suivants apparaissent souvent isolément dans la recherche fichtéenne, mais il faut comprendre que ce ne sont pas des cas isolés. Ils doivent être pris comme un tout, car ils se rattachent directement à cette méthode qui consiste à transformer les méthodologies et les significations des termes déjà admis. Comme dans les autres cas, il s'agit de prêter scrupuleusement attention à la différence qui existe entre la lettre et l'esprit des textes fichtéens.

1. Cf. *Die Wissenschaftslehre, Zweiter Vortrag im Jahre 1804*, *op. cit.*, p. 108.
2. Fichte, *L'initiation*, *op. cit.*, p. 145 (GA I, 9, 127).

On trouve un célèbre exemple de cette manière de procéder dans l'un des premiers grands textes de Fichte, le *Versuch einer Kritik aller Offenbarung* (*Essai d'une critique de toute révélation*) de 1792. Le titre *Kritik* fait bien sûr écho aux *Critiques* de Kant, mais, avec le terme de révélation (*Offenbarung*), Fichte entreprend quelque chose de nouveau, en explorant un thème qui n'avait pas été systématiquement traité par Kant. On sait que Fichte avait si bien su s'approprier le langage et les méthodes de Kant dans ce premier texte qu'au moment de sa parution anonyme, celui-ci avait aussitôt été regardé par les experts de l'époque comme une nouvelle œuvre de Kant lui-même. En 1795, Schiller demanda par ailleurs à Fichte de contribuer par un texte à son journal, *Die Horen*. Fichte envoya un essai intitulé : *Über Geist und Buchstabe in der Philosophie. In einer Reihe von Briefen* (*Sur l'esprit et la lettre en philosophie. À travers une série de lettres*). Peu de temps auparavant, au début de 1795, Schiller avait lui-même fait paraître dans les *Horen*, son *Über die ästhetische Erziehung des Menschen in einer Reihe von Briefen* (*Sur l'éducation esthétique de l'homme à travers une série de lettres*). Étant donné que Fichte avait lui aussi traité de la pulsion esthétique (*ästhetische Trieb*) et des beaux arts dans son texte, exactement comme lui-même l'avait fait dans le sien, et puisque le sous-titre que Fichte avait choisi était si proche du sous-titre et de l'intention de son essai, Schiller refusa de faire paraître le texte de Fichte[1]. Mais, tant par son langage et sa théorie de la pulsion que par sa vision de l'esthétique, Fichte cherchait à aller bien au-delà de Schiller et des penseurs de son époque.

L'exemple peut-être le plus frappant d'appropriation directe du titre d'un auteur contemporain est la *Bestimmung des Menschen* (*Destination de l'homme*, 1800). Fichte adopte dans ce cas un titre exactement identique à celui du livre, bien connu, de Johann Joachim Spalding (1714-1804). On dirait que Fichte demande une nouvelle fois au public de distinguer précisément la lettre et l'esprit de sa philosophie, qui venait d'être taxée d'athéisme, des idées de Spalding sur la vocation de l'humanité. Or, une fois de plus, Fichte ne reste pas tributaire de la lettre et des concepts de l'œuvre dont il s'inspire, mais ajoute plusieurs nouveaux points, dont une théorie de la volonté et de la conscience, et sa conception de la destinée ou de la vocation se démarque de celles de ses contemporains. Cette méthode trouve encore à s'appliquer dans la dernière grande œuvre publiée, les *Reden an die deutsche Nation*, les *Discours à la nation allemande* (1808).

1. Voir les analyses des éditeurs dans la GA I, 9, p. 315-319.

– Comme Erich Fuchs l'a montré en détail[1], le titre du livre paraît être emprunté à l'œuvre de Karl Ludwig Woltmann *Reden über die deutsche Nation* (*Discours sur la nation allemande*)[2]. – Seules les prépositions *an* et *über* diffèrent. Woltmann avait été le collègue de Fichte à Iéna et, dans son texte déjà, lui aussi avait relié la langue allemande, conçue comme une langue primordiale, à la situation politique de l'époque. Toutefois, le texte de Fichte accorde dès le début une place à l'éducation qui le place très au-dessus des conceptions de ses contemporains, et il se rattache donc également à l'œuvre de l'éducateur suisse Pestalozzi.

Quel rapport y a-t-il entre cette façon de faire et le titre de l'œuvre dont nous parlons : *Die Anweisung zum seligen Leben*, l'*Initiation à la vie bienheureuse* (1806) ? D'un côté, le titre de l'œuvre de Fichte fait clairement écho à l'esprit des Béatitudes chrétiennes, entendu comme une voie qui mène à la vie bienheureuse. Or il apparaît aussi que la forme inhabituelle de son titre provient directement d'un passage du *Philosophie et religion* de Schelling (1804). Schelling – en se rattachant à Spinoza et aux « vrais mystères de la philosophie » – avait présenté l'éthique et la doctrine de l'Absolu comme une « voie possible vers la vie bienheureuse »[3]. À la lecture de *L'initiation à la vie bienheureuse*, Schelling avait aussitôt réagi et accusé publiquement Fichte de lui avoir emprunté des éléments-clés de sa doctrine, en particulier sa théorie du *logos*[4]. En nous appuyant sur le bref aperçu que nous venons de donner, nous pouvons néanmoins ramener l'action de Fichte à une cause différente. Une fois encore, il applique la méthode philosophique dont il s'est servi à plusieurs reprises depuis le début de sa carrière : s'expliquer directement avec la langue et les pensées d'autres auteurs. On peut dire qu'ci, il reprend directement leurs concepts

1. E. Fuchs, « Fichte – Stammvater der deutschen Nationalismus ? », *Fichte-Studien*, n°35, 2010, p. 267-284.

2. K. L. Woltmann, « Reden über die deutsche Nation », *Geschichte und Politik*, Berlin, Realschulbuchhandlung, 1801, Teil I, p. 73-92, Teil II, p. 207-215.

3. « Die Anweisung zu einem seligen Leben » (F. W. J. Schelling, *Philosophie und Religion*, Tübingen, Cotta, 1804, p. 3. Sur le titre de l'écrit de Fichte, voir les notes des éditeurs dans FGA I, 9, 55).

4. *Cf.* F. W. J. Schelling, *Darlegung des wahren Verhältnisses der Naturphilosophie zu der verbesserten Fichte'schen Lehre*, Tübingen, Cotta, 1806. À la page 71 de ce livre, Schelling dit avoir relevé des similitudes entre l'idéalisme fichtéen et la théorie johannique du *logos* exposée dans l'*Anweisung*, d'une part, et la conception qu'il a lui-même mise en avant dans son dialogue de 1802, le *Bruno*, d'autre part, tandis qu'aux p. 97-98, il met directement en parallèle certains passages de son *Philosophie et religion* avec des extraits de l'*Anweisung*, manifestement pour faire naître chez le lecteur le soupçon de plagiat. Sur ces points, voir la Présentation d'A. Schnell dans *L'initiation*, *op. cit.*, p. 25-26.

et même leur terminologie, mais les modifie et les transforme en les intégrant à la structure de son système, de façon à produire des résultats philosophiques neufs et originaux. Encore une fois, il lutte sur deux fronts. Non seulement il se réfère aux œuvres de ses contemporains, mais il renvoie aussi à des traditions philosophiques plus anciennes comme celles qu'il découvre chez Platon et dans l'Évangile de Jean. Pour ce qui est de ce dernier, Schelling développera lui aussi à la fin de sa carrière une conception du christianisme explicitement johannique. Car la *Philosophie de la révélation* de Schelling (1841-1842) s'achève elle aussi sur une conception johannique du christianisme entendu comme une force spirituelle devant faire retour dans le futur, une fois les époques de Pierre et Paul révolues. « L'Évangile de Jean est écrit pour le plus lointain futur [...]. Pierre est l'Apôtre du Père, il regarde au plus profond du passé, Paul est l'Apôtre du Fils, Jean l'Apôtre de l'esprit. Lui seul rapporte dans son Évangile les mots du Christ sur l'*esprit* qui sera envoyé à *l'humanité* »[1]. Au final, il est important de ne pas négliger le rapport à Spinoza dans le choix que Fichte fait de son titre, mais aussi de voir que l'ouvrage de Schelling se réfère lui-même à la description de la béatitude qui se trouve dans l'*Éthique* de Spinoza. La conclusion du Cinquième Livre de l'*Éthique* propose en effet une voie philosophique et des règles pratiques devant mener à la béatitude (*beatitudo, Glückseligkeit / Seligkeit*), et celle-ci y est définie comme « liberté de l'esprit » (*Freiheit des Geistes, mentis libertas seu beatitudo*)[2]. Ainsi, l'*Initiation à la vie bienheureuse* peut être considérée non seulement comme une réponse de Fichte à Schelling, Jacobi et à d'autres de ses contemporains, mais aussi comme une explication avec les idées de Spinoza sur la béatitude et avec sa philosophie de la religion.

1. F. W. J. Schelling, *Philosophie der Offenbarung 1841/1842*, H.E.G. Paulus (hrsg.), Darmstadt, C.W. Leske, 1843, p. 726 (Frankfurt, Suhrkamp, 1977, p. 322). Schelling soutient ici que sa conception en trois temps s'accorde immédiatement avec les proclamations prophétiques du moine du XIIe siècle Joachim de Flore (*ibid.*, 1843, p. 715; 1977, p. 315).

2. *Cf.* Spinoza, *The Ethics*, Part V, Oxford, Oxford University Press, 2000, p. 203; *Die Ethik* (Latin/Deutsche), Stuttgart, Reclam, 2007, p. 618 et p. 619.

Conclusion

Chacun des exemples que nous venons de proposer montre Fichte empruntant des écrits d'un de ses contemporains ou bien la totalité ou bien un certain nombre d'éléments distinctifs du titre d'un de ses livres. Fichte s'explique implicitement ou explicitement avec les concepts et les arguments de cet auteur, mais tente ensuite de transformer ses remarques, ses idées et son langage, puis d'ajouter quelque chose de neuf au débat. Ainsi, l'un des plus grands dangers auxquels on s'expose quand on lit Fichte est de mal interpréter la lettre de son texte et de croire qu'il s'inspire de manière simplement passive des autres auteurs. Des lectures superficielles de ce genre voient seulement les similarités linguistiques et conceptuelles qui existent avec les autres pensées. Elles ne parviennent pas le plus souvent à comprendre en quoi la philosophie de Fichte *diffère* de celle des autres penseurs, ni même à dire s'il a apporté quelque chose de différent et de neuf. Nous retrouvons là un mot d'ordre philosophique célèbre : qu'il est nécessaire de distinguer *l'esprit et la lettre* dans sa philosophie. Une erreur typique que commettent les chercheurs est de ne considérer la philosophie de Fichte que d'un seul point de vue, à partir d'une seule exposition écrite ou d'une seule période de sa carrière.

Au contraire, il est fondamental d'aller plus loin que les variations qui affectent la lettre des différentes expositions de sa philosophie et d'apercevoir l'esprit sous-jacent à son système, entendu comme un tout. La terminologie extérieure de la philosophie fichtéenne peut changer, elle peut être transformée et modifiée, il est possible qu'elle soit empruntée à ses contemporains ou à d'autres philosophes, mais il faut s'élever à partir de là jusqu'aux concepts, aux intuitions et aux réalités internes que décrit son système. Pour Fichte, la *Wissenschaftslehre* ne peut être comprise d'une autre façon et c'est là une de ses caractéristiques et de ses difficultés les plus spécifiques :

> La Doctrine de la science est telle qu'elle ne peut être communiquée selon la lettre, mais seulement selon l'esprit [1].

Traduit par Patrick CERUTTI

1. *Grundlage des gesamten Wissenschaftslehre* (1794), FW I, 284 : « Die Wissenschaftslehre ist von der Art, dass sie durch den bloßen Buchstabe gar nicht, sondern dass sie lediglich durch den Geist sich mitteilen lässt ».

MAXIME CHÉDIN

POSSÉDER DIEU SANS PERDRE CONSCIENCE. SUR LES LEÇONS 8 À 10 DE *L'INITIATION À LA VIE BIENHEUREUSE*

INTRODUCTION

La question centrale de l'*Initiation* est celle de l'accès à la béatitude (*Seligkeit*), qui désigne le fait d'« être uni avec ce que l'on aime, dans la plus intime fusion avec lui »[1]. Pour l'homme religieux, cet objet est l'Un, l'Être ou Dieu. Or l'idéalisme fichtéen enseigne que la conscience (ce que Fichte nomme plus souvent dans l'*Anweisung* la Forme ou le *Dasein*) implique structurellement la séparation, le redoublement, l'éclatement de l'unité. Il n'y a pas de conscience, de pensée, sans distinction d'un pensant et d'un pensé, d'un subjectif et d'un objectif. D'où un problème : l'homme peut-il posséder Dieu, l'absolu, sans perdre conscience ? Maintenir l'activité séparatrice de la conscience, n'est-ce pas se résigner à laisser flotter l'absolu comme un idéal toujours fuyant, que chaque appréhension consciente conduit à expulser dans une nouvelle objectivation déformante ? Cette question est présente dans l'*Initiation* à travers l'ambivalence du concept d'amour (*Liebe*), qui est à la fois ce qui nous sépare de Dieu et ce qui nous relie intimement à lui[2]. Ce problème (comment nous unir à Dieu au moyen d'un organe – la pensée, la conscience – qui semble

1. J. G. Fichte, *Die Anweisung zum seligen Leben*, GA II, 9, p. 59 ; trad. fr. P. Cerutti, J.-C. Lemaitre, A. Schnell, F. Seyler, *L'initiation à la vie bienheureuse, ou encore la doctrine de la religion*, Paris, Vrin, 2012, p. 40.

2. GA I, 9, p. 56 ; trad. fr. p. 34.

par essence médiateur, séparateur, autrement dit source de finitude) est notamment exposé dans la cinquième leçon [1]. À cette question qui paraît inextricable, Fichte apporte en fait une réponse de principe dès la leçon 1 [2] : l'essence de la vie véritable étant la pensée (*das Denken*), « c'est la conscience de soi seule qui est à même de saisir la vie et d'en faire un objet de jouissance » [3]; « la vie véritable et sa béatitude consistent donc dans la pensée, c'est-à-dire en une certaine façon déterminée de nous voir nous-mêmes [...]. Ainsi une doctrine de la béatitude ne peut être autre chose qu'une doctrine du savoir, puisqu'en dehors de la doctrine du savoir, il n'y a pas de doctrine du tout » [4]. Le principe de la solution est donc nettement établi dès le commencement de l'ouvrage. Mais il reste à l'interpréter correctement et à en démêler les fils.

À cette première question s'en superpose une seconde, qui lui est étroitement liée, car elle concerne le rapport du pratique et du théorique. Ce point est abordé en particulier dans le passage du 3e au 4e point de vue sur le monde, définis dans la cinquième leçon et développés dans les leçons 9 et 10. Le troisième point de vue est celui de la moralité que Fichte qualifie de créatrice, active ou supérieure (par opposition à la moralité simplement légaliste et conservatrice du second point de vue); le quatrième, celui de la religion, point de convergence final de l'ouvrage. Qu'est-ce qui distingue ces deux points de vue et qu'est-ce qui explique le passage de la moralité créatrice à la moralité religieuse? Comment Fichte peut-il écrire dans la même page que la religion véritable « ne pousse à aucun agir » et en même temps qu'elle « maintient la vie dans le domaine de l'agir et de l'agir authentiquement moral » [5]? Quel est au fond le sens du savoir religieux auquel l'*Initiation* veut nous élever? Permet-il vraiment de dénouer la tension et la dualité persistante dans les trois premiers points de vue et de nous faire « vivre en Dieu »? Est-ce enfin dans le passage du troisième au quatrième point de vue qu'il faut chercher les linéaments de cette « synthèse du monde des esprits » dont Fichte reconnaissait en 1801 qu'elle n'était « pas encore effectuée » et que c'est cet inachèvement du système qui avait rendu possible les malentendus de Schelling et de Hegel

1. GA I, 9 p. 103 et p. 111-112 ; trad. fr. p. 107-108 et p. 120-121.
2. GA I, p. 62-64 ; trad. fr. p. 44-47.
3. GA I, 9, p. 62 ; trad. fr. p. 44.
4. GA I, 9, p. 62 ; trad. fr. p. 45.
5. GA I, 9, p. 113 ; trad. fr. p. 123.

sur la *Wissenschaftslehre*[1]? Ainsi la question du rapport du pratique (moralité) au théorique (religiosité), nous ramène à celle consistant à définir pour l'Homme un mode de possession non contradictoire de l'Absolu.

PLAN ET DESSEIN DE L'*INITIATION*

Pour répondre à ces deux questions, il nous faut dire un mot du dessein général de l'*Initiation*. Le but de Fichte n'est pas de conduire son lecteur au point de vue ultime sur la réalité (celui de la science), mais seulement au quatrième point de vue, celui de la religion (atteint et décrit dans la leçon 10). Au début de la septième leçon[2], Fichte annonce qu'il va à présent aborder « la deuxième partie principale de l'ensemble de ces leçons » (*den zweiten Hauptteil dieser ganzen Vorlesungen*), ce qui signifie – puisqu'il n'est nulle part question d'une troisième partie – que Fichte a divisé son exposé en deux grandes parties. D'autre part, il ajoute que la sixième leçon, consacrée à une exégèse du Prologue de l'Évangile de Jean, constitue une « recherche accessoire » (*eine episodische Untersuchung*)[3], qui sépare la première partie de l'*Initiation* de la seconde. Enfin, les deux premières leçons ainsi que la dernière servent, les unes d'introduction, l'autre de conclusion : elles ne rentrent pas dans les deux parties principales mentionnées par Fichte. On peut en conclure que le plan de l'ouvrage est le suivant : deux leçons d'introduction (1-2)[4] et une leçon de conclusion (11), encadrent deux grandes parties : la première englobe les conférences 3 à 5, la seconde regroupe les conférences 7 à 10. Ces deux parties sont séparées par une conférence de transition, la conférence 6. La première partie s'achève donc dans la leçon 5 par l'exposé de la théorie des cinq points de vue sur le monde : points de vue 1) de la chair – eudémonisme, 2) de la

1. Lettre de Fichte à Schelling, 31 mai 1801, *Correspondance*, trad. fr. M. Bienenstock, Paris, P.U.F., 1991, p. 116. Fichte ajoute : « lorsque je me préparais à effectuer cette synthèse, on se mit justement à crier à l'athéisme ».

2. GA I, 9, p. 129 ; trad. fr. p. 147.

3. Accessoire, au sens où Fichte présente son interprétation du johanisme comme une preuve supplémentaire remarquable de la vérité de sa doctrine, mais dont la compréhension n'est pas nécessaire pour atteindre le point de vue religieux.

4. La leçon 1 introduit, sous la forme déroutante d'une succession de définitions et d'équivalences de concepts, les thèses et les concepts qui seront développées dans les conférences 3 à 5. La leçon 2 réfléchit sur la distinction entre exposition « populaire » et exposition « savante » ou scientifique de la vérité (*L'initiation* étant un exposé « populaire » et non pas scientifique de la *Religionslehre*, doctrine de la religion).

légalité – moralité inférieure, 3) de la moralité créatrice ou supérieure, 4) de la religion, 5) de la science). Les leçons 7 à 10 seront une description phénoménologique (au sens fichtéen) du mouvement interne qui conduit chaque point de vue à la possibilité de son dépassement, selon le schème de l'hypothéticité catégorique, vers le point de vue immédiatement supérieur. Où s'arrête la description de l'*Anweisung*? Il nous semble qu'elle ne dépasse pas le quatrième point de vue, qui constitue le cœur de la neuvième et surtout de la dixième leçon. La compréhension du cinquième point de vue n'appartient donc pas à l'*Initiation*, sans quoi elle ne serait plus exposé populaire: « la vie bienheureuse n'est aucunement conditionnée » par la compréhension de ce cinquième point de vue [1]. L'objectif de *L'initiatio*n n'est pas d'atteindre le cinquième point de vue, puisque celui de la religion suffit à procurer la *Seligkeit* (béatitude) pleine et entière : « le but exact et véritable de ces exposés est d'éveiller un état d'esprit religieux » [2]. Mais n'y a-t-il pas alors contradiction lorsque Fichte affirme que « nous avons développé les traits fondamentaux de cette science [la Science du 5e point de vue] dans cette leçon (la 5e) et dans les deux précédentes » [3]? Non, car ce qui confère à une connaissance le caractère de la Science, c'est de rendre « génétique » (*genetisch*) ce qui dans les autres points de vue « est seulement un fait absolu » (*ein absolutes Faktum* [4]). Or dans les leçons 3 et 4, bien des choses qui au point de vue de la science sont démontrables, ont été présupposées ou admises à titre de simple fait. En ce sens, l'exposé des « *Grundzüge* » de la Science (ou métaphysique) donné dans les leçons 3 à 5 n'est pas lui-même scientifique – il n'est qu'un exposé populaire de la Science ou Doctrine de la science. Fichte est certes plusieurs fois contraint de donner des aperçus des principes et des « traits fondamentaux » [5] de la Science (de la Doctrine de la science générale), dans les leçons 3-5 et 8. Jamais pourtant *L'initiation* ne nous conduit jusqu'à la compréhension du *comment* (*wie*) de la connexion entre l'Un et le multiple; elle en reste au *Faktum*, au *Dass* (au fait que cela est), et c'est en cela qu'elle n'atteint pas le point de vue de la science [6].

1. GA I, 9, p. 112 ; trad. fr. p. 122.
2. GA I, 9, p. 182 ; trad. fr. p. 230.
3. GA I, 9, p. 112 ; trad. fr. p. 122.
4. *Ibid.*
5. *Ibid.*
6. *Ibid.*

FAÇONS DE VOIR LE MONDE

C'est dans la cinquième leçon que Fichte présente à grands traits « les différents degrés de développement et niveaux possibles de la vie spirituelle intérieure » [1], au nombre de cinq. Après l'excursus de la sixième leçon, qui se charge d'établir la concordance entre la *Religionslehre* fichtéenne et la vraie doctrine du christianisme, toute la seconde partie de l'ouvrage (leçons 7 à 10) sera consacrée à la genèse de ces « façons de voir le monde » et à la description détaillée de la vie de l'homme à l'intérieur de chacun des quatre premiers points de vue. Ce sont donc des portraits ou des tableaux philosophiques de l'homme de la loi (7e leçon, moralité inférieure), puis de l'homme moral (9e leçon, moralité supérieure) et enfin de l'homme religieux (10e leçon, religion) qui formeront l'essentiel de la seconde partie de l'ouvrage et fourniront le développement détaillé du contenu de ces points de vue que la leçon 5 ne fait qu'ébaucher.

Fichte nomme *Weltansicht* (façon de voir le monde, point de vue sur le monde) le fait de poser et de délimiter ce que nous tenons pour réellement étant, pour premier et absolu. Le monde, représenté et senti, repose sur un *realissimum*, un principe à quoi tout le reste de la réalité s'ordonne, il se dérive et se déduit :

> [...] pour asseoir fermement une conception de l'univers (*Weltansicht*), il faut situer le réel (*das Reale*), l'autonome (*das Selbständige*), ce qui constitue la racine du monde, dans un point fondamental précis et invariable, d'où tout le reste est déduit en tant que participant (*teilhabend*) seulement de la réalité de ce point fondamental et posé de façon médiate [à partir de ce point] [2].

La thèse est qu'aucune conscience finie n'est possible sans la position, souvent inconsciente, d'un tel *realissimum*.

Pour disposer d'un point de vue sur le monde, il faut donc *aimer*, c'est-à-dire saisir le réel à partir d'un point d'unité absolu. D'une façon qui semble d'abord énigmatique, Fichte définit dans la leçon 7 l'amour comme « *affect de l'Être* (Affekt des Seins) » [3]. Cela s'explique par la définition primitive de l'Être absolu, c'est-à-dire l'être vrai, l'être au sens propre, dans la troisième leçon : « l'être vrai et propre ne devient pas, n'advient pas, ne procède pas du non-être » [4], il est « en soi, de soi, par soi ». Ainsi défini,

1. GA I, 9, p. 105 ; trad. fr. p. 111.
2. GA I, 9, p. 108 et 109 ; trad. fr. p. 116.
3. GA I, 9, p. 133-134 ; trad. fr. p. 154.
4. GA I, 9, p. 85 ; trad. fr. p. 81.

il est clair que, de même que nous ne pouvons pas comprendre comment l'Être pourrait prendre conscience de soi sans rompre son absoluité, il semble difficile de se représenter comment il pourrait « se sentir » sans être pareillement contraint de se scinder et de s'objectiver – raison pour laquelle la « conscience de soi de Dieu » avait été reconnue dans la leçon 4 comme incompréhensible au point de vue de notre conscience et plus généralement de toute pensée finie (*nous* distinguons Être et existence, mais en Dieu les deux ne font qu'un et sont parfaitement confondus)[1]. Mais admettons par hypothèse que Dieu puisse prendre conscience de son être et le sentir. Qu'adviendra-t-il, c'est-à-dire que sentira-t-il ? Puisqu'il est l'Être absolu, le sentiment de son être ne pourra être qu'un sentiment d'indépendance, de *Selbständigkeit*, le sentiment de reposer sur soi, d'être entièrement et parfaitement soi. Or sentir immédiatement ce qu'on est, être « affecté » par son propre être, voilà ce que signifie pour Fichte « aimer ». La tâche de l'Homme, la fin de son activité, sont alors claires : faire en sorte que « son être réel, celui qu'il sent, s'accorde avec ce modèle idéal (*Urbild*) » qu'est l'Être de Dieu[2]; car alors son amour sera satisfait, et c'est son être vrai, originel qu'il sentira et reconnaîtra dans la vie de son être réel. Cette définition de l'amour complète celle de la première leçon. L'amour est d'abord ce qui partage (*teilt*), ce qui scinde, ce qui introduit l'*Entzweiung* (pour reprendre le mot de Hegel) dans l'Être en soi, qui est un être immédiat, simple, indifférencié et mort. Introduisant la séparation, la médiation, il insinue en même temps la représentation, la pensée, car pour penser quelque chose, quoi que ce soit, il faut que moi, le pensant, je me distingue de ce que je pense. En ce sens, l'amour est amour de soi, sinon amour-propre. Désir et mouvement de contemplation de soi, il est cette structure de réflexivité primaire (Moi pur, *Ichheit*) qui est à la base de toute conscience effective de soi : pour s'aimer, il faut se voir et pour cela, se réfléchir. C'est l'amour qui transforme l'être en soi (cet être que nous ne pouvons pas nous représenter autrement que comme indifférencié et mort, puisque la conscience de soi de Dieu nous est inconcevable) « en un Moi ou en un Soi qui s'intuitionne et qui se sait »[3]. C'est pourquoi l'amour « *réunit* et *relie* intimement »[4] ce qu'il a séparé : l'amour est à la fois scission et

1. Pour un développement de cette idée, *cf.* Fichte, *Principes de la Doctrine de la science* (*Grundlage der gesamten Wissenschaftslehre*), *Œuvres choisies de philosophie première* (abrégé OCPP), *op. cit.*, § 5, notamment p. 138 et p. 142.

2. GA I, 9, p. 134 ; trad. fr. p. 155.

3. GA I, 9, p. 56 ; trad. fr. p. 34.

4. *Ibid.*

unification. Scission et unification sont chacune idéelles (c'est-à-dire d'ordre représentatif ou cognitif) et en même temps réelles (c'est-à-dire pratiques ou affectives). L'amour, par la distance réflexive qu'il instaure, est d'abord ce qui me permet de contempler « froidement » ce que je ne suis pas, de prendre conscience du monde; mais c'est aussi ce qui me fait ensuite *sentir* que mon existence personnelle ne se suffit pas, que mon être fini aspire à être quelque chose qu'il n'est pas encore : « l'être fini possède un modèle (*Urbild*) de son être vrai »[1]. Ce qui nous fait retrouver la définition du bien-être ou de la félicité (*Genuss*, *Seligkeit*, *Freude* – mots qui désignent tous au fond la conscience de l'« être-bien », *Wohlsein*) à laquelle Fichte revient tout au long de l'ouvrage : « le bien-être est union avec l'aimé; la douleur est séparation d'avec l'aimé »[2].

ANÉANTISSEMENT DE L'INDIVIDUALITÉ, PASSAGE À LA MORALITÉ CRÉATRICE (8e LEÇON)

Fichte avertit d'emblée que la huitième leçon a une fonction préparatoire : dans une « époque en décadence », il n'est pas possible d'exposer immédiatement les troisième et quatrième points de vue sur le monde, qui donnent accès à la « vie véritable », sans susciter malentendus et erreurs. Pour y parer, Fichte consacre les premières pages de la leçon à réexposer avec d'autres mots le principe ultime de la connaissance, « le point d'unité organique de toute spéculation »[3]. Le second moment de la leçon[4] est ensuite consacré à comparer les trois premiers points de vue sur le monde dans leurs rapports au Moi et à la liberté. Fichte va donc revenir sur le point de vue eudémoniste, esquissé dans la leçon précédente, pour montrer que l'eudémonisme ou hédonisme[5] est le vrai fondement de la superstition et de l'idolâtrie. Mais Fichte veut surtout montrer comment la moralité inférieure sert de pivot, de relais, entre la vie inférieure et malheureuse, qui culmine dans la recherche vaine du bonheur personnel (premier point de vue sur le monde), et la vie supérieure et vraie, qui

1. GA I, 9, p. 134 ; trad. fr. p. 155.

2. *Ibid.*

3. GA I, 9, p. 142 ; trad. fr. p. 166.

4. GA I, 9, p. 146-153 ; trad. fr. p. 172-184.

5. Pour Fichte comme pour Kant, l'eudémonisme est au fond un hédonisme, la poursuite du bien-être ou bonheur comme fin ultime se ramène finalement à une quête du plaisir, que ce dernier soit grossier – physique – ou « raffiné » – intellectuel ou moral. *Cf.* Kant, *Critique de la raison pratique*, § 3 avec le scolie 1.

commence à s'épanouir avec le troisième point de vue, dont la description sera l'objet de la neuvième leçon. Ici Fichte cherche seulement à établir ce qui sépare formellement ces trois façons de saisir le monde, car « l'essence intime de cet état d'esprit [celui de la moralité supérieure] et la béatitude qui prend naissance au sein de ce monde, nous les décrirons dans la prochaine leçon [la 9e] »[1]. Or cette différence a trait au rapport entre la Forme, c'est-à-dire la réflexion ou le Moi d'une part, et l'Être absolu ou Dieu d'autre part : l'entrée dans l'existence supérieure suppose l'anéantissement du Moi dans la pure existence divine, et c'est cet anéantissement qui manque à l'homme de la loi (deuxième point de vue) pour pénétrer dans la vie supérieure, vie dans laquelle l'insensibilité au bonheur matériel – condition nécessaire de la béatitude – ne débouche pas sur l'insensibilité généralisée du stoïcien (insensibilité à l'égard de Dieu et du suprasensible, aussi bien qu'à l'égard du monde sensible).

Fichte propose d'appeler *Forme* « tout ce qui *dans* l'Être est une conséquence de l'*existence* » (*alles, was* an *dem Sein aus dem* Dasein *folgt*)[2]. « Forme » est donc un terme synonyme de Savoir ou d'Idée : c'est ce qui s'impose à l'Être en soi (indéterminé et indéterminable) dès lors qu'il est extériorisé ou représenté dans un savoir, c'est-à-dire un Moi, car « la forme générale de la réflexion est un Moi »[3]. Ici se manifeste l'ambivalence de l'idéalisme fichtéen : prise en elle-même la Forme « n'est rien » (*diese ist ja an sich ganz und gar nicht*[4]), elle n'est que « néant » et ne serait forme de rien si elle n'était pas la forme, c'est-à-dire l'extériorisation d'un Être pleinement réel et consistant, qui est l'Être absolu, Dieu. C'est notre limitation ou notre finitude (la finitude qui est celle de toute pensée, de toute conscience)[5] qui distingue « l'essence interne » de Dieu (c'est-à-dire l'Être absolument positif et réel) de son existence externe et toujours incomplète, partielle. Pour Dieu lui-même au contraire, cette « fusion absolue de l'essence avec la forme »[6] ne peut pas être supprimée. Elle n'est supprimée que tant qu'il existe une conscience personnelle qui se sépare de Dieu et seulement pour le regard de cette conscience :

1. GA I, 9, p. 150 ; trad. fr. p. 231.
2. GA I, 9, p. 142 ; trad. fr. p. 167.
3. GA I, 9, p. 145 ; trad. fr. p. 171.
4. GA I, 9, p. 144 ; trad. fr. p. 222.
5. GA I, 9, p. 143 ; trad. fr. p. 168.
6. *Ibid.*

> Dans les points de liberté qui s'excluent mutuellement, l'essence divine ne se manifeste pas tout entière et sans partage, mais seulement de façon partielle (*nur einseitig*); au-delà de ces points en revanche, elle se présente telle qu'elle est en elle-même sans être recouverte d'aucun de ces voiles qui ne sont fondés que dans ces points de vue [1].

C'est pourquoi l'accès à la vie véritable est en même temps suppression ou renonciation, non pas à toute existence, mais à toute existence *personnelle, individuelle*, c'est-à-dire séparée de Dieu. Ce n'est donc « pas le néant [*i. e.* la Forme] qui se donne une figure (*sich gestaltet*), mais l'essence intime de Dieu » [2]. Mais la Forme peut être considérée selon deux aspects : d'abord en tant qu'elle implique une division infinie dans le temps et dans l'espace (elle donne lieu à un monde d'images, de connaissances, qui est nécessairement infini, inépuisable); puis en tant qu'elle « est une division en cinq points de vue sur la réalité » [3]. Or cette doctrine des points de vue sur l'Être implique une doctrine de la liberté, car ces points de vue ne peuvent « régner dans un seul et même moment du temps qu'à l'exclusion l'un de l'autre » [4], ils ne peuvent être posés dans l'existence que comme *possibles*. En soi (indépendamment de tout savoir), l'Être est « totalement indéterminé et totalement indifférent à l'égard de la façon dont on le considère » [5]. Dès lors que l'Être s'extériorise, se redouble dans une conscience, c'est en même temps la liberté qui jaillit, à savoir la liberté qu'a le sujet de connaître et de s'approprier l'Être selon l'un des cinq modes possibles; et c'est la raison pour laquelle « un Moi – et ce qui seul donne naissance à un Moi, un Moi autonome et libre – appartient à la forme absolue » [6]. De ce point de vue, et malgré les apparences, la doctrine fichtéenne de la liberté reste fidèle à celle du *Système de l'éthique* de 1798 : comme il l'enseignait déjà à Iéna, comme il l'enseigne ici et comme il le répétera à la fin de son œuvre, la liberté

> n'est fondement d'aucun *être*, puisqu'elle n'est pas elle-même un être, mais elle est fondement d'apparitions [= de phénomènes]. [...] La liberté est par conséquent une liberté exclusivement formelle; elle est non pas le fondement du « ce que » (*Was*), car cela est la loi [= ce qui résulte de l'Être même de Dieu indépendamment de toute liberté], mais fondement du

1. GA I, 9, p. 148 ; trad. fr. p. 176-177.
2. GA I, 9, p. 144 ; trad. fr. p. 170.
3. *Ibid.*
4. *Ibid.*
5. GA I, 9, p. 145 ; trad. fr. p. 171.
6. *Ibid.*

« que » (*Dass*). Une liberté du « ce que » est, qualitativement, absurde tout simplement.

Autrement dit : la liberté ne modifie rien *dans* l'Être lui-même, ni dans la série infinie des changements sous lesquels il nous apparaît, mais elle est la capacité de modifier mon regard sur le monde (ma façon d'appréhender le monde comme image ou extériorisation de Dieu), et par conséquent d'agir en fonction de ce regard, car ma façon de goûter et de jouir du monde est nécessairement conforme à la façon dont je le comprends. C'est en ce sens que la liberté n'est pas *realiter* (liberté du *was*) mais *idealiter* (liberté du *dass*) : « cette liberté et autonomie n'est rien de plus que la simple possibilité des points de vue de la vie » [1].

Mais Fichte développe dans la huitième leçon une idée qu'il n'avait fait qu'esquisser à Iéna, à savoir que la liberté disparaît pour celui qui a épuisé le parcours des cinq points de vue [2]. La liberté n'est donc pas l'horizon ultime de l'homme. Dans la deuxième partie de la leçon Fichte va montrer comment le passage de la vie inférieure (1er et 2e points de vue) à la vie supérieure (troisième et surtout quatrième points de vue) implique pour l'homme une disparition du sentiment de liberté, un renoncement à la croyance en *sa propre* liberté : « la présence d'un affect, d'un amour et d'une croyance à sa propre indépendance d'un côté, de même que l'absence de ce même affect de l'autre côté, sont les points fondamentaux [...] de deux façons absolument opposées de voir et de goûter le monde » [3], la première correspondant à l'eudémonisme, la seconde à la moralité supérieure. Entre les deux, le point de vue du devoir, du *Sollen*, sert de transition. La conscience de la liberté ou de l'indépendance personnelle correspond à deux expériences distinctes : 1) le sentiment de pouvoir former et transformer le monde sensible pour en jouir – ce qui est « le point fondamental du désir sensible de l'homme » [4] : transformer le monde sensible jusqu'à ce qu'il devienne un « paradis » (et à ce titre peu importe qu'il soit « terrestre » ou « céleste », puisque dans les deux cas, sa fonction est de procurer un bien-être sensible parfait : « les champs élyséens des Grecs, le Sein d'Abraham pour les Juifs, le Ciel des chrétiens ordinaires » [5]. 2) La puissance que l'homme du devoir se reconnaît de *pouvoir* obéir à une loi de la raison qui contredit ses intérêts individuels : l'homme du devoir

1. GA I, 9, p. 146 ; trad. fr. p. 173.
2. *Ibid.*
3. *Ibid.*
4. GA I, 9, p. 147 ; trad. fr. p. 174.
5. GA I, 9, p. 147 ; trad. fr. p. 175.

> ne peut [...] se voir autrement que comme quelqu'un qui pourrait aussi bien ne pas obéir à la loi. Cependant [...] il doit lui obéir, et non à son inclination; pour lui disparaît donc le droit au bonheur (*Glückseligkeit*) et, pour peu que l'opinion exprimée soit réellement vivante en lui, disparaît radicalement aussi le besoin du bonheur et d'un Dieu accordant le bonheur[1].

En l'homme du devoir persiste donc une opposition entre volonté personnelle et «volonté éternelle», entre son être individuel et l'Être absolu, et c'est justement dans et par cette opposition qu'il se saisit comme *libre*, c'est-à-dire comme une puissance indépendante capable d'obéir *ou de ne pas obéir* à la loi de Dieu. C'est ici le deuxième niveau de l'idéalisme de Fichte, que l'on pourrait comparer au thème de la vision en Dieu de Malebranche, à savoir l'affirmation de l'idéalité du Savoir lui-même, la compréhension que le Savoir et par conséquent le Moi, n'est en lui-même rien, puisque l'Être est tout entier placé en Dieu, dont le savoir n'est qu'une reproduction ou une figuration : le soi personnel n'est qu'une négation qui doit s'anéantir elle-même pour que l'homme accède à Dieu («L'homme, [...] en tant qu'il est la véritable négation, peut s'anéantir, et il s'abîme alors en Dieu»)[2]. Le premier niveau de l'idéalisme fichtéen est l'affirmation de l'idéalité du monde sensible. Or, comme le rappelle la *Wissenschaftslehre* 1804-II, cette déduction des structures du monde de l'expérience à partir du savoir absolu «ne pose guère de difficultés et n'est nullement la pièce maîtresse du savoir philosophique [...]»[3]. Ce qui compte est plutôt de comprendre comment le savoir lui-même provient de Dieu et peut retourner en Dieu, ce qui revient à montrer comment savoir et volonté peuvent cesser d'être personnels, subjectifs.

1. GA I, 9, p. 146 ; trad. fr. p. 176.
2. GA I, 9, p. 149 ; trad. fr. p. 179.
3. J. G. Fichte, *Die Wissenschaftslehre, Zweiter Vortrag im Jahre 1804*, R. Lauth (hrsg.), Hamburg, Meiner, 1986, 9e conférence, p. 90.

PASSAGE DE LA MORALITÉ SUPÉRIEURE À LA RELIGION : LE PORTRAIT DE L'HOMME « MORAL-RELIGIEUX » (9e LEÇON)

Fichte atteint dans les neuvième et dixième leçons le but final de son ouvrage : la description de la *Seligkeit* (félicité, béatitude) de « l'homme moral-religieux » (*der moralisch-religiöse Mensch*)[1]. La neuvième leçon se donne d'abord pour tâche de caractériser de façon plus précise le troisième point de vue, celui de la moralité créatrice[2]; puis Fichte va montrer quelle insatisfaction intérieure pousse l'homme de la moralité supérieure à dépasser le stade de la moralité créatrice pour la compléter et l'achever par l'amour et la connaissance de Dieu. La description de ce dernier niveau (4e point de vue sur le monde) sera l'objet de la dixième leçon, qui clôt les développements théoriques de l'ouvrage, la onzième leçon n'ayant qu'une fonction conclusive et exhortative.

Dans la neuvième leçon la tonalité du discours fichtéen devient plus édifiante, et tout en résumant sous une forme « populaire » l'un des aspects les plus complexes de son système (la division du Moi absolu en moi individuels séparés), elle s'élève à un idéalisme éthéré, à la fois moraliste et intellectualiste. L'affirmation, maintes fois réitérée dans cette conférence, que l'Être vrai « ne peut être saisi et vécu que directement », qu'il ne peut pas être communiqué par concepts mais qu'il doit seulement être intuitionné à l'intérieur de soi de façon vivante (« sans révélation intime (*innere Offenbarung*), personne ne peut en parler »)[3] semble s'exposer à la critique hégélienne de l'ineffable dans la *Préface* de la *Phénoménologie de l'esprit*. L'exemple imaginaire du tableau de la « sainte femme élevée dans les nuées »[4] est représentatif d'une sorte de sentimentalisme puritain dont il est difficile de voir l'importance philosophique, tant il semble directement reproduire les leçons d'un « cours bien fait d'instruction religieuse », comme le dit Fichte à un autre sujet dans la 4e conférence[5]. Surtout, le tableau édifiant de la vie sainte de « l'homme moral-religieux » demeure *abstrait*, c'est peut-être là sa principale faiblesse. Fichte affirme que « le tout premier acte de la moralité supérieure [...] consiste en ce que l'homme se saisit de cette destinée qui lui est propre et ne veut devenir rien d'autre que ce que lui et lui seul peut être [...] : bref, en ce qu'il ne veut

1. GA I, 9, p. 169 ; trad. fr. p. 199.
2. GA I, 9, p. 154-158 ; trad. fr. p. 185-192.
3. GA I, 9, p. 155 ; trad. fr. p. 187.
4. GA I, 9, p. 156 et 157 ; trad. fr. p. 189 et 190.
5. GA I, 9, p. 92 ; trad. fr. p. 92.

rien que ce qu'il veut effectivement tout au fond de lui-même »[1]. Mais comment savoir ce que je suis ? À quoi reconnaître ma vraie nature, celle dont je dois poursuivre l'accomplissement, et comment la distinguer d'une destinée imaginaire et trompeuse ? « L'effort pour être autre chose que ce à quoi on est destiné, si élevée et si grande que puisse apparaître cette autre chose, représente la plus grande immoralité, [...] et une insurrection de notre volonté contre la [volonté divine] »[2]. Mais derechef, comment distinguer ma volonté *propre* (eigne *Wille*), individuelle et donc mauvaise, de la volonté divine en moi, et comment être sûr que ce que je veux est bien ce que Dieu veut ? À ces questions, Fichte n'apporte pas ici de réponse précise, et de façon générale, il n'y répond pas autrement qu'ainsi : je le *sais* par le sentiment de *certitude* absolue qui se fait jour en moi, et qui ne peut ni me tromper, ni être communiqué à autrui, lorsque je sens l'accord de mon être empirique avec l'Être absolu, et la conformité parfaite du premier avec le second.

Atteindre le point de vue de la moralité supérieure, c'est comprendre que « tout être propre (*alles eigene Sein*) n'est que non-être et limitation de l'Être vrai »[3]. Vouloir être un individu autonome et indépendant est l'erreur commune des deux premiers points de vue. Au contraire, comme Fichte le rappelle dans un résumé « populaire » dont le contenu n'est développé et justifié que dans les écrits scientifiques, l'homme moral-religieux prend conscience que le moi individuel n'est qu'une « fraction du Moi unique », et tout son effort vise à s'identifier à ce Moi absolu en parcourant librement l'échelle des cinq points de vue sur la réalité qu'il lui est donnée de contempler (et qui, comme dans la monadologie leibnizienne, est différente pour chaque monade, chacune représentant un point de vue ou une concentration singulière, unique, de l'infini), et ainsi à se supprimer soi-même en tant que moi *autonome*, pour ne plus considérer son individualité que comme un instrument, un outil extérieur, par lequel l'existence de Dieu se manifeste et se réalise.

L'Idée comme critère du divin

Si la moralité créatrice consiste à faire de son être individuel un simple moyen au service de l'Être vrai, et que cet Être ne peut pas être décrit ou conçu, mais seulement « vécu directement » et intérieurement, que nous

1. GA I, 9, p. 161 ; trad. fr. p. 196.
2. *Ibid.*
3. GA I, 9, p. 154 ; trad. fr. p. 185.

reste-t-il pour le saisir? Il reste un critère négatif, et c'est ce critère que Fichte va définir, puis illustrer au moyen d'exemples [1]. Le critère du monde « divin » (*göttliche Welt*) comme Fichte l'appelle ici, ou « intelligible » comme il le nommait à Iéna à la suite de Kant, c'est qu'il est fin en soi ou fin ultime : ce qui plaît par soi et pour soi est nécessairement produit par un être qui est lui-même par soi et pour soi, cela en vertu de l'axiome déjà établi selon lequel « tout être produit un affect et un amour qui lui sont propres » (*alles Sein führt seinen Affekt bei sich, und seine Liebe*) [2]. Tout être, dès lors qu'il se réfléchit lui-même (dès lors qu'il devient conscient de soi, idéel), se réfléchit nécessairement tel qu'il est en lui-même antérieurement à cette réflexion (l'idéel reproduit et répète le réel). Si donc il se rencontre une activité et une réalité qui plaît purement par elle-même et qui est recherchée pour elle-même, sans autre but extérieur, elle sera l'indice d'une « manifestation directe de l'essence divine dans la réalité » [3]. Voilà pour la caractérisation formelle et négative, par le simple concept. Et puisque l'expérience de cet Être n'est pas conceptuellement communicable, il reste les exemples (*Beispiele*) pour nous initier à la manière dont l'Être intime de Dieu peut se manifester dans le monde sensible. Fichte en cite quatre – la beauté, la domination de la nature par l'homme au moyen de la technique, l'État ou la cité politique parfaite, la science – et choisit de développer le premier. Ces manifestations de l'Être absolu sont ce que Fichte appelle des Idées [4] (*Ideen*). Cette théorie de l'Idée est ancienne chez Fichte [5], mais l'allusion [6] concerne ici les quatrième et cinquième Leçons du *Caractère de l'époque actuelle* (1804-1805). Y chercher une filiation avec Platon ou du moins avec une certaine tradition néoplatonicienne n'est pas sans pertinence. D'où vient-elle, étant donné que la connaissance que Fichte a de la philosophie antique est peu visible? Pour le comprendre, il faut relire la section de la *Critique de la raison pure* intitulée « Des Idées en général » (*Von den Ideen Ueberhaupt*), qui se trouve au début de la *Dialectique transcendantale* : là se trouve la source de la conception fichtéenne de l'Idée. L'analyse de l'exemple de la beauté et de la « sainte femme élevée dans les nuées » [7] permet de comprendre le premier niveau de l'idéalisme

1. GA I, 9, p. 155-158 ; trad. fr. p. 186-192.
2. GA I, 9, p. 155 ; trad. fr. p. 187.
3. GA I, 9, p. 155 ; trad. fr. p. 188.
4. GA I, 9, p. 156 ; trad. fr. p. 189.
5. *Cf.* par exemple Fichte, *Système de l'éthique*, chap. II, trad. fr. P. Naulin, Paris, P.U.F., 1986, p. 66-67.
6. GA I, 9, p. 156 ; trad. fr. p. 189.
7. *Ibid.*

de Fichte, son « immatérialisme » si l'on veut (affirmation de l'idéalité du sensible) : que l'on considère la plus belle sculpture ou la plus belle peinture, la beauté ne sera jamais ni dans la pierre ni dans les couleurs : « la pierre demeure éternellement pierre », elle n'est « que ce qui arrête l'œil extérieur [du spectateur] pendant ce développement spirituel intérieur » [1]. Bref, pour reprendre le vocabulaire de Malebranche, la vision de la beauté est toujours vision en Dieu, car aucun objet sensible considéré en lui-même ne peut être dit « beau ». La beauté est une Idée, une manifestation de Dieu ; l'objet matériel, toujours inerte, ne produit ou plutôt n'*occasionne* une production de beauté que dans l'œil spirituel et intérieur du spectateur qui possède la Forme du beau. C'est pour cela que l'homme de la moralité supérieure considère *tout* objet sensible, tout être matériel, comme un simple outil, un simple moyen de révélation du divin, dépourvu de toute valeur intrinsèque. L'idéalisme s'accompagne donc ici d'une dépréciation radicale du monde sensible : non qu'aucune valeur ne lui soit concédée, puisqu'au contraire sans cet outil l'essence divine ne pourrait pas *commencer* de se révéler à l'homme ; seulement, il n'a que la valeur d'un instrument en soi mort et subordonné. Ainsi se découvre l'erreur de l'eudémonisme, qui transforme en fin dernière, autonome et subsistant par soi, ce qui n'a de valeur qu'en tant que moyen, destiné à se supprimer, de la révélation divine.

Auto-dépassement du troisième point de vue

L'activité de la moralité supérieure est habitée par une contradiction qui nous conduit au second moment de la 9e conférence. L'objet que la moralité supérieure cherche à saisir et à réaliser est « suprasensible » (*übersinnlich*) [2] puisqu'il est une Idée, dont la reproduction sensible ne peut être, comme chez Platon, qu'imparfaite. Pourtant la moralité supérieure, puisqu'elle est *créatrice* (à la différence de la moralité inférieure, qui ne fait qu'ordonner le monde sensible déjà existant, sans y introduire de nouvelles formes) « veut nécessairement que cet objet spirituel revête *dans le monde sensible* une certaine enveloppe et une forme qui lui serve de support » [3]. Cette activité créatrice cherche donc à produire des modifications dans la structure et la matérialité même du monde sensible, elle cherche à *changer* l'ordre existant, comme il est facile de le voir lorsque

1. GA I, 9, p. 157 ; trad. fr. p. 190.
2. GA I, 9, p. 158 ; trad. fr. p. 191.
3. GA I, 9, p. 158 ; trad. fr. p. 191 (nous soulignons).

cette activité s'applique au champ politique (on peut songer à l'un des premiers ouvrages de Fichte, les *Considérations sur la Révolution française*, paru en 1793). Mais en exigeant cela, le créateur se rend dépendant d'un ordre extérieur qui ne dépend pas de lui. Si c'est dans le succès de la réalisation de son projet qu'il place sa félicité, « c'en serait fait [pour lui] de la paix et de la tranquillité » [1], car « pour jouir de lui-même », il devrait « dépendre de la réalisation contingente ou de la non réalisation de cet objet extérieur qu'il s'efforce d'atteindre » [2]. En ce cas, « la moralité supérieure serait livrée à toutes les misères de la basse matérialité » [3] et le créateur perdrait son indépendance vis-à-vis du monde sensible – indépendance qui est l'une des conditions principales de la béatitude selon Fichte. L'échec matériel, l'impuissance du créateur à réaliser parfaitement l'œuvre d'art à laquelle il songe, l'impuissance du politique à imposer la réforme ou la constitution qu'il sait bonne, voilà la raison qui va pousser l'homme moral à dissocier la joie qu'il trouve dans son activité créatrice seule (joie que rien ne peut lui enlever) du désir de réaliser le « produit extérieur de cette activité » [4], si bien que « dans l'économie divine, l'échec extérieur de son activité est le moyen de le faire rentrer en lui-même et de l'élever au point de vue encore plus élevé de la religiosité véritable, où il comprendra quel est véritablement l'objet de son amour et de ses recherches » [5].

Le point 3 [6] éclaire remarquablement cette dialectique qui pousse la moralité créatrice à se dépasser pour se joindre à et se compléter par la religiosité véritable : l'impossibilité de réaliser intégralement l'Idéal oblige le créateur à dissocier « les deux éléments cités, son véritable être intérieur et le résultat extérieur de celui-ci » [7]. L'homme comprend alors que la seule chose qu'il doit vouloir, c'est de réaliser ce qu'il peut et doit réaliser nécessairement, puisqu'il est ce moi individuel, appelé à accomplir ou à manifester *cette* portion déterminée du savoir absolu. L'unique chose que l'homme doit vouloir, c'est « le développement en lui, individu déterminé, de l'Être et de la vie divine » [8], et plus précisément de cet aspect ou de cette portion de l'Être absolu qui lui est échu lors du fractionnement originaire du Moi absolu en un système de moi(s) individuels qui forme l'humanité (« cette part poursuit en

1. GA I, 9, p. 158 ; trad. fr. p. 192.
2. *Ibid.*
3. *Ibid.*
4. *Ibid.*
5. GA I, 9, p. 159 ; trad. fr. p. 192.
6. GA I, 9, p. 161 et 162 ; trad. fr. p. 197-199.
7. GA I, 9, p. 162 ; trad. fr. p. 197.
8. *Ibid.*

lui pour l'éternité entière un développement [...] tel qu'il ne peut se rencontrer chez absolument personne d'autre; ce que l'on pourrait appeler brièvement le caractère individuel de sa destination supérieure ») [1].

Par là, nous touchons la terre de la religiosité véritable, dont la dernière conférence va détailler le tableau. L'état d'esprit qui caractérise l'homme religieux se dessine : puisque « toute son existence personnelle et tous les événements extérieurs qui s'y rapportent » lui apparaissent comme de simples « moyens servant l'œuvre divine qui s'accomplit en lui », ces moyens sont nécessairement « les meilleurs et les mieux appropriés » [2] ; par conséquent l'homme vraiment religieux sera celui qui « ne prétend avoir aucun avis, n'exercer aucun choix sur la structure objective de ces événements, mais accepte toutes choses telles qu'elles se présentent (*sondern alles nur nehme, so wie es sich vorfinde*) » [3]. Avec le point de vue religieux apparaît une forme de quiétisme, du moins concernant les événements du monde sensible, et par un retournement singulier, Fichte, qui se voulait l'adversaire le plus décidé du spinozisme (seul système philosophique conséquent en dehors de l'idéalisme transcendantal de Kant et de la *Wissenschaftslehre*, selon Fichte), semble retrouver l'idée selon laquelle la seule liberté possible réside dans la connaissance de la nécessité et dans l'action éclairée conforme à cette nécessité.

L'HOMME RELIGIEUX NE CESSE PAS D'ÊTRE ACTIF (10ᵉ LEÇON)

La dixième leçon – qui se propose de « conclure » l'ensemble du traité [4] – se divise en deux moments : le premier [5], plus théorique, propose une ultime reformulation des rapports de Dieu et du *Dasein*. Après avoir déterminé l'existence comme conscience, puis comme *logos* (leçon 6), Forme (leçon 8), Fichte montre ici que le terme le plus haut et le plus précis pour caractériser la *relation* entre Dieu et l'existence (leur *Wechsel*, leur « échange », c'est-à-dire le fait qu'il y ait détermination *réciproque* des deux) est *l'amour* (*die Liebe*). L'amour est le multiplicateur qui unit Dieu

1. GA I, 9, p. 160 ; trad. fr. p. 194.
2. GA I, 9, p. 154 ; trad. fr. p. 185-186.
3. *Ibid.*
4. GA I, 9, p. 165 ; trad. fr. p. 202.
5. GA I, 9, p. 165-171 ; trad. fr. p. 202-212.

et l'existence dans une même relation. Le second moment [1], plus concret, se propose de « caractériser plus profondément [...] l'état d'esprit de l'homme religieux vis-à-vis d'autrui, ce que l'on pourrait appeler son amour des hommes (*Menschenliebe*) » [2].

Dans la première partie, il s'agit pour Fichte de montrer comment le concept d'amour permet de résoudre la difficulté principale qui conditionne l'accès à la vie bienheureuse, à savoir le fait que la béatitude implique unité, fusion avec l'objet aimé, tandis que la réflexion ou conscience (le *Begreifen*) pose avec elle la séparation et l'opposition à l'objet connu. L'argumentation de la p. 166[3] est elliptique, mais on peut y reconnaître le problème qui occupe constamment Fichte – le problème de l'opposition, héritée de Kant, entre l'Être *en soi*, absolu, indéterminable, et l'être *pour nous*, qui est un être conçu, mais pour cette raison partiel, déformé et unilatéral :

> ce que nous sommes, avons et possédons nous-mêmes et pour nous-mêmes – sous la forme de notre soi, du Moi, de la réflexion, dans la conscience – [cela] n'est jamais l'être en soi (*ist niemal das Sein an sich*), mais est seulement l'être en tant qu'essence [essence solidifiée, objectivée : *Wesen*, par opposition à l'Être comme vie et agilité pure], c'est-à-dire l'être [en tant qu'il est pris] dans notre forme [4].

Mais alors d'où vient et en quoi consiste le *lien* (*das Band*) entre l'Être en soi, absolu et caché (Dieu, l'Absolu), et l'existence, tout entière captive de la forme « déformante » de la conscience, de la réflexion et de ses lois (catégories, formes *a priori* de la sensibilité, principes, etc.) ? À cela Fichte répond que ce lien est *l'amour*, et que « dans cet amour, l'Être et l'existence, Dieu et l'Homme, ne font qu'un, complètement confondus et perdus l'un dans l'autre » [5]. Mais nous ne sommes pas capables d'aimer Dieu : « lui seul est capable de s'aimer en nous » [6]. Il semble que nous soyons ici près de la proposition 36 du dernier livre de l'*Éthique* : « L'amour intellectuel de l'esprit envers Dieu est l'amour même de Dieu, dont Dieu s'aime lui-même [...] ; c'est-à-dire que l'amour intellectuel de l'esprit envers Dieu est une partie de l'amour infini dont Dieu s'aime lui-même ». L'amour pur, réel, désigne pour Fichte le moment où l'existence s'identifie

1. GA I, 9, p. 171 ; trad. fr. p. 212 jusqu'à la fin.
2. GA I, 9, p. 171 ; trad. fr. p. 212.
3. Trad. fr. p. 203-205.
4. GA I, 9, p. 166 ; trad. fr. p. 204.
5. GA I, 9, p. 166 ; trad. fr. p. 204 et 205.
6. *Ibid.*

consciemment, librement et donc nécessairement (pour reprendre l'identification spinoziste de la liberté et de la nécessité) avec l'Être absolu dont elle est l'image, le moment où, parvenant à se concevoir comme ce qu'elle est (simple image), elle se recueille et se resserre dans l'unité vivante de sa source. C'est le moment où je comprends et vois (par une vision entièrement claire et distincte, une *Einsicht* singulière, ou, comme le dirait Spinoza, une connaissance du troisième genre) que Lui et moi ou plutôt Lui et Nous (l'ensemble des moi(s) finis) ne faisons qu'Un. Je vois et comprends que nous *deux* ne sommes qu'*Un* (l'Être et son reflet). Ainsi se découvre cette fusion primitive, originelle, de l'unité et de la dualité, la dualité résorbée et maintenue dans l'unité, l'unité rétablie dans la dualité – bref « l'unité originairement synthétique » que Fichte a poursuivie tout au long de son œuvre comme principe ultime de tout savoir. Que signifie chez Fichte cette fusion de l'unité et de la dualité, en termes hégéliens cette « identité de l'identité et de la différence » ? Je m'identifie à Dieu (c'est-à-dire : l'existence retourne en Dieu, se comprend comme existence *de* Dieu) lorsque je réussis à percevoir dans les événements désordonnés du monde sensible la nécessité qui prouve qu'ils ont été voulus par Dieu, lorsque je parviens à retrouver le bien sous l'apparence du mal, le nécessaire sous l'apparence du contingent, la réalisation de la volonté de Dieu derrière celle de ma « propre » volonté, bref lorsque je parviens à comprendre et à « agir » la nécessité, plutôt qu'à la subir. C'est ce que va confirmer – d'une façon que l'on peut juger dérangeante, tant « l'optimisme » fichtéen outre celui de Leibniz – la seconde partie de la conférence.

Avant d'y venir, arrêtons-nous un instant sur l'opposition de l'amour et de la réflexion, sur laquelle Fichte insiste fortement dans ces pages. Cette opposition n'est pas une innovation de l'*Anweisung* : en 1799, lorsqu'il rédige la *Destination de l'Homme* (avant donc toute influence de Schelling ou des romantiques), Fichte défend déjà la même idée, et après avoir demandé à la fin du livre I si « la connaissance doit être subordonnée à l'amour ou l'amour à la connaissance », la fin du livre II et tout le livre III installent le savoir réflexif, conceptuel, à une place subordonnée[1] – subordonnée à ce que Fichte n'ose pas encore appeler l'amour et qu'il nomme alors la *foi* (*Glaube*). On pourra lire les pages qui terminent le livre III de la *Destination de l'Homme* pour se convaincre qu'en 1799 Fichte est déjà partiellement sinon totalement en possession de la théorie de la béatitude

1. « Le pur et simple savoir, arpenté de part en part, conduit exclusivement à reconnaître que nous ne pouvons rien savoir », *La destination de l'Homme*, *op. cit.*, p. 158 (éd. Meiner p. 90).

qu'il expose ici. En second lieu, cette opposition permet de comprendre une idée chère à Fichte, sur laquelle il insiste fortement à la fin du livre II et dans les premières pages du livre III de la *Bestimmung*, à savoir le fait que le savoir (la Forme) est en soi quelque chose de *vide*, de purement *formel*, qui doit tirer sa matière d'ailleurs. « Un concept sans intuition est vide », disait Kant. Sur ce point, Fichte est d'accord avec Kant ; mais la « matière » intuitive qui livre au concept *quelque chose* à penser ne provient pas chez Fichte du monde extérieur, et ne nous vient sûrement pas au moyen de la sensation par le biais d'une insaisissable « chose en soi » (le préjugé selon lequel nous percevons par les sens les objets extérieurs donne lieu à une réfutation remarquable au début du livre II de la *Bestimmung*)[1]. C'est « l'amour absolu » qui « fournit la vraie matière première de ce monde »[2], l'amour « de Dieu pour son existence ou de l'existence pour Dieu »[3]. La matière du monde et de nous-mêmes (notre être empirique et l'être empirique des choses extérieures) vient de Dieu ; non pas que Dieu ait créé quelque chose hors de soi à partir de soi (hypothèse impensable, que la 6e conférence a déjà réfutée), mais parce que la re-présentation ou l'extériorisation de l'Être en soi ineffable a pour résultat ce que nous appelons couramment « l'être », c'est-à-dire l'être objectif, le perceptible, la matière déterminée et « palpable ». C'est l'amour qui nous fournit la vraie matière qui sous-tend et supporte cet « être pour nous », cet être « phénoménal », en le reliant à l'Être originaire et absolu. Donc « ce n'est pas l'amour qui pose extérieurement devant lui ce qu'il aime et qui le fragmente, c'est uniquement la réflexion »[4], et c'est là ce qui explique le caractère subordonné ou plutôt dérivé de cette dernière. Fichte a toujours affirmé, dès l'époque d'Iéna, l'antériorité de l'intuition sur le concept (l'intuition *intellectuelle*, c'est-à-dire l'intuition « remplissante », celle qui fournit ou pose originairement la matière qu'elle intuitionne, et non pas l'intuition *empirique* qui est passive, et reçoit sa matière de l'extérieur) : « l'intuition est le soubassement du concept, ce qui est conçu en lui et le demeure. Il nous est impossible de créer quoi que ce soit par la pensée ; nous ne pouvons penser que l'immédiatement intuitionné »[5].

1. *Bestimmung*, trad. cit. p. 83-102.
2. GA I, 9, p. 167 ; trad. fr. p. 205-206.
3. *Ibid.*
4. GA I, 9, p. 169 ; trad. fr. p. 209.
5. Fichte, *Seconde Introduction à la Doctrine de la science* [1797], trad. cit. p. 293.

Le second moment de la conférence [1] permet de comprendre le lien du moral et du religieux dans le quatrième point de vue et plus généralement la synthèse du pratique et du théorique à laquelle Fichte veut aboutir. Ce qui caractérise l'état d'esprit de l'homme religieux, ce n'est pas la *Weltliebe* (l'amour du monde, 1er point de vue), ni l'amour de son indépendance propre (deuxième point de vue), mais c'est le fait que l'amour de Dieu, puisqu'il n'est pas seulement contemplatif, mais que l'action « découle en silence et en paix de l'amour, de même que la lumière semble découler du soleil » [2], que l'amour de Dieu donc, prend forme et se réalise comme *Menschenliebe* (amour de l'humanité, amour du prochain). C'est l'occasion pour Fichte de rappeler que l'amour du prochain est absolument opposé à une tolérance molle, à « cette façon, qu'on loue, [...] de tout trouver bon » [3]. L'amour dont parle Fichte est l'amour de ce que l'humanité *doit devenir*, l'exigence morale qu'elle dépasse sa condition misérable, s'arrache à son amour inné pour les choses terrestres, et actualise sa destination morale et religieuse. Cet amour pour ce que l'humanité doit être et pour la lueur, si faible soit-elle, qui indique en chaque homme la présence de cette destination, est donc en même temps une *haine*, une détestation de ce que l'humanité est actuellement. L'homme moral-religieux « déteste profondément » l'homme qui est et vit « hors de Dieu », c'est-à-dire l'existence vouée à la quête du bonheur matériel : non seulement il « ne se soucie pas [...] du bonheur matériel du genre humain », mais « il ne veut pas le bonheur de celui-ci, si ce n'est dans les voies de l'ordre divin » [4]. L'esprit de l'homme moral-religieux est donc pris dans un balancement perpétuel – mais un balancement créatif – entre « l'indignation » *morale* (une « sainte indignation » devant « l'existence indigne et infâme » de la plupart des hommes)[5], qui le pousse à *agir* pour transformer le factuel et le rendre conforme à l'Idéal, et d'autre part, lorsque son action de transformation concrète du monde sensible échoue ou se heurte à un obstacle insurmontable, la « foi inébranlable » et « l'espoir inlassable », « qui lui permet de s'affranchir dès qu'il le veut de l'indignation ou du chagrin dont peut le remplir le spectacle de la réalité, et ce qui invite à pénétrer dans son cœur, dès qu'il le désire, la paix la plus assurée et le calme le plus

1. GA I, 9, p. 171-174 ; trad. fr. p. 212-218.
2. GA I, 9, p. 169 et 170 ; trad. fr. p. 210.
3. GA I, 9, p. 171 ; trad. fr. p. 212.
4. *Ibid.*
5. *Ibid.*

indestructible »[1]. Par ce second élément, contemplatif et nullement actif, l'homme religieux est assuré de ne pas être affecté par les échecs auxquels ses efforts de transformation de l'humanité ne manqueront pas de se heurter : tout cela est dans le plan de Dieu, et l'homme moral-religieux n'a à se soucier que de faire ce qu'il doit, sans s'occuper des conséquences : « rien de ce qui se passe autour de lui ne le déconcerte. Qu'il le comprenne ou non, il sait avec certitude que cela est dans le monde de Dieu, et que rien n'y peut être qui ne concoure au bien »[2]. Car à la fin « tout doit finir par entrer au havre sûr de la paix et de la béatitude éternelle; enfin doit apparaître le Royaume de Dieu; et sa puissance, et sa force et sa gloire »[3]. Cette uni-dualité de la morale et de la religion (la morale trouvant son sens ultime et son accomplissement dans la vision religieuse, la vision religieuse ne pouvant s'accomplir que dans l'action morale, sauf à se transformer en contemplation paresseuse et par là immorale), qui s'exprime dans cette dernière conférence est une idée constante dans la philosophie de Fichte : on en trouve déjà l'expression claire dans la *Lettre privée* (*Aus einem Privatschreiben*) de 1800, ainsi que dans la seizième leçon du *Caractère de l'époque actuelle* (*Grundzüge des gegenwärtigen Zeitalters*). La seizième leçon des *Grundzüge* est sans doute le meilleur commentaire que l'on puisse lire des conférences IX et X :

> « *En quoi la vraie religion consiste-t-elle ?* » Jusqu'à présent on considérait qu'elle devait pousser les hommes « à entreprendre certaines choses dont ils se seraient autrement abstenus et à s'abstenir de faire certaines choses nuisibles qu'ils auraient autrement entreprises. [...] Il n'en va pas de même de la vraie religiosité intérieure : elle n'apparaît pas du tout dans les phénomènes et ne pousse nullement l'homme à faire quoi que ce soit qu'autrement il n'aurait pas fait. Mais elle lui apporte l'accomplissement intérieur, le met en parfait accord avec lui-même, le rend entièrement intelligible à lui-même, entièrement libre et bienheureux, en un mot, elle achève sa dignité. [...] Ce qui, pour l'homme moral, était commandement du devoir, [devient pour l'homme religieux] la progression intérieure de la vie Une de Dieu[4].

1. GA I, 9, p. 173 ; trad. fr. p. 215.
2. GA I, 9, p. 174 ; trad. fr. p. 216.
3. GA I, 9, p. 173 ; trad. fr. p. 215.
4. *Le caractère de l'époque actuelle*, trad. fr. I. Radrizzani, Paris, Vrin, 1990, p. 233-235.

CONCLUSION

Par rapport à Iéna, la position de Fichte s'est enrichie et complexifiée. Après les critiques de Schelling et de Hegel en 1801-1802, il veut montrer que l'idéal de liberté et de perfectionnement moral dont, inspiré par Kant, il a fait le cœur de sa philosophie, ne débouche pas – comme on l'avait cru à tort – sur un « idéalisme subjectif » incapable de saisir l'absolu autrement que sur le mode du devoir-être, de la représentation indéfiniment approximative. Non seulement on peut agir moralement – c'est-à-dire non pas conserver mais *transformer* le monde – tout en possédant intérieurement et réellement Dieu, mais l'un n'est en fait pas possible sans l'autre. C'est un dépassement du kantisme, ou du moins de l'exposition kantienne de la philosophie transcendantale, que Fichte assume en reléguant la conception kantienne de l'impératif catégorique à la deuxième manière de voir le monde. Et c'est bien dans le passage du troisième au quatrième point de vue (leçons 9 et 10), dans lequel l'ouvrage trouve son achèvement, que Fichte démontre phénoménologiquement cette circularité de l'action morale (à laquelle son idéalisme avait finalement été réduit par ses critiques à Iéna) et de la possession effective (et pourtant non spéculative) de l'Être absolu ou Dieu.

Nous étions parti, en introduction, de cette *faille* qui semble toujours séparer l'homme de Dieu et empêcher que notre union à lui soit jamais pleine et entière : « même lorsque nous coïncidons avec lui, il ne devient pas notre être le plus propre lui-même, mais il flotte seulement devant nous comme quelque chose d'étranger se trouvant en dehors de nous [...] » [1]. Nous avons vu que cette tension correspond à une dualité interne au concept d'amour (*Liebe*) : à l'amour conscient, représentatif ou intellectuel, supposant la connaissance, l'aspiration et une forme de manque, se superpose l'amour vécu ou affectif, qui implique la fusion vitale, active, mais inconsciente, irreprésentable, du sujet avec l'objet de son amour. Pour dépasser cette dualité, la conscience (*Dasein*, *Bewusstsein*) doit « se comprendre comme ce qu'elle est en soi », à savoir « existence et révélation de Dieu » [2], autrement dit elle doit se ressaisir comme vie, puissance active qui produit (forme) le monde dans lequel elle vit. Pour cela, il lui faut, délaissant les savoirs particuliers produits par l'activité de la conscience,

1. GA I, 9, p. 103 ; trad. fr. p. 108. Au contraire d'autres passages, par exemple : « il n'y a pas de séparation entre l'Absolu ou Dieu, et le savoir dans la racine de sa vie la plus profonde, mais tous deux se confondent complètement » (GA I, 9, p. 89 ; trad. fr. p. 87).

2. GA I, 9, p. 103 ; trad. fr. p. 108.

dans lesquels l'Homme s'absorbe habituellement, « se concentrer à nouveau » et « se saisir en tant qu'Une » [1]. C'est en cela que consiste la coïncidence avec Dieu la plus parfaite dont nous soyons capables, étant donné, comme l'a montré la cinquième proposition de la troisième leçon, que le savoir ne peut jamais remonter au-delà de lui-même pour comprendre comment il naît et pour ainsi dire « sort » de Dieu.

Il y a là une séparation ou une coupure apparemment irréversible : notre union à Dieu ne peut se faire qu'au moyen de ce qui nous sépare en même temps de lui, le savoir ou la conscience. Nous-mêmes, en tant qu'êtres pensants, nous ne *sommes* certes rien d'autre que « cette vie immédiate de Dieu », qui est en soi parfaitement identique à Dieu lui-même. Mais ajoute Fichte, « de cette vie divine immédiate nous ne savons rien », puisque tout savoir implique médiation et re-présentation (reprise conceptuelle de ce qui est immédiatement vécu ou donné par l'intuition). Cette vie immédiate de Dieu, quoiqu'elle soit à la racine ou au fondement de notre vie, n'est pourtant pas *notre* vie, car ne peut être dit « nôtre » que ce « que nous pouvons saisir dans la conscience » [2]. Ainsi

> Ce peut bien être toujours Dieu lui-même qui vit derrière toutes ces figures [du monde], nous ne le voyons pas, nous ne voyons jamais que son enveloppe ; nous le voyons en tant que pierre, herbe, d'animal [1er point de vue] ; nous le voyons, si nous nous élançons plus haut, comme loi de la nature, comme loi morale [2e point de vue] ; et pourtant tout cela n'est toujours pas Lui. Toujours la forme nous voile l'essence (*immer verhüllet die Form uns das Wesen*) ; toujours notre voir nous cache l'objet, et notre œil lui-même fait obstacle à notre œil [3].

Pour savoir quelque chose de Dieu, de sa vie immédiate, nous devons le concevoir, le saisir en pensée et ainsi, en dire *quelque chose*, l'objectiver : et c'est précisément cette opération générale du concevoir (*begreifen*) qui trans-forme Dieu en monde, l'Être un, vivant et absolu en un être objectif, mort et divers. Cette scission entre l'Être et la pensée introduite par l'activité même de la pensée est-elle indépassable ? L'idéalisme de Fichte est-il derechef cet idéalisme « subjectif » critiqué par Hegel, c'est-à-dire un dualisme qui admet une coupure non résorbable entre la *forme* (la pensée, la conscience, la raison) et l'*essence* (l'Être en soi, l'Absolu) ? Voici ce que Fichte répond à cette question dans la suite du même passage :

1. GA I, 9, p. 103 ; trad. fr. p. 108.
2. GA I, 9, p. 111 ; trad. fr. p. 120.
3. GA I, 9, p. 111 ; trad. fr. p. 120-121.

> À toi qui te plains ainsi, je dis : élève-toi seulement au point de vue de la religion, et tous les voiles (*Hüllen*) disparaissent ; le monde disparaît à tes yeux avec son principe mort, et la divinité elle-même rentrera en toi sous sa forme première et originelle, comme vie, comme ta propre vie, que tu dois vivre et que tu vivras. Il ne reste plus en toi que la forme une, inéliminable, de la réflexion, l'infinité de cette vie divine, alors qu'en Dieu bien sûr elle est seulement une ; mais cette forme ne te pèse pas, car tu la désires et tu l'aimes ; elle ne te trompe pas car tu es capable de l'expliquer. [...] *Qu*'est ce que Dieu ? [...] il *est* ce que *fait* celui qui se voue à lui et qui est inspiré par lui. Veux-tu voir (*schauen*) Dieu face à face, tel qu'il est en lui-même ? Ne le cherche pas derrière les nuages, tu peux le trouver partout où tu es. Regarde la vie de ceux qui lui sont attachés, et tu le vois ; attache-toi à lui, et tu le trouveras en ton sein [1].

Est-ce que tous les voiles disparaissent vraiment ? Est-ce qu'au point de vue de la religion (et plus encore au point de vue de la Science) nous pouvons réellement être en Dieu et vivre notre vie comme authentique « vie en Dieu » ? En fait, il reste un voile indéchirable, celui de « la Forme unique, ineffaçable, de la réflexion ». *Mais ce voile ne nous trompe plus car il est reconnu en tant que tel*, nous pouvons le comprendre et l'expliquer : pour se saisir comme tel et se distinguer de Dieu, le savoir doit se réfléchir lui-même. Surtout, au point de vue religieux, Dieu n'apparaît plus à *l'extérieur* de l'homme religieux, mais il est reconnu par ce dernier comme ce qui anime et possède entièrement sa propre vie : « er *ist* dasjenige, was der ihm ergebene [...] *tut* » (« Il *est* ce que *fait* celui qui se voue à lui »). Tel est le point culminant de la leçon 10 : ne plus considérer le monde comme un *ordo ordinatus* agencé par un Dieu extérieur, mais le vivre comme un *ordo ordinans* dans la réalisation duquel une place déterminée m'est assignée. Cet *ordo ordinans* (le monde se faisant, se révélant progressivement pour ce qu'il est : manifestation de l'essence divine), dont je suis une fraction déterminée, c'est Dieu même.

1. GA I, 9, p. 111-112 ; trad. fr. p. 121.

JAD HATEM

QU'EST-CE QUE POUR UN MOI ÊTRE LA VÉRITÉ ?

D'entre les importants versets de l'Évangile de Jean, l'un brille par son absence dans l'*Initiation à la vie bienheureuse* de Fichte, celui où le Christ déclare qu'il est la voie, la vérité et la vie (Jn 14 :6). Manifestement, Fichte aurait pu lui faire un sort après l'avoir soumis à une réinterprétation comme il le fit pour le Prologue et d'autres versets du même Évangile, le seul qui trouva grâce à ses yeux. Pourquoi une réinterprétation ? Parce que, suivant Fichte, la voie christique n'est pas universelle (la science en est une autre et sans doute supérieure), parce que tout le monde est en droit d'être la vérité (moyennant la Doctrine de la science) et parce que la vie s'offre à tous comme la réalité à comprendre (ce que la Doctrine de la science établit). Procédure qui passe par l'élimination de deux dogmes chrétiens : celui du Fils éternel en tant que la deuxième hypostase de la Trinité et celui qui tient que le Christ est issu de l'union hypostatique du Verbe de Dieu et de l'humanité, dogmes qui sont propres à conférer au Christ d'être la vérité soit au titre de Dieu (et dans ce cas, il est par son essence la vérité increéée)[1], soit au titre de Dieu révélant en et par son humanité les mystères de la divinité; d'être la vie, par sa puissance créatrice et par son pouvoir de résurrection et de salvation[2]; et enfin d'être la voie de par son humanité ayant été assumée par le Fils[3]. Il importe peu ici que l'accent, dans le verset

1. Voir Thomas d'Aquin, *Commentaire sur l'Évangile de Jean*, Paris, Cerf, 1998, t. I, n° 207.

2. *Ibid.*, n° 761, 1144.

3. *Ibid.*, n° 1074.

sacré, soit mis sur un terme plutôt que l'autre, que, par exemple, la voie et la vérité aient la vie pour finalité[1].

La christologie de Fichte est déficiente à proportion de l'exaltation de son anthropologie, car si Jésus a eu le privilège d'être le premier à avoir « la vision de l'unité absolue de l'être-là humain avec l'être-là divin et assurément la connaissance la plus profonde que l'homme puisse atteindre »[2], il n'a fait que précéder les autres humains et, moyennant son enseignement (johannique), les initier en sorte de n'être que « le Premier-né », Fichte ne prenant la formule paulinienne que dans une acception fortement atténuée. Il est vrai qu'il ajoute que l'homme de Nazareth est « le Fils unique immédiatement né du Père », mais non sans préciser que ce n'est pas en tant qu'émanation, et lorsqu'il ajoute « ou quelque chose de ce genre », tout le monde comprend qu'il vise le dogme de l'Incarnation. Émanation et Incarnation sont en effet taxées de « rêves contraires à la raison ». Fichte peut encore se permettre de conserver à Jésus la fonction de médiateur, mais ce ne sera jamais que pour ceux qui feront de lui l'occasion de la découverte de l'union (et de sa réalisation). Les autres, les penseurs et singulièrement l'auteur de la *Doctrine de la science*, n'ont que faire de cette médiation : « le philosophe – dans la mesure où il sait – trouve tout à fait indépendamment du christianisme ces mêmes vérités et les embrasse d'un seul regard, dans une conséquence et une clarté universelle qui manquent aux vérités transmises, tout au moins à nous, à partir du christianisme »[3]. On aura remarqué la puissance de la formule (j'allais dire : de la dénégation). Il faut comprendre, avec *La Doctrine de l'État* de 1813, que la médiation christique empêche d'accéder à la science. Faisant fond sur la sentence johannique qui fait dire à Jésus qu'il est bon qu'il s'en aille afin que le Paraclet puisse survenir, Fichte affirme que la présence du Christ fait obstacle au développement de l'entendement naturel et universel[4].

Fichte n'a pas la moindre considération pour ce qui ressemblerait à une philosophie résolument chrétienne, ou alors à une philosophie exprimée en climat chrétien, ni même à une philosophie qu'on dirait éclairée par le christianisme. Il a beau répéter par ailleurs que l'enseignement johannique

1. Pour toutes ces questions relevant de l'exégèse du verset et sur la question générale de savoir ce qu'est pour un homme être la vérité, voir J. Hatem, *Qui est la vérité ?*, Paris, Hermann, 2012.

2. *Die Anweisung zum seligen Leben, Gesamtausgabe*, I, 9, p. 121 (*L'Initiation à la vie bienheureuse*, *op. cit.*, p. 136).

3. *Ibid.*, p. 122 (p. 137).

4. *La Doctrine de l'État*, *op. cit.*, p. 225.

est parfaitement conforme à la *Doctrine de la science*[1], le lecteur s'avise sans mal que, mise à part la question de la pertinence de la thèse de la parfaite conformité (à la démonstration près, ce qui n'est pas peu), ce n'est nullement chez Jésus que Fichte trouve son inspiration, c'est, à l'inverse, en l'Évangile, qu'il voit (ou s'efforce de voir en un formidable raccourci) une sorte de reflet de la *Doctrine de la science*. Inutile au fond d'adapter son propos, la correspondance ne se faisant qu'au bénéfice du public qui ne peut s'élever au cinquième point de vue de la forme, c'est-à-dire à la stricte science qui est « vérité achevée »[2]

Voilà qui aboutit au projet d'une anthropologie exaltée, car s'unir à Dieu (être *instar Christi*, si l'on veut user de cette référence), ce n'est rien d'autre que se faire *Savoir* : « dans la mesure où NOUS sommes le savoir, nous sommes nous-mêmes dans notre racine la plus profonde l'être-là divin »[3]. « Comme le savoir – ou Nous – sommes cet être là divin lui-même, en nous non plus, dans la mesure où nous sommes cet être-là, il ne peut se produire ni changement ou mutation, ni pluralité ou multiplicité, ni aucune séparation, distinction ou scission »[4]. *Instar* ici signifie l'équivalence et guère l'imitation. Jésus ne jouit d'aucun privilège ontologique par rapport aux autres hommes, ce pour quoi Fichte énonce : « en tous les temps et en tout homme sans exception qui a une vision vivante de son unité avec Dieu et qui abandonne, effectivement et en acte, sa vie individuelle tout entière à la vie divine en lui, le Verbe éternel, de la même manière qu'en Jésus-Christ, se fait chair, sans restriction ni réserve, et devient un être-là sensible et humain, personnel »[5]. Il n'en va pas comme pour Maître Eckhart chez qui le Fils de Dieu est engendré dans l'âme qui s'est renoncée[6]. On a affaire à un état de fait indépendant de toute intervention surnaturelle et dont est susceptible n'importe quelle personne, dès avant le christianisme notamment. Bref, si Jésus est vraiment le premier-né, c'est de manière tout à fait accidentelle, ce que Fichte soutient en distinguant le plan historique (valable pour les contemporains de Jésus) du plan métaphysique (valable pour tous) puisqu'il extrait de ce dernier un donné pertinent absolument, ou en soi. « Tout homme peut et doit parvenir à l'unité avec Dieu et devenir dans sa personne l'être-là même de Dieu,

1. « Le Christ johannique dit exactement la même chose que ce que nous enseignons et démontrons » (*ibid.*, p. 73 ; p. 62-63).

2. *Ibid.*, p. 168 (p. 207).

3. *Ibid.*, p. 93 (p. 93).

4. *Ibid.*, p. 94 (p. 95).

5. *Ibid.*, p. 120 (p. 135).

6. *Predigt* 2.

c'est-à-dire le Verbe éternel »[1]. Ce genre de propos a des apparences de mysticisme, d'autant que Fichte recourt lui-même à la proposition paulinienne qui joue un rôle déterminant dans la spiritualité chrétienne : « ce n'est plus moi qui vis, c'est le Christ qui vit en moi » (Galates 2 :20)[2]. Or il est aussi peu question ici de mariage spirituel (union d'esprit à esprit entre Dieu et l'âme) que de transmanence (Dieu présent dans l'âme ou l'âme perdue en Dieu). Déjà parce que le Verbe éternel n'est pas une personne (une hypostase dans une improbable Trinité), mais le Savoir. Le spécifique du Christ tient dans l'immédiateté de l'adhésion à l'être. Or lorsque le supplément à la sixième leçon soutient que « sa conscience de soi était immédiatement la pure et absolue vérité rationnelle elle-même »[3], il laisse largement ouverte la voie à l'effectivité d'une conscience qui soit *médiatement* la pure et absolue vérité rationnelle elle-même lors même qu'elle puise dans le Concept universel sa manière d'être la vie (en sa compréhensibilité) du fait que « le penser pur est lui-même l'être-là divin ; et inversement l'être-là divin, dans son immédiateté, n'est pas autre chose que le pur penser »[4], en sorte que l'union s'effectue comme intellection de l'être-là, comme synthèse du savoir ordinaire et du savoir transcendantal (qui est savoir du savoir). Devenir le Verbe de Dieu, cela revient donc finalement à totaliser le savoir en s'effaçant devant lui dans la progression de ses figures – voir l'être-là (la réflexion dans la conscience) de Dieu (et non la chose empirique) dans ces figures comme Dieu est connu « dans l'agir de tous les autres »[5]. Savoir absolu, qui n'a d'autre objet que le savoir. Non seulement contempler le réel, mais tout aussi bien « la vérité de ses propres yeux », suivant une expression de la deuxième *Doctrine de la science* de 1804[6], et pas seulement cela mais, voyant la vérité, la devenir et l'être. Il y a a dans la démarche transcendantale de Fichte l'inversion d'un platonisme de la contemplation, car ce n'est pas de voir qui confère la véridicité, c'est de *produire* le savoir face à l'être en posant l'être, le produire à partir de soi-même.

1. *Die Anweisung zum seligen Leben*, p. 127 (p. 145). Dans *Le Caractère de l'époque actuelle*, Fichte ne distingue pas le fondateur du christianisme de ses disciples et des chrétiens qui ont suivi dans la mesure où tous ont été « inspirés uniquement par la vérité béatifiante qui leur était apparue au plus profond d'eux et s'était emparée de leur vie » (trad. cit., p. 67).

2. *Ibid.*, p. 126 (p. 143).

3. *Ibid.*, p. 191 (p. 244).

4. *Ibid.*, p. 69 (p. 55).

5. *Ibid.*, p. 163 (p. 200).

6. *Die Wissenschaftslehre. Zweiter Vortrag im Jahre 1804*, Hamburg, Meiner, 1986, p. 73.

Dès la première leçon, l'*Initiation à la vie bienheureuse* confère à l'être la valeur de l'absoluité sans partage : lui seul est, étant de soi et par soi. Par soi, il est là d'un coup, sans qu'on puisse lui ajouter quoi que ce soit. Il est un, simple, immuable et invariable, sans surgissement ni déclin, ni changement. Or sans sortir de son autarcie et de la pérenne sérénité dont il jouit, l'être doit être là (« *soll da sein* »). Cela semble faire écho à l'axiome schellingien de *Philosophie et religion* suivant lequel l'idéal doit, sans sortir de son idéalité, se faire existence en se donnant une image de lui-même – à ceci près que l'existence pour Schelling désigne à la fois la densité ontologique de l'idéal et le savoir qu'il a de soi, tandis que chez Fichte, elle n'est que savoir. Mais il y a une autre différence, moins perceptible : bien que l'être-là fichtéen soit une image de l'être (ou Dieu), ce n'est pas en réalité ce dernier qui se la donne. L'image est produite par l'image elle-même qui s'affiche face à l'être en le posant :

> il faut pour cette raison qu'il soit distingué de l'être-là et lui soit opposé ; et certes – comme il n'y a absolument rien hors de l'être absolu que son être-là, – cette distinction et cette opposition doivent nécessairement avoir lieu – dans l'être-là lui-même [...]. Il faut que l'être-là se saisisse, se connaisse et *se forme lui-même* (*sich bilden*) en tant que simple être-là, et il faut qu'il pose et forme vis-à-vis de lui un être absolu dont lui-même est précisément le simple être-là[1].

Le verbe réfléchi que j'ai souligné porte tout le texte et peut-être même tout l'ouvrage car la sentence reconnaît que le savoir est, en tant qu'auto-construction, pouvoir de se faire l'image de Dieu et la compréhension de soi (comme science de la science). L'équivalent s'en trouve dans la *Doctrine de la science* contemporaine :

> Dieu est le créateur du monde : non, car il n'y a pas de monde et il ne peut y en avoir ; en effet, seul l'absolu *est*, mais l'absolu ne peut sortir de lui-même *realiter* et vraiment. Mais il appartient à l'essence interne et purement spirituelle de Dieu que le rien se comprenne en tant que rien face à Dieu, et que ce rien se forme (*sich gestalte*) et se crée lui-même, en vue de quelque chose d'apparent, qu'il se crée et se forme dans ce comprendre précisément, et exclusivement par ce comprendre[2].

Ce qui n'est pas l'être doit prendre conscience de ce qu'il est : *non-être* et telle est l'image considérée en elle-même et tel est le savoir. Au lieu que l'image soit l'effet et le milieu éternel de l'autoconnaissance de Dieu

1. *Die Anweisung zum seligen Leben*, p. 87-88 (p. 85).

2. *La Doctrine de la Science de 1805*, trad. fr. I. Thomas-Fogiel, Paris, Cerf, 2006, p. 186.

comme sujet (ainsi que pour Schelling), elle configure le savoir humain de Dieu comme objet, elle est *Dieu manifeste*, forme dans le savoir et non forme en Dieu. En effet : « l'être-là de l'être est, immédiatement et à la racine, la – conscience ou la représentation de l'être »[1].

Or être *Dieu manifeste* en une unité absolue, c'est, pour le sujet philosophant, « se transformer en une image exhaustive du comprendre »[2], soit être la vérité comme genèse absolue du savoir par lui-même, ou, en termes fichtéens, c'est « réaliser »[3] la Doctrine de la science – un peu comme le verset johannique recommande de « faire la vérité » (Jn 3, 21). Au fond, être la vérité, c'est être la Doctrine de la science, devenir le comprendre de l'image (science) de l'image (savoir) de Dieu : « en travaillant, on apprend à comprendre la pensée fondamentale; ce n'est qu'à la fin qu'on la comprend parfaitement. Alors on est la WL et on en dispose librement pour l'éternité »[4].

1. *Die Anweisung zum seligen Leben*, p. 86 (p. 83).

2. *Wissenschaftslehre 1813*, *Nachgelassene Werke*, Bonn, Adolph Marcus, 1834, Bd. II, p. 14.

3. Cf. *La Doctrine de la science de 1805*, *op. cit.*, p. 45.

4. *Wissenschaftslehre 1812*, *Gesamtausgabe*, Stuttgart-Bad Canstatt, Fromann-Holzboog, 2002, Bd. II, 13, p. 48-49 (*Doctrine de la science. Exposé de 1812*, trad. fr. I. Thomas-Fogiel, Paris, P.U.F., 2005, p. 41).

MARC MAESSCHALCK

LA CLÉ DU PROLOGUE JOHANNIQUE DANS L'*ANWEISUNG* DE FICHTE

Le beau texte fichtéen de l'*Anweisung* appartient à une période faste de l'écriture systématique de son auteur[1]. Les multiples versions de la WL qui l'encadrent sont là pour l'attester. Fichte atteint à cette époque une maîtrise de la synthèse quintuple qu'il ne parviendra plus à surpasser dans ses écrits ultérieurs. Les synthèses quintuples sont enfin parvenues à s'imbriquer les unes dans les autres pour offrir ce moment méthodique particulier au langage spéculatif révélant l'essence de la quintuplicité dans la forme de son carré parfait.

Dans le processus génétique de la raison avérant l'essentification du réel ou le principe vivifiant de l'existence, le *Geist*, à travers l'enchaînement des synthèses de synthèses, la mise en langage de la parole originaire, de l'acte d'énonciation ou d'affirmation primitif de l'être est décisif. Il s'agit en quelque sorte de la condition de possibilité de la religion comme

1. Force est de noter aussi – et ceci même pour les philosophes – la concentration impressionnante à cette époque d'écrits théologiques prétendant à l'exposé d'une « théorie de la religion » et/ou du christianisme, ne fusse d'ailleurs que durant l'année 1805, tant du côté protestant que du côté catholique. Relevons au passage les *Grundlehren der Religion* de Sailer, l'*Untersuchung über die innere Wahrheit des Christentums* de Hermes, la *Philosophische Religionslehre* de Zimmer, le *Transcendental Idealismus in seiner dreifachen Steigerung* de Thanner, ainsi que le *Glauben und Wissen* de Görres. Pour une présentation sommaire des enjeux, J. Rohls, *Protestantische Theologie der Neuzeit*, Bd I : *Die Voraussetzungen und das 19. Jahrhundert*, Tübingen, Mohr-Siebeck, 1997, p. 342-343 ; Th. O'Meara, *Roman Idealism and Roman Catholicism, Schelling and the Theologians*, Notre Dame/London, University of Notre Dame Press, 1982, p. 40-55 et 200-201.

révélation. L'homme bienheureux de l'*Anweisung*, celui qu'il s'agit d'introduire à la béatitude comme être religieux dépend de cette révélation constitutive de la doctrine religieuse qui, à son tour, dépend du Verbe fait chair. L'incarnation du principe vivifiant est ainsi le nœud de l'*Anweisung* comme *Religionslehre*. C'est la raison pour laquelle Fichte, après avoir esquissé les grands principes de la synthèse quintuple (Leçon V), va se livrer à un exercice fondamental pour son propos, le commentaire du *Prologue* de l'Évangile de Jean (Leçon VI).

L'intérêt porté à ce texte néotestamentaire concerne son objet particulier et exclusif dans la tradition chrétienne : une généalogie du Verbe formulée à la manière d'une « protologie » retraçant un parcours de la parole incarnée depuis son existence *intra Deum* jusqu'à sa plus complète déréliction *extra Deum* par-delà les limites visibles de la présence (*Dasein*) humaine en ce monde. De cette manière, le parcours de la protologie établit un trait d'union entre deux formes d'invisibilité, l'invisibilité ontologique du Verbe en son être intra-divin et l'invisibilité ontique du Verbe en sa présence mortelle extra-divine. La parole s'incarne dans le parcours de la tension entre ces deux formes d'invisibilité, celle de l'idée intramentale et celle de la particularité matérielle (signifiant) du son énoncé. Dans l'entre-deux se trouve l'union fragile de deux natures (la lettre et l'esprit), humaine et divine, matérielle et spirituelle, par laquelle un son prend vie, signifie, incarne une idée dans l'univers de la référence phénoménale.

On pourrait penser *a posteriori* que cette « théosophie » du langage coule de source en s'énonçant quasi spontanément comme un méta-texte. Il n'en est rien ! Au contraire, elle est l'objet d'une différence notoire et d'un conflit ouvert au sein de l'idéalisme postkantien. La version de la protologie proposée par Fichte s'oppose pied à pied à une autre version philosophique de la protologie, alors dominante, et proposée par son ancien disciple et ami, Schelling.

ENCORE UNE FOIS : LA DIFFÉRENCE DE FICHTE ET DE SCHELLING !

Cette mise au point sur la différence de Fichte et de Schelling est importante pour ne pas réduire la portée de l'*Anweisung* à l'écrit de circonstance suscité, du côté schellingien, par la réaction aux positions d'Eschenmayer, à savoir l'écrit intitulé *Philosophie et religion*. Ce dernier texte n'est à notre avis qu'une pièce mineure du dossier en ce qui concerne Fichte. Dans une note suite à sa lecture du *Système de l'idéalisme transcendantal* de

Schelling publié en 1800, c'est déjà sur un point théologique que Fichte avait tenu à se démarquer de son encombrant disciple[1]. De manière générale, la philosophie de l'Identité fait sienne une certaine forme de théogonie transcendantale que Schelling tire directement de ses lectures de Lessing[2]. Les sources de Fichte sont très différentes à ce sujet si l'on tient compte de ses contacts avec Lavater[3], ainsi qu'avec Petzold à Leipzig, grâce à qui il a vraisemblablement entendu parler de Crusius[4].

En ce qui concerne Schelling, il faut d'abord noter que ses thèses théologiques sont largement discutées dans des cercles « pro » et « anti » Schelling depuis le succès retentissant chez les théologiens post-critiques des *Lettres sur le dogmatisme et le criticisme*[5].

D'une manière générale, on peut résumer la situation sur le plan théologique en recourant à la ligne de démarcation créée par l'*Aufklärung*. D'un côté, des théologiens entendent tirer toutes les conséquences de la critique de la raison élaborée par Kant et ses prédécesseurs, Thomasius et Lessing, en particulier, et veulent construire une voie radicale vers la foi qui s'enracine directement dans l'expérience pratique de la vie intérieure et dans le sentiment de relation au Verbe divin. L'agnosticisme théorique peut très bien se combiner avec une théologie pratique orientée vers un

1. Texte repris en GA II, 5, p. 413-415 ; p. 413.

2. Suivant *Philosophie et Religion*, S.W. VI 35. La source se trouve dans le § 73 de *Die Erziehung des Menschengeschlechts* (München, DTV, 1997). *Cf.* W. Pannenberg, *Systematische Theologie* [1988], Göttingen, Vandenhoeck & Ruprecht, 2011, Bd. 1, p. 318.

3. Pour une mise en contexte, le bel article de P. Valenza, « Reinhold, Lavater et les Lumières », *Studies in German Idealism*, 9, 2010, p. 53-64.

4. Comme le suggère C. Cesa, *Introduzione a Fichte*, Roma, Laterza & Figli, 1997, p. 157. Dans le même sens, M. Wundt, *Die deutsche Schulphilosophie im Zeitalter der Aufklärung*, Hildesheim, Olms, 1945, p. 293. Dans cet ouvrage, Max Wundt souligne aussi la concordance de certaines analyses fichtéennes de la manifestation du logos divin avec celles de Wolff (*ibid.*, p. 170-171). L'absence de prise en compte du contexte de réflexion portant sur le statut de la protologie explique en grande partie les difficultés soulevées par le bel article de Vincente Serrano, qui doit dès lors se rabattre sur le texte postérieur de la *Freiheitsschrift* pour relire Fichte à partir de Schelling et forcer une communauté ontologique pourtant refusée de part et d'autre (V. Serrano, « Sobre la beatitudo y el mal y la diferencia última entre Fichte y Schelling en torno a lo absoluto », *Revista de Estud(i)os sobre Fichte*, en ligne, 3, 2011, publié le 30 décembre 2011, consulté le 15 mars 2015. Url : http://ref.revues.org/373.

5. Comme l'écrit M. Deneken, « c'est l'école de Tübingen qui vient immédiatement à l'esprit lorsqu'on évoque cette période d'une richesse intellectuelle peu commune. [...] Dans ce contexte-là, c'est la figure de Schelling qui apparaît comme la plus influente sur les théologiens allemands de ce temps [...] » (M. Deneken, « Sacramentalité de l'Église et théologie romantique. Contribution à l'étude de la genèse de l'expression "Église sacrement du salut" », *Revue des sciences religieuses*, 67, 1993/3, p. 41-57).

salut éthique. D'un autre côté, d'autres théologiens veulent dépasser la critique éclairée et interpréter ce moment d'extériorité de la raison instituée en juge comme une étape dans un processus plus ample de révélation de Dieu à la conscience, de telle sorte que le concept directeur reste celui de révélation, valable aussi bien pour comprendre l'histoire sainte que pour comprendre l'histoire humaine. Il s'agirait en fait des deux faces d'un unique mouvement réconciliant l'homme devenu autonome et son origine divine enfin reconnue comme loi intérieure réalisée par la liberté. Du premier côté, on trouve par exemple chez les théologiens catholiques, autour de Cajetan Weiller, des *Aufklärer* comme Köppen et Salat. On parlera d'ailleurs d'*Aufklärung* catholique. De l'autre côté, on trouve des théologiens qui empruntent la voie nouvelle du romantisme. Formés notamment par Brenner à Bamberg, comme Döllinger, ils sont identifiés à l'école de Tübingen et s'appuient sur les thèses de Schelling, tels Staudenmaier et Drey [1].

Pour ce deuxième groupe, le point sensible est moins la question du rapport de la raison avec la révélation en tant que contenu de vérité à justifier selon des catégories pensables dans l'ordre de l'expérience sensible que la question de l'histoire religieuse de l'humanité dans laquelle le fait religieux se donne effectivement à penser empiriquement par différentes manifestations, lesquelles mettent en cause en même temps une certaine idée de Dieu agissant et une certaine affection consciente provoquée par le vécu de cette idée dans les collectivités humaines. Une liaison existe ainsi entre le devenir historique des représentations d'un Dieu advenant aux humains (théogonie) et le devenir co-extensif du vécu psychique de ces représentations par les humains qui s'y projettent (psychogonie). Dans ce cas, le principe d'une intuition intellectuelle renvoyant à l'essence d'une autorévélation de Dieu dans et à travers des moments de l'histoire offre un cadre de référence pour interroger l'historicité du phénomène religieux à l'extérieur et à l'intérieur du christianisme dans un processus théocosmogonique restaurateur de l'unité intérieure de la conscience de soi. Il est dès lors possible d'adapter le principe émanationniste néoplatonicien – qui est toujours apparu comme une version acceptable du créationnisme d'un point de vue spéculatif – à une

1. *Cf.* notamment, le beau volume dirigé par Christian Danz (hrsg.), *Schelling und die historische Theologie des 19. Jahrhunderts*, Tübingen, Mohr Siebeck, 2013; ainsi que l'article plus ancien, mais toujours inégalé, de P. Hünermann, « Der Reflex des deutschen Idealismus in der Theologie der katholischen Tübinger Schule », *Philosophisches Jahrbuch*, 73, 1965/1966, p. 42-74.

conception moderne de l'histoire comme processus de développement. De fait, comme l'expriment dès 1802, les *Leçons sur la méthode des études académiques*, avec le christianisme « Dieu devient exotérique », « l'histoire est le mystère du Royaume de Dieu devenu visible »[1].

> La totalité au sein de laquelle les idées d'une telle religion deviennent objectives, est elle-même nécessairement quelque chose d'infini, ce n'est pas un monde limité et achevé dans tous ses aspects. Les figures ne demeurent plus présentes, mais elles apparaissent, ce ne sont pas des êtres naturels éternels, mais des figures historiques, dans lesquelles le divin ne se révèle qu'en passant, et dont l'apparition fugitive ne peut être retenue et fixée qu'à travers la foi, mais sans jamais parvenir à se transformer en un présent absolu[2].

On passe ainsi du « théisme mort » de la raison éclairée au « théisme dynamique » de l'idéalisme romantique[3]. Un théologien comme Drey présente l'expérience religieuse comme formée d'abord dans le *Gemüt* par une tendance (un *Streben* ou un *Trieb*), ensuite médiatisée par la connaissance (*Erkenntnis*) du rapport de toutes les choses à Dieu comme Puissance originaire pour atteindre, enfin, la claire représentation du concept d'un ordre universel rattaché à l'autoconscience (*Selbstbewusstsein*) d'une libre volonté se révélant[4]. Ce cadre intellectuel en partie inspiré de Schelling, mais également de Schlegel et des reprises théologiques de Zimmer, offre une assise assurée pour une représentation symbolique de l'histoire comme une liturgie dont la construction diachronique est entièrement soumise à la production d'une synchronie universelle des temps dans la révélation de leur unité glorifiante. Il est essentiel, par exemple, pour comprendre le

1. S.W. V 289 (trad. fr. J.-F. Courtine et J. Rivelaygue, *Philosophies de l'université*, Paris, Payot, 1979, p. 110). Voir aussi la *Philosophie de l'Art*, S.W. V 438. Pour l'édition de Schelling nous suivons simplement la pagination de l'édition de K. F. A. Schelling, *Sämtliche Werke*, Stuttgart, Cotta, 1856-1861.

2. S.W. V 288 ; trad. cit. p. 109.

3. Fr. Büttner, *Peter Cornelius, Fresken und Fresken Projekt*, Wiesbaden, Steiner, 1999, p. 219. Cornélius s'est inscrit dans le mouvement nazaréen et rejoint Schelling à la tête de l'Académie Royale des Beaux-arts à Munich en 1824. Voir B. Jooss, « Die "verhängnisvolle Verquickung von produzierendem und lehrendem Künstler" – der Akademiedirektor Peter Cornelius und die "Cornelius-Schule" », *in* L. Krempel, N. Anthea (hrsg.), *Cornelius – Prometheus, der Vordenker*, Beiträge zum Symposium im Haus der Kunst am 10. September 2004, München, LMU-Institut für Kunstgeschichte, 2005, p. 18-31.

4. J. S. Drey, *Kurze Einleitung in das Studium der Theologie : mit Rücksicht auf den wissenschaftlichen Standpunct und das katholische System*, Tübingen, Heinrich Laupp, 1819, p. 5-7 (§ 9-12).

programme d'un peintre romantique comme Peter von Cornelius[1] cherchant à présenter en images l'objectivité de l'action divine dans le « matériau historique »[2].

On peut mieux comprendre, dans ce contexte, ce qui inquiète ou fascine chez Schelling. C'est sa capacité à réconcilier la tradition grecque et la tradition chrétienne dans un esprit qui emprunte tout autant à Spinoza qu'à Kant, sans céder ni au piétisme ni à une théologie du sentiment ou à une forme moderne de *Glaubensphilosophie* à la Jacobi[3]. Tout en admirant et respectant Jacobi, Schelling favorise la comparaison de ce dernier avec Fichte pour s'en démarquer plus librement[4]. Le procès d'athéisme intenté contre Fichte a mené ce dernier à démarquer rigoureusement sa démarche philosophique des questions de foi, là où, pour quelques années encore, Schelling peut jouer sur des effets de synthèse et de proximité qui le conduiront aussi vers une attaque en règle de la part des milieux plus conservateurs ou traditionnalistes.

Avec Schelling, c'est moins une nouvelle querelle de l'athéisme qui se prépare qu'une nouvelle querelle du panthéisme, l'autre versant des critiques qu'affectionnent les anti-spinozistes[5]. Le panthéisme est l'accusation récurrente dont sont l'objet les philosophes qui rapprochent l'idéal grecque de la raison avec la théologie chrétienne. L'émanationnisme envisagé à la manière d'une procession des essences à partir de la substance primitive est supposé manquer la différence ontologique entre créature et créateur en cherchant à la réduire à une simple

1. Fr. Büttner, *Peter Cornelius*, *op. cit.*, p. 214-215.

2. *Philosophie de l'Art*, S.W. V 439.

3. Markus Oelsmann montre de manière subtile comment la théologie de Kuhn fraie sa voie à travers la mise en tension de tous ces concepts de *Gefühl*, *Selbstbewusstsein*, *Glaubensprung*, *Wissen*. *Cf.* M. Oelsmann, *Johann Evangelist von Kuhn : Vermittlung zwischen Philosophie und Theologie in Auseinandersetzung mit Aufklärung und Idealismus*, Würzburg, Königshausen & Neumann, 1997

4. L'impact en théologie de Schelling fut tel que lorsqu'en 1846, un Staudenmaier présente de manière détaillée les arguments jugés néanmoins trop panthéistes de l'*Anweisung*, il impute en partie cette orientation à l'influence sur Fichte de la *Naturphilosophie* schellingienne… (F. A. Staudenmaier, « Pantheismus und Christenthum : mit Rücksicht auf die Erigena-Literatur der neuseten Zeit », *Zeitschrift für Theologie*, 15, 1846, p. 241-352, p. 243-249 pour l'analyse de l'*Anweisung* et p. 249 pour l'influence sur Fichte du panthéisme de Schelling).

5. On trouve une bonne synthèse de ces critiques dans la présentation qu'en donne dès 1814 Karl Gottlieb Bretschneider au chapitre des preuves de l'existence (*Dasein*) de Dieu (§ 61). *Cf.* K. G. Bretschneider, *Handbuch der Dogmatik der evangelish-lutherischen Kirche*, Bd. I, Leipzig, J.A. Barth, 1814, p. 302-304.

différence quantitative entre l'Un et le multiple, là où une théorie de la puissance et de l'acte permet d'établir une coupure radicale entre la pure volonté-voulante et son résultat posé dans la factualité de l'existence.

Néanmoins, Schelling fascine – comme il a fasciné plus tard un Jankélévitch ou un Bruaire – par sa capacité à intégrer dans sa synthèse philosophique une théologie de l'histoire du monde comme passé de la conscience. Chez lui, l'affirmation d'une naturalité polythéiste et mythologique de l'existence ne s'oppose pas à la vision chrétienne du monde. C'est ce que saisissent très bien les théologiens catholiques de Marbourg et plus tard le théologien protestant Paul Tillich. Le polythéisme est le versant naturaliste d'une conscience intramondaine livrée à l'érosion tragique du destin, en attente d'une déchirure de sa temporalité qui lui permettrait d'habiter sa finitude tout en brisant son enfermement, sa forclusion dans l'extériorité d'une identité vouée à la perte. Le message chrétien apparaît alors en contraste comme une relève qui suspend la domination du temps de la *phusis* célébrant l'*hubris* de la décomposition au profit d'un temps eschatique soulevé par l'espérance d'un dépassement de l'extériorité déchue conduisant à la déclosion d'une intériorité renouvelée, restituée, réconciliée avec le principe caché dans le destin. Car ce que les Grecs cherchaient confusément dans leurs religions à mystères, c'est un principe secret qui aurait raison de l'extériorité du destin vécu dans la *phusis*. Ce principe n'est autre que le *logos* christique travaillant en secret le temps physique des anciens pour préparer sa brisure et sa réconciliation avec le temps eschatique, à la manière d'une consonne cherchant sa vocalisation.

Les théologiens les plus ouverts ont reconnu, dans cette vision des rapports entre temps cosmique et temps chrétien, ces « stromates » de la Révélation que l'on retrouve dans de nombreux textes de la théologie patristique. Une telle approche permet de mieux construire le dialogue avec la raison philosophique et son souci de se rapporter aux principes premiers guidant la manifestation naturelle, mais aussi à la possibilité d'une morale dans un tel contexte.

INTÉRÊT ET LIMITES DE LA PROTOLOGIE SCHELLINGIENNE

Sans revendiquer une approche métaphysique devant nécessairement soutenir l'interprétation dogmatique de l'Écriture, la philosophie de Schelling donne la possibilité d'élargir l'idée d'histoire du Salut en distinguant la part naturaliste de celle-ci et sa part strictement chrétienne, dans la perspective d'un processus unique et universel, conduisant de l'origine à la fin des temps. Certains diront que Schelling propose de cette manière, dans le domaine de la théologie systématique, la première forme de *process theology*[1].

La conséquence d'un tel point de vue sur la question plus spécifique de la protologie est caractéristique. La théorie des deux natures du Christ s'en trouve particulièrement élargie : homme et Dieu, le Christ est aussi comme « puissance divine incarnée », un principe cosmique agissant à travers tout le temps de la création. Il participe ainsi comme principe d'un troisième genre qu'on pourrait dire commun ou neutre, propre à l'*ens commune*, à l'étantité[2]. Il est celui par qui Dieu-Père fait se faire le monde : il est le principe producteur « démiurgique » de l'ordre cosmique. Ce que la dernière philosophie apportera à cette position particulière de la Trinité, c'est une théorie économique de l'ordre providentiel du monde héritée de la patristique et de sa reprise de la morale stoïcienne. Mais, dès la philosophie de l'Identité, la partition est déjà réalisée dans la figure du Christ – Dieu Janus, Grand Pan dans lequel meurt la figure mytho-logique du monde ancien pour ressusciter sous la figure pneumo-logique du monde nouveau. Symbolisant le fini par l'infini, le Christ est en même temps, pour Schelling, la cime du monde antique et le terme du monde ancien des dieux[3]. Ce qui était figé dans l'extérieur et dominé par un destin de finitude est désormais soulevé de l'intérieur par un retour au centre vers le principe de destruction premier du destin. Ce qui était livré à la mort est restitué à la vie et ceci par le principe même à travers lequel la vie s'énonçait comme assignée à son destin, par le *Verbe*.

On a donc dès l'origine du temps cosmique une puissance qui travaille secrètement le monde vers la libération d'une parole qui déchire son voile de nécessité. Cette puissance extradivine est une puissance cosmique pour la raison, elle rend possible l'établissement d'un ordre de ressemblance entre les choses finies. Elle est au principe d'un ordre de signes qui fixe par le langage des hiérarchies et des lignées parmi les étants. Schelling considère même que la puissance cosmique est au fondement d'un ordre consonantique des choses qui permet de fixer des racines et d'arrêter des

1. *Cf.* J. Moltmann, *Trinité et Royaume de Dieu*, trad. fr. M. Kleiber, Paris, Cerf, 1984, p. 62-66, ainsi que J. Day, *Voegelin, Schelling, and the Philosophy of Historical Existence*, Columbia, University of Missouri Press, 2003, p. 37 ou, encore, A. J. Roberts, « Unruly Gods. Schellingian Approaches to Theology in Robert Corrington and Philip Clayton », *in* L. Niemoczynski & N. T. Nguyen (eds.), *A Philosophy of Sacred Nature. Prospects for Ecstatic Naturalism*, Lanham, Lexington Books, 2014, p. 155-171, p. 19.

2. Un « *Seyende des Daseins* ».

3. Cf. *Philosophie de l'Art*, S.W. V 432.

ensembles de symboles permettant de figer chaque finitude dans une expression achevée, définie, à la manière d'un *épitaphe*. C'est le symbole de l'ordre mort, entièrement déterminé par son signifiant (comme le système de Spinoza).

La protologie s'achève ainsi sur sa propre mise à mort, ou sur son propre anéantissement comme ordre symbolique en devenant elle-même le signe ultime, le mot de la fin, à savoir la nécessité pour la parole de raturer tous les signes qui l'enferment en mourant elle-même par le signe. Elle a besoin du signe qu'elle rature et se lie à lui pourtant en même temps qu'elle le change et le dépasse en posant cet acte qui la propulse vers autre chose, un signe vivant, incarné, vivifiant par l'annulation du signe fixe, l'esprit transcendant la lettre en mourant avec elle. Par l'Esprit qu'il libère, le Verbe devient parole parlante là où dominait la loi de la parole parlée, figée, transcrite, comme forme de la raison.

Cette dialectique chère à Schelling de la *Zerstörung* et de la *Wiedergeburt* n'est pas encore à l'époque une économie salvifique providentielle réalisant un plan à travers une action dont la fonction apparente finit par s'inverser. Il s'agit plutôt d'un trou dans le réel, d'un mouvement de « coïncidence des opposés », un point de juxtaposition où l'ordre de la ressemblance cède le pas à celui de la représentation sans encore détruire le savoir de l'ordre précédent. Dans la protologie, la perte semble encore pour un temps sans compensation; elle pose un manque originaire de la parole, un désir procédant du trauma résultant de la perte de l'unité matérielle de la nature et exprimant un cri encore sans représentation[1]. La protologie est une nouvelle promesse, non plus celle d'être figé dans la mémoire naturelle du signe, mais celle d'être incorporé dans une communauté nouvelle, dotée d'un langage nouveau. Le grec l'a cédé au latin !

La version schellingienne de la protologie n'est pas d'abord le reflet d'une position philologique; elle ne fait que mettre celle-ci au service d'une philosophie de l'Art. Si l'art grec peut célébrer la finitisation du divin dans le matériau mythologique, l'art chrétien célèbre l'infinitisation de

1. « Il n'y a qu'un moyen pour se dérober au destin, c'est de se jeter dans les bras de la Providence. Tel était le sentiment du monde en cette période de mutation très profonde où les derniers coups du sort s'abattirent sur la beauté et la gloire de l'Antiquité. Les dieux anciens perdirent leur force, les oracles se turent, les fêtes disparurent et un abîme rempli du mélange sauvage de tous les éléments du monde passé sembla creuser le sol sous les pieds du genre humain. Le seul signe de paix et d'équilibre des forces qui apparût au-dessus de cet abîme obscur fut la croix, sorte d'arc-en-ciel d'un second déluge [...] » (*Philosophie de l'Art*, S.W. V 429; trad. fr. X. Tilliette, *in* F. W. J. Schelling, *Textes esthétiques*, Paris, Klincksieck, 1978, p. 52).

l'action divine dans l'humanité comme force idéale s'extériorisant dans la totalité de sa manifestation historique, à savoir la communion des saints en devenir, le Royaume. Le symbole est extériorisation de l'infini dans l'universel, là où le mythe était intériorisation de l'infini dans le particulier. Le Christ est le trait d'union entre ces deux mouvements comme signe ultime – divin de la perte du sens. Le théologien Balthasar a souligné cette dimension d'esthétique théologique chez Schelling[1]. Ce qui caractérise cette orientation réside dans une approche de la gloire et de la mort de Dieu à travers son auto-affirmation ou sa révélation dans le jeu de « l'un et tout ». Le rôle de la puissance cosmique est d'exprimer ce principe de l'unitotalité (*All-einigkeit*) comme identité de tout dans l'un en tant que puissance signifiante (nature naturante) et raturée en même temps. Ce qui importe pour Schelling, c'est d'inscrire la relève de l'intuition chrétienne de l'univers au sein de l'aura produite par l'intuition ancienne. L'effacement du contenu ancien au profit du contenu chrétien est corrélatif de l'inscription du contenu nouveau dans la gloire qui émanait de l'aura ancienne. Si d'anciennes figures, d'anciens mythes peuvent être repris par l'iconographie chrétienne, c'est parce que le langage nouveau peut s'exprimer à partir du corps ancien pour le refigurer, le glorifier. La protologie est l'engendrement du principe qui était caché depuis les origines dans l'ordre des choses et contenait en réalité sa gloire.

ORIGINALITÉ DE LA POSITION DE FICHTE EN CONTRE-POINT

Si le propos de Fichte commentant le *Prologue* johannique est d'une nature totalement différente de celui de Schelling, il ne peut cependant être saisi correctement hors de ce contexte. Bien qu'il soit au-delà de la simple polémique, il constitue en même temps une réfutation et une voie différente pour interpréter philosophiquement les enjeux de la protologie johannique[2]. De manière générale, Schelling est fidèle tant à la tradition

1. Balthasar parle du kairos d'une « théologie esthétique » (H. Urs von Balthasar, *La Gloire et la Croix*, IV. *Le domaine de la Métaphysique*, 3. *Les héritages*, trad. fr. R. Givord et H. Engelmann, Paris, Aubier Montaigne, 1983, p. 314). Les études sont nombreuses à ce sujet, mais je tiens à signaler la thèse de Jennifer Martin, parce qu'elle indique aussi le relais du spiritualisme russe dans la réception de Schelling en théologie. *Cf.* J. N. Martin, *Hans Urs von Balthasar and the Press of Speculative Russian Religious Philosophy*, Dissertation, Indiana, University of Notre Dame, 2012, p. 73-75.

2. À la manière de Reimarus, Fichte évite ainsi soigneusement, grâce à son principe herméneutique de base, de s'embarquer d'emblée dans une spéculation trinitaire.

kabbalistique qu'à une certaine lecture patristique du *Prologue* qui, d'Augustin à Jean Scot, consiste à y décrypter le procès intérieur de la création du point de vue de l'union de la substance divine[1]. De Dieu procèdent différents univers qui se rapportent par degrés à la vie divine selon qu'ils participent directement à sa puissance d'unité (Principe), de guérison (Verbe) ou d'amour (Esprit). L'interprétation de Fichte est moins théologique que celle de Schelling. Fichte s'oppose fondamentalement à une simple apologie du point de vue créationniste, de même qu'il rejette la fondation émanationniste d'un point de vue panenthéiste sur le devenir universel animé par la deuxième puissance dans son devenir cosmique *extra Deum*.

Il faut d'abord se rappeler les récriminations de Fichte contre une certaine théologie académique qui dogmatise la foi des Écritures en coupant celle-ci de l'expérience existentielle de l'homme religieux[2]. Dès ses réfutations de l'accusation d'athéisme, Fichte avait tenu à préciser la position de l'interprétation philosophique et le sens de son « théisme » par rapport à l'expérience concrète du croire. Le philosophe ne survient qu'après coup dans une histoire déjà constituée par la conscience vivante de l'homme religieux. Ce qui importe au premier degré, c'est le décentrement du croire adressé au principe vivifiant d'une divine Providence, d'un Esprit, confirmant – comme postulat pratique de la raison théorique – la destination de la liberté.

Suivant ce schéma d'une religion rationnelle hérité de Kant, mais élargi par une théorie des postulats, telle que la souhaitait le *Systemprogramm* de l'Idéalisme transcendantal :

Cf. D. Klein, « Aus lauter dunkelen Begriffen der Kabbalisten und platonischen Juden, Hermann Samuel Reimarus als Ausleger des Johannesprologs », *in* Chr. Bultmann et Fr. Vollhardt (hrsg.), *Gotthold Ephraim Lessings Religionsphilosophie im Kontext*, München, de Gruyter, 2011, p. 73-87, p. 86.

1. Un impressionnant matériau exégétique est à disposition tant de Schelling que de Fichte à cette époque comme l'atteste la somme écrite par le théologien proche de Schelling, Heinrich Eberhard Gottlob Paulus, qui consacre par exemple, dans son étude de 1804, pas moins de 85 pages à l'usage du seul terme logos dans le premier verset de l'Évangile de Jean… (H.E.G. Paulus, *Philologisch-kritischer und historischer Commentar über das Evangelium des Johannes*, Leipzig, J.A. Barth, 1812 [Lübeck, J.-F. Bohn, 1804]. Paulus avait d'abord publié un commentaire exégétique des synoptiques entre 1800 et 1802 qui avait retenu l'attention de Schleiermacher.

2. L'année précédente dans les *Grundzüge des gegenwärtigen Zeitalters* (GA I, 8, p. 270 *sq.*) d'ailleurs rappelés par Fichte en introduction de la Leçon VI, en GA I, 9, p. 116, l. 1 et 2.

> Monotheismus der Vernunft und des Herzens, Polytheismus der Einbildungskraft und der Kunst, dies ist's, was wir bedürfen! [...] – wir müssen eine neue Mythologie haben, diese Mythologie aber muß im Dienste der Ideen stehen, sie muß eine Mythologie der Vernunft werden [1],

on trouve cette religion modernisée que Schelling appelait encore de ses vœux dans le *Système de l'Idéalisme transcendantal*[2]. Mais, pour Fichte, il ne fait aucun doute qu'une telle religion dépasse le règne de la représentation telle que l'avait établie la théologie de la Loi et ceci au profit du désir du sujet religieux qui est le cœur de l'expérience croyante.

La conséquence anthropologique est fondamentale. Pour Schelling, la religion se constitue par l'intuition cosmologique du *Gemüt*. En elle se reflètent toute la mélancolie du monde antique et son univers de ressemblance pan-en-théiste, préparant le dénouement de son impuissance dans la figure d'une loi nouvelle, communauté politique dirigée vers l'institution d'un peuple-sujet pour un empire universel. L'ordre nouveau va composer le pluralisme des essences avec l'unité juridique du peuple. Sa force est de créer une autorité essentielle (dotée d'une neutralité universelle) combinant une pluralité d'ordres juridiques, seule issue possible à la dialectique du juif et du païen.

Pour Fichte, la religion ne relève pas du *Gemüt*, mais de l'esprit (*Geist*) en tant que celui-ci accomplit dans les traits de l'histoire la pulsion originaire à l'auto-activité. Son combat permanent est de ne pas se laisser figer dans un ordre extérieur de la vérité de soi chargé de limiter les pulsions sans la participation de la raison. Dans ce sens, la religion n'appartient pas à l'ordre des signes qui l'enfermerait dans le décryptage exégétique de sources sacrées arrêtées une fois pour toute (la lettre). Elle entraîne l'Esprit humain sur un mode mélodique, c'est une parole qui donne à comprendre et amène à s'attacher à elle par sa « vocation ». L'Esprit se manifeste par l'appel, *Anruf* comme Fichte avait tenté de l'exprimer dans l'*Appel au public*, rédigé à l'occasion de l'accusation d'athéisme et comme il continuera de le faire par des *Reden* sur le mode des sermons de Luther.

1. G.W.F. Hegel, « Das älteste Systemprogramm des deutschen Idealismus », *Werke*, Frankfurt a. M., Suhrkamp, 1979, Bd. 1, p. 234-237, p. 234-235.

2. S.W. III 629 : « Wie aber eine neue Mythologie, welche nicht Erfindung des einzelnen Dichters, sondern eines neuen, nur Einen Dichter gleichsam vorstellenden Geschlechts sein kann, selbst entstehen könne, dies ist ein Problem, dessen Auflösung allein von den künftigen Schicksalen der Welt und dem weiteren Verlauf der Geschichte zu erwarten ist ».

La parole religieuse a donc ceci de particulier comme esprit vivifiant, c'est qu'elle parle à l'intérieur de l'homme, s'invite en lui et procède essentiellement par la *déclosion* de cet Intérieur qui constitue son désir premier d'attachement à Soi comme libre destination.

Ce mouvement anthropologique de procession intérieure lié à la déclosion mélodique du désir chez le parlant est essentiel à saisir pour comprendre la manière dont Fichte commente le *Prologue* johannique et se démarque radicalement de la ligne interprétative représentée par Schelling. Ce n'est pas le devenir auprès de soi hors de (*bei sich selbst ausser sich sein*) qui retient l'attention de Fichte, mais au contraire la nécessité de se soustraire à cette illusion ou *Phantasia* produite par la mélancolie du *Gemüt*. Vaincre cette illusion ou lui résister est la condition pour reconnaître la puissance relationnelle intérieure qui rend possible la déclosion du soi dans son rapport à la norme idéalisée (comme attachement au rôle prescrit) et lui ouvre un nouveau champ de possibilités, un pouvoir de filiation, c'est-à-dire un pouvoir généalogique. C'est ce pouvoir généalogique qui semble rompu chez Schelling pour prendre l'apparence d'une cosmo-dramatique à travers laquelle la conscience doit rompre avec son enfermement dans la nécessité cosmique, mourir à son désir naturel, pour renouer avec son essence surnaturelle. Une telle dialectique qui accomplit le destin de la conscience à l'extérieur d'elle-même dans l'ordre de ses représentations sensibles constitue pour Fichte un processus imaginaire détaché des ressources vivifiantes qui constituent la véritable puissance des sujets dans leur ancrage historique. S'il y a conversion chez l'évangéliste Jean, c'est à travers une renaissance intérieure du soi à sa propre puissance refoulée par l'ordre réprésentationnel extérieur à soi. Ce qui est en jeu, c'est ce passage intérieur vers l'immédiateté de la présence (*Dasein*) de l'être-à-soi du sujet, vers sa décision intérieure comme disposition de soi à la puissance vivifiante de l'esprit : re-naître de l'esprit[1].

Ce qui importe dans la démarche de Fichte, c'est de montrer cette intuition spéculative propre au christianisme primitif qui inscrit une coupure dans l'histoire de la raison humaine[2] et y apparait sans préparation, sans rêve prémonitoire ni pressentiment de dépassement. Cette

1. GA I, 9, p. 124, l. 3 (la réponse à Nicodème : Jn 3, *5-8*). Selon Ignace de la Potterie, l'Évangile de Jean peut être considéré comme passage vers un demeurer dans le « lieu » intérieur et personnel du Verbe se rendant témoignage. I. de la Potterie, « L'emploi du verbe “demeurer” dans la mystique johannique », *Nouvelle Revue Théologique*, 117, 1995/6, p. 843-859, p. 847.

2. *Ohne Vorgang* (GA I, 9, p. 124, l. 3).

intuition sans suite immédiate (*ohne Folge*) complète la présentation du rapport entre l'être et la vie pour en revenir à cette forme de possession vivante de la théorie[1] vécue et personnifiée dans le personnage néotestamentaire de Jésus: que l'être vivifie exprime la vérité du soi comme jouissance de soi et du monde par l'affect de l'être[2]. Or le point d'ancrage de cet affect pour le vivant réside dans l'immédiateté de son vivre, dans l'actualité de son présent qui communie intimement à la jouissance de soi infinie de l'être absolu[3]. Le fait d'en venir à produire l'acte de connaissance claire de cet ancrage en parvenant à discerner la communion du fini et de l'infini par la simple jouissance du vivre constitue une coupure dans le temps et l'histoire de la raison[4]. Cet acte ouvre le principe d'une communauté possible d'appartenance à l'expérience de la vérité de soi. Les termes utilisés pour désigner cette expérience partageable par le processus de l'auto-discernement sont l'unité (*Einheit*), l'identité (*Identität*) et la communion (*Gemeinschaft*); autant de liens qui permettent de communiquer l'esprit vivifiant (la *belebende Kraft*)[5] à ceux qui s'engagent dans une relation authentique avec l'être qui leur donne une vie de *plénitude*[6]. Car il s'agit bien de donner ainsi accès à la «*Gemeinschaft des heiligen Geistes*» (2 Co 13, *13-14*) et donc d'ouvrir en chaque vivant la possibilité d'un passer (*transire*) vers l'alliance (*Vereinigung*)[7] qui unit médiatement à l'être. Cette alliance transforme la vie concrète de chaque personne en une vie affectée par l'amour absolu grâce à la répétition incorporante (*transsubstantirend*)[8] du passage personnifié par Jésus, selon la pédagogie de Fichte basée sur l'accord libre entre les volontés qui n'agit qu'à travers l'influence de la personne sur la personne.

1. GA I, 9, p. 126, l. 26.

2. GA I, 9, p. 133, l. 35. *Cf.* également la *Beilage* GA I, 9, p. 189, l. 25-26. Dans le vocabulaire de la mystique, *Genuss* signifie plus précisément la *delectatio*. La tradition augustinienne oppose la *delectatio morosa* à la *delectatio victrix*.

3. La *Beilage* reprend ce raisonnement qui fonde en Jésus une conscience immédiate de soi dans l'expérience de son identité spirituelle, conscience qui chez nous ne s'acquiert que génétiquement, à la manière d'une conclusion tirée d'une proposition universelle qu'il faut d'abord établir en dépassant notre particularité (GA I, 9, p. 191, l. 25-31).

4. GA I, 9, p. 121, l. 32.

5. Qui désigne l'Esprit comme dans les Lettres sur *La lettre et l'esprit en philosophie* (GA I, 6, p. 336, l. 28)

6. Le πληρώματος de Jn 1, *16*.

7. GA I, 9, p. 125, l. 4.

8. *Ibid.*, l. 26.

LE PRINCIPE HERMÉNEUTIQUE DE FICHTE

Comme certains exégètes contemporains[1], Fichte s'intéresse donc d'abord à l'homme Jésus et à Jésus comme homme libre. C'est ce que Fichte définit comme son point de vue herméneutique de base[2] : que dit Jésus de lui-même dans son action historique concrète ? Il n'expose pas une doctrine métaphysique de sa propre existence phénoménale[3], mais exprime par sa parole et son action une forme historique de relation à la divinité qui le définit dans son rôle.

> der, nicht metaphysische, sondern bloss historische Satz : dass das göttliche Daseyn, rein und ohne alte individuelle Beschränkung, in Jesus von Nazareth sich dargestellt habe[4].

Dès lors, dans sa propre histoire et dans tous les événements qui le concernent, Jésus apparaît comme au principe de tout ce qui est advenu. Il fallait ce point origine, cette humanité-sujet-énonciatrice de soi pour que se produise l'histoire qui suivra. S'ensuit une considération sur ce qui inscrit l'action de Jésus en Dieu : dès qu'il commence à agir, à se manifester, Jésus le fait en lien, en référence à sa mission : apporter une lumière, être témoin par la cohérence de son dire, tourné vers Dieu dans le monde des hommes.

C'est le lien entre la parole et la lumière qui est central, et en aucun cas une forme de spéculation protologique sur l'origine trinitaire du Monde et sa procession/émanation hors Dieu dans le visible.

Der Geist und die innigste Wurzel von Jesu ganzer Lehre[5]

Pour Fichte, l'essentiel du message évangélique se trouve dans l'Unité de toutes choses dans la raison comme ordre d'énonciation par quoi et en quoi tout advient et se manifeste comme présence, comme autant de modalisations de l'être à travers la présence par l'énonciation (*Behauptung*).

1. Dans ce cas, c'est une approche synchronique du texte qui est privilégiée pour éviter son découpage en leçons gnostiques différemment datées. G. Neyrand, « Le sens de Logos dans le Prologue de Jean, Un essai », *Nouvelle Revue Théologique*, 106, 1984, p. 59-71, en part. p. 59-60.

2. GA I, 9, 191, l. 11 (*Beilage*). Il en résulte que le *Prologue* n'est pas à entendre comme un philosophème gnostique (GA I, 9, 117, l. 12-16).

3. GA I, 9, p. 120, l. 14-15.

4. GA I, 9, p. 51, l. 11-13.

5. GA I, 9, p. 117, l. 30-31.

> nur durch uns von seinem Seyn unterschiedenes Daseyn, ist an sich und in ihm davon nicht unterschieden [1].

Sans ce pouvoir du dire, sans cette unité originaire, aucune représentation n'existe et l'autonomie d'un devenir hors de soi de la vérité n'est qu'illusion, une illusion qui confère un pouvoir phantasmatique à un ordre extérieur devenant par soi hors du langage…

> Weg mit jenem verwirrenden Phantasma, – hätte der Evangelist hinzusetzen können, wenn er viele Worte hätte machen wollen, – weg mit jenem Phantasma eines Werdens aus Gott, dessen, was in ihm nicht ist, und nicht ewig und nothwendig war; einer Emanation, bei welcher er nicht dabei ist, sondern sein Werk verlässt; einer Ausstossung und Trennung von ihm, die uns in das öde Nichts wirft, und ihn zu einem willkürlichen und feindseligen Oberherrn von uns macht [2].

Pour rester au plus près du raisonnement de Fichte, il faut éviter d'en revenir à une métaphysique de l'origine dans la suite du commentaire, éviter donc une démonstration extérieure qui viserait d'abord à réunir l'essence immuable de Dieu et l'existence autonome des choses finies, mais aussi toute autre forme de démonstration qui tenterait de poser dogmatiquement une solution à l'origine prémondaine de la vie. Le principe suivi par Fichte est simple, mais il ne faut pas le perdre de vue : le *Prologue* est à entendre comme ce que Jésus dit de lui-même. Il détermine la source du principe vivifiant (Esprit) qui habite le Fils (Jn 5, *24*) dans son « être-là » immédiat, ou mieux dans l'actualité de son existence concrète au sein du temps historique.

Il ne s'agit donc pas de lire le *Prologue* comme autant de Propositions d'un *Tractatus* sur la vérité du Logos éternel, montrant comme Melanchthon [3] par exemple que ce dernier procède du Père par la pensée en tant qu'image éternelle. Il s'agit, comme dans tout l'Évangile de Jean, du témoignage que Jésus se rend à lui-même (*Jn* 8, 18), en tant que lumière donnant accès à la connaissance de la relation intérieure qui unit son action à la volonté du Père (*Jn* 8, 29). La question est donc : que dit Jésus de lui-même ? D'une part que tout ce qui advient dans le monde effectif, tous les actes posés concrètement sont autant d'expressions de la présence intérieure de Dieu et, d'autre part, que Jésus réalise ainsi par ses actes un

1. GA I, 9, p. 119, l. 5-6.
2. *Ibid.*, l. 12-19.
3. C'est la référence que suit Feuerbach dans *L'essence du christianisme*, au chapitre consacré au « Mystère du Logos » (trad. fr. J.-P. Osier, Paris, Maspero, 1982, p. 203 n. 4).

témoignage à cette présence qui l'anime de l'intérieur. Ce qui distingue Jésus des autres hommes qui l'entourent, c'est sa conscience de l'union à Dieu, l'immédiateté de son engagement dans la relation comme incarnation de la volonté absolue se manifestant à travers lui. Pour Fichte, il faut donc mettre un terme à la surenchère gnostique dans l'interprétation des cinq premiers versets du Prologue. Ceux-ci ont pour fonction essentielle de ramener le lecteur au principe fondamental de l'Évangile Johannique : qui est celui-là qui nous parle ? Au nom de qui s'adresse-t-il à nous ? Est-il un nouveau prophète ? Or tous les événements qui se rapportent au Christ n'ont qu'un principe : sa relation intime avec la présence de Dieu en lui qui se manifeste à travers ses actes et qui s'éclaire de sa réflexion consciente à travers ses paroles. C'est dans la factualité de cette conscience historique que peut s'ouvrir un espace d'expérience propice à l'attente d'un esprit religieux nouveau.

Le savoir de Jésus ne dépend donc comme témoignage de vérité, ni d'un ordre extérieur à soi, ni d'une extériorité de soi à soi qui devrait être surmontée, mais de la factualité déjà là de la vie éternelle comme essence, manquée dans son intériorité et pourtant disponible à sa déclosion par le travail de la conscience sur soi-même.

DE FICHTE À BULTMANN : L'ESPACE D'EXPÉRIENCE DU PASSAGE

Ce travail pose la question d'un passage : passage à l'unité du soi avec la factualité de la vie éternelle en lui, unité du soi avec sa vérité intérieure, son principe vivifiant, la puissance de vie du soi qui constitue son « dire vrai », sa vérité comme existant. En un mot : naître à sa personnalité véritable ou devenir soi ! Ce passage est une forme de conversion ou de changement[1] de la personne en ce qu'il établit un autre rapport à la vérité de soi : si l'illusion du bien nous amène à nous délecter de l'obscurité dans laquelle nous sommes projetés, l'union à la lumière originaire manifestée par le Verbe nous introduit à une jouissance d'un tout autre ordre, – une communion avec notre vérité intérieure telle qu'elle nous élève vers des possibilités jusqu'alors inaccessibles[2].

1. GA I, 9, p. 126, l. 30.
2. GA I, 9, p. 128, l. 3.

La sixième leçon se termine sur une construction qui figure ce changement en jouant sur les termes *verwandeln* et *wandeln*[1]. En adoptant le système d'images du clair-obscur, de la vie et de la mort, de la lumière et de la ténèbre, nous pouvons affirmer que changer, c'est passer du lieu d'une conscience de soi enténébrée par ses fantasmes[2] au lieu d'une conscience de soi illuminée par sa vérité intérieure ou, encore, passer d'une vie vécue comme séparée de sa vérité à une vie identifiée intérieurement à la pleine conscience de soi[3]. Le mensonge indique le point de basculement dans la construction du passage : il marque l'usage inversé du Verbe consistant à dire ce qui n'est pas dans la lumière comme ce qui est réellement, le démembrement du sens, ceci à l'encontre du Verbe qui dit ce qui vit dans la lumière et manifeste cette auto-conscience toujours déjà produite par la lumière comme préscience de soi.

Le thème de la lumière est fondamental. Fichte utilise le terme d'*Urlicht* qui est présent dans le dictionnaire biblique d'Oetinger (1776). Pour Oetinger, la lumière originaire est la gloire de Dieu et le Fils est le reflet dont procèdent tous les reflets dans l'Esprit[4]. Dans cette lumière luit, à la manière de l'aurore, la victoire divine contre la nuit au matin de la résurrection. Mais chez Fichte, ce qui est distinction théosophique prend un sens anthropologique : le reflet, c'est la réflexion consciente de la lumière originaire du verbe dans la vie spirituelle encore en proie aux ténèbres[5]. L'*Urlicht* signifie la pleine conscience de soi du Verbe que l'homme effectif n'atteint qu'au prix d'un travail sur soi, dans la réflexion. Dans l'autoconscience immédiate de son absoluité comme présence vivante, le Verbe est l'archétype de l'identité à soi-même de toute conscience; c'est la factualité transcendantale par laquelle toute conscience peut parvenir à une vérité de soi et appliquer en retour cette conclusion à sa propre factualité concrète[6]. Il faut en quelque sorte accepter cette *herméneutique de l'obliquité* pour que par une forme de surabondance ce qui procède d'abord de l'effacement de soi comme singularité en

1. GA I, 9, p. 127, l. 28-33. À la leçon V déjà, on pouvait lire que *die Wissenschaft hebt alle Glauben auf, und* verwandelt *ihn in Schauen* (GA I, 9, p. 112, l. 18-19). Nous soulignons le verbe.

2. Et ses « potentiations » (contre Schelling, à nouveau), GA I, 9, p. 193, l. 5.

3. GA I, 9, p. 191, l. 27-28 et l. 34-35.

4. K. Reichert, « Zur Geschichte des Christlichen Kabbala », *in* E. Goodman-Thau, G. Mattenklott, Chr. Schulte (hrsg.), Tübingen, Niemeyer, 1999, *Kabbala und die Literatur der Romantik. Zwischen Magie und Trope*, p. 1-16, p. 2-3.

5. GA I, 9, p. 120, l. 8-9.

6. GA I, 9, p. 191, l. 30-31.

une vérité totalement intérieure à soi comme puissance désirante puisse être compris et appliqué concrètement sous la forme d'une communauté de destin associant toutes les factualités dans une même expérience de vérité.

Cet élément de relationalité mérite d'être mis en évidence aussi dans le texte fichtéen. L'être-homme de Jésus réside dans son être-là en tant que moment fini d'une temporalité assumant par sa décision l'ouverture fragile qu'elle constitue pour une histoire avec autrui. Jésus est un passeur ; il tente de rendre accessible pour chacun la *genèse* d'une relation différente avec sa vérité, en s'abreuvant et en se nourrissant d'une parole qui agit en chacun comme une re-vivification de soi, une ré-énonciation de la vérité intérieure, une résonnance créatrice. La pleine conscience de Jésus est indicative pour qui s'ouvre à la manifestation qu'elle provoque, révélatrice dès lors du décalage vécu par la conscience partiellement étrangère à soi-même et qui restait en attente d'une vérité extérieure à soi. L'être humain se comportait jusqu'alors comme si tout dépendait du jugement incertain qu'il peut porter sur un Réel extérieur à soi, alors qu'une force vivifiante s'offre en lui et le possède comme défoulement d'un soi aimant, d'un pouvoir relationnel. Face à cette vie inauthentique, la foi chrétienne n'apprend rien d'autre que la vie authentique de l'homme en conduisant ce dernier à reconnaître et à vaincre le jugement illusoire qui le maintien dans le rêve et l'indécision par rapport à lui-même[1]. C'est dans l'actualité de son message et dans la présence immédiate de Jésus que se réalise la vérité du christianisme.

> Si Paul attendait encore la fin du monde sous la forme d'un drame cosmique, la parousie du Christ sur les nuées du ciel, la résurrection des morts, le jugement dernier; [...] Pour Jean, la venue et le départ de Jésus [...] la résurrection de Jésus, la Pentecôte et la parousie de Jésus sont un seul et même événement, et ceux qui croient ont déjà la vie éternelle[2].

Relue de cette manière, l'intuition de Fichte est alors au plus proche de celle de l'anthropologie théologique défendue par un Bultmann dont le souci était précisément de « démythologiser » la figure christique[3].

1. R. Bultmann, « Neues Testament und Mythologie, Die Entmythologisierung der neutestamentlichen Verkündigung als Aufgabe. Der Vollzug der Entmythologisierung in Grundzügen », *in* H.-W. Bartsch (hrsg.), *Kerygma und Mythos*, Hamburg, H. Reich – Evangelischer Verlag, 1960, p. 15-48, p. 34-37 ; cité aussi par R. Marlé, *Bultmann et l'interprétation du Nouveau Testament*, Paris, Aubier-Montaigne, 1966, p. 121-123.

2. R. Bultmann, *Jésus, Mythologie et démythologisation*, Paris, Seuil, 1968, p. 202-203.

3. C'est au départ du commentaire de l'Évangile de Jean que se construit ce projet théologique, R. Bultmann, *Das Evangelium des Johannes*, Göttingen, Vandenhoeck & Ruprecht,

L'engagement de Jésus dans son enseignement constitue, de manière immédiate et actuelle, un espace d'expérience dans lequel le soi n'est soumis à rien d'autre qu'à lui-même comme volonté intérieure coïncidant avec soi. Cet engagement est un moment de dé-cision (*Entscheidung*), de dé-closion du soi par lequel son être-là s'associe à la puissance généalogique qui le constitue en destination d'un désir de vie, en principe (*logos*) / commencement (*in principio*, *archè*) d'une communauté de fils. La lumière luit à ce point de totale appartenance à soi de la volonté dans son être : ce point est celui où la volonté s'autorise elle-même comme être-là ou comme manifestation de sa vérité. Ce qui se décide alors pour l'homme, c'est l'être-là de sa possibilité, l'être-possible de son existence, la lumière à partir de laquelle décide effectivement Jésus dans la pleine conscience de son unité au Père.

> C'est le même homme qui arrive dans son « maintenant » avec son passé attaché à lui, qui est devenu à travers tout son passé, et qui se trouve mis en question ; c'est lui qui est en jeu en présence du futur. Il ne s'agit pas pour lui de choisir parmi la multiplicité variées des possibilités du futur [...] l'homme ne choisit pas en vérité quelque chose pour lui, mais il se décide par chaque choix en fait pour sa propre possibilité [1].

Chez Fichte, l'ouverture de cette possibilité se joue non seulement à travers le rapport que le désir entretient avec ses objets signifiants, mais également à partir de l'effectivité toujours déjà présente de l'être dans l'affirmation du désir. Il y a donc corrélativement et dans une structure en chiasme une manifestation de vérité dont s'autorise la volonté et l'ouverture d'une possibilité qui guide la décision, le changement (*Verwandlung*). Cette structure particulière de déclosion correspond au quatrième temps de la synthèse quintuple : la religiosité pour l'esprit est ce moment symbolique qui détermine l'espace d'expérience rendant possible une co-détermination des libertés (possibilité) par « affiliation » commune à l'Unité de l'être-là essentiellement partagé (vérité).

1986, p. 12-13. Notons en passant, à propos de la réception théologique de Fichte, que les lectures théologiques de l'auteur retenues dans le cadre trop strict d'une *Wirkungsgeschichte* risquent de perdre le fil des influences philosophiques qui se recomposent et forcent de nouveaux passages, notamment via Heidegger. C'est, à notre sens, les limites de l'ouvrage bien construit de G. Ghia, *J. G. Fichte und die Theologie : Elemente und Figuren einer theologischen Interpretations- und Wirkungsgeschichte von Fichtes Philosophie*, Hamburg, Kovac, 2005.

1. R. Bultmann, *Jésus*, *op. cit.*, p. 90-91.

> [...] die, zu einem unmittelbaren Selbstbewusstsein gewordene, absolute Vernunft, oder, was dasselbe bedeutet, Religion [1].

LE PRINCIPE SPÉCULATIF FONDAMENTAL DE L'AUTOCONSCIENCE

Pour Fichte, le *Prologue* exprime le principe spéculatif fondamental de l'autoconscience tel qu'il est vécu immédiatement et exprimé par et en Jésus. Ce principe repose sur la coïncidence d'une double déterminité qui est exprimée une première fois dans la Leçon VI et repris une deuxième fois, de manière plus formelle, dans la Leçon VIII. La double déterminité suit d'abord la distinction classique entre la *ratio cognoscendi* et la *ratio essendi*. Nous ne connaissons Dieu que par la présence lumineuse de son Verbe qui exprime son être vrai. En fonction de ce lien de dévoilement de la vérité de l'être par la parole, nous accédons médiatement à l'être de la parole comme production de soi consciente : parler, s'exprimer (*sich ausprechen*) est le signe de l'être manifestant sa conscience, mais dès lors l'être est en même temps réalisé symboliquement dans sa parole devenue forme de l'autoconscience de soi. La double déterminité est donc d'une part celle de l'être déterminé par la parole (*ratio cognoscendi*) et, d'autre part, celle de la parole déterminée par l'être (*ratio essendi*). À travers ce principe de dédoublement de la déterminité, un certain chemin est parcouru : de la parole à l'être, puis de l'être à la parole[2]. Le passage de l'un à l'autre est le dédoublement qui conduit à l'unité de l'autoconscience. On lit ainsi dans le *Prologue* : « dès le début était le Verbe » (verset 1a); la connaissance (*Erkenntnis*) part du *logos*. Ensuite, on lit « Et le Verbe était auprès de Dieu » (verset 1b); à partir du logos dans sa présence (*Dasein*), nous sommes reconduits directement à l'être divin (*Sein*). Selon ce premier mouvement, le rapport déterminant part de ce que nous connaissons et

1. GA I, 9, p. 191, l. 34-35 (*Beilage*)

2. Remarquons d'ailleurs que le texte grec utilise la particule πρὸς qui indique précisément un mouvement, ce qui amène la TOB à traduire par « tourné vers ». « Et le Verbe était tourné vers Dieu » (Jn 1, *1b*). Cette particule est d'autant plus importante qu'elle revient deux fois en deux versets dans la construction du texte. La tradition théologique a beaucoup utilisé la référence à la préposition latine correspondante « *apud* » pour maintenir la relation et la distinction de personne entre le Père et le Fils suivant ces deux versets de Jean : l'être-auprès-de ou simplement près-de qui maintient la nuance de relation plus fortement que la description locative « chez ». Sur la particule grecque, G. Neyrand, « Le sens de Logos », art. cit., p. 66-67 ; sur la particule latine et, en particulier les arguments de Thomas d'Aquin et de Jean Chrysostome, M. Sabathé, *La Trinité rédemptrice dans le Commentaire de l'Évangile de Saint Jean par Thomas d'Aquin*, Paris, Vrin, 2011, p. 276-278.

entendons en nous le logos[1] grâce auquel nous saisissons dans son intimité l'être qui s'exprime ainsi. L'être est déterminé (*bestimmt*) à partir du *Dasein*; ce que la Leçon VIII formalise par AxB[2] ou $\frac{A}{B}$. Le texte du *Prologue* poursuit en disant «Et le Verbe était Dieu» (verset 1c). Cette fois, il est question de l'être même de Dieu. D'une intériorité de l'être-auprès-de accessible par le logos, on passe à la qualification de l'identité de la parole dans son essence. Et c'est cet être de la parole qui explique son intimité originaire avec Dieu lui permettant justement de jouer son rôle de passeur. Le verset 2 conclut dès lors «Il était depuis le début auprès de Dieu». On revient au point de départ du verset 1a, mais cette fois à partir de l'identité d'essence qui détermine la présence du *logos* comme expression provenant de Dieu. Suivant ce deuxième mouvement, ce n'est plus «*Gott selbst das Wort*»[3] dont il est question, mais de «*das Wort selbst Gott*»[4]: l'ipséité de Dieu est déterminée par le premier mouvement, alors que le deuxième mouvement gagne ainsi l'ipséité du Verbe. La parole est justifiée dans sa relation de passeur vers l'intimité de Dieu. Son *Dasein* est déterminé par l'être; ce que la Leçon VIII formalise par BxA[5] ou $\frac{A}{B}$.

Du double mouvement esquissé à partir de l'interprétation des quatre premières propositions du *Prologue* résulte l'autoconscience du Verbe pour ce l'espace d'expérience qu'il ouvre dans sa présence comme passeur vers la vérité de soi s'exprimant en lui. Le rapport dédoublé constitutif de cette autoconscience, à savoir A/B. B/A, exprime l'unité de l'autoconscience, l'Un du double rapport, au milieu des déterminités réciproques du connaître et de l'être. Ce qui conduit à penser dans un même «complexe» (*complexio*) de conscience la forme productive de la vérité de soi (BxA) et le contenu singulier du plaisir expressif (AxB), une sorte de chiasme entre le discursif et le compréhensif, l'institution symbolique de la norme et l'injonction du Réel représentationnel, entre la forme de la langue parlée et l'engagement locutif du sujet, entre la production de la vérité et le travail de l'agent.

1. Ou comme le précise un commentaire du XVIIIe siècle, notre «pensée intérieure» (*La Sainte Bible en latin et en français*, texte annoté par Don Calmet et l'Abbé De Vence, Paris/Avignon, A. Boudet, 1773, p. 539).

2. GA I, 9, p. 143, l. 10.

3. GA I, 9, p. 119, l. 9.

4. *Ibid.*

5. GA I, 9, p. 143, l. 10.

$$\frac{A.B}{B.A}$$

L'intérêt de cette figure en chiasme réside dans son rapport spécifique avec la synthèse quintuple. Comme le signale Fichte[1], ce ne sont pas les termes en présence qui importent en tant que *terminus a quo* et *terminus ad quem*, mais les opérations qui les relient et qui se définissent en fonction de leur activité propre comme un passage ou un *terminus per quem*. Or, dans le chiasme, le dédoublement des modes de déterminité indique un milieu ou un centre de l'activité de passage propre à l'autoconscience. C'est le centre de l'autoactivité de l'autoconscience de soi qui s'éclaire de l'intérieur comme évidence dans la factualité de son dire-vrai. Ce centre est saisi en même temps, factuellement (*Faktum rationis*), comme réflectibilité du désir de savoir et comme destinabilité de l'être comme forme de vie ou expression de soi (*aus-sprechen*). Par rapport à cette factualité de la conscience d'une activité constitutive de l'être et du savoir, la science n'est que la saisie génétique de cette factualité comme prescience de l'origine de soi dans l'*entrelacs* de l'être et du savoir[2], acte pur (libre) de toute déterminité, lui-même constitutif de toute forme de détermination, mais également de toute direction orientant les processus de détermination vers l'intérieur ou vers l'extérieur. La source de la déterminabilité permet ainsi non seulement de séparer des termes *asymétriques* (déterminé/déterminant; passif/actif), mais également d'envisager un mode de *réversibilité* entre les termes en question, de telle sorte que leur relation puisse à la fois d'un côté se modaliser et se pluraliser et, d'un autre côté, se saisir dans son effectivité tout en se rapportant à son actualité. On obtient de cette manière un chiasme qui se superpose sans peine à la table des catégories à partir du centre qui en dirige l'énonciation, « *der organische Einheitspunkt aller Spekulation* »[3] :

1. GA I, 9, p. 143, l. 11-12.

2. « …*Beide sind in der Wirklichkeit verwachsen und gegenseitig von einander durchdrungen* » (*ibid.*, l. 13-14).

3. *Ibid.*, l. 14.

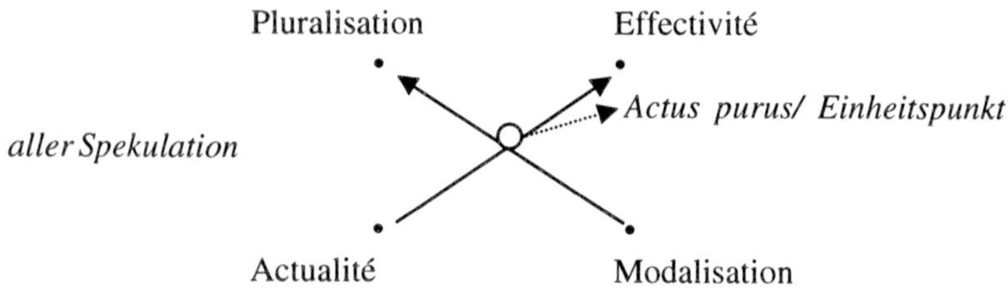

Une fois comprise cette figure, il est possible d'avancer l'hypothèse suivante sur le plan interprétatif. La Leçon VI suit un mouvement linéaire pour interpréter le *Prologue* et la Leçon VIII inscrit ce mouvement dans une figure en chiasme[1]. Le mouvement linéaire propre aux quatre premières propositions permet de discerner le dédoublement entre le *logos*-du-commencement et l'être-auprès-de Dieu, soit le *Dasein* et le *Sein*. On obtient ainsi le schéma suivant :

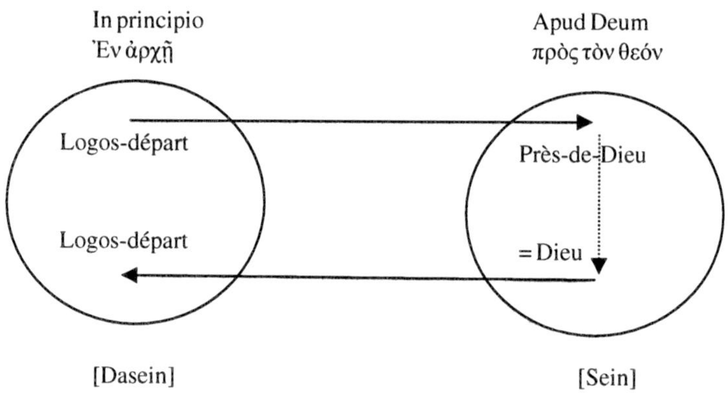

1. Dans le schéma linéaire, le verset Jn 1, *2* est l'aboutissement par la réunion des expressions attributives Ἐν ἀρχῇ et πρὸς τὸν. Dans le schéma en chiasme, λόγος est relié avec λόγος sur un axe et θεόν est relié avec θεόν sur l'autre axe.

Avec les symboles utilisés par la Leçon VIII, on obtient le schéma simplifié qui suit :

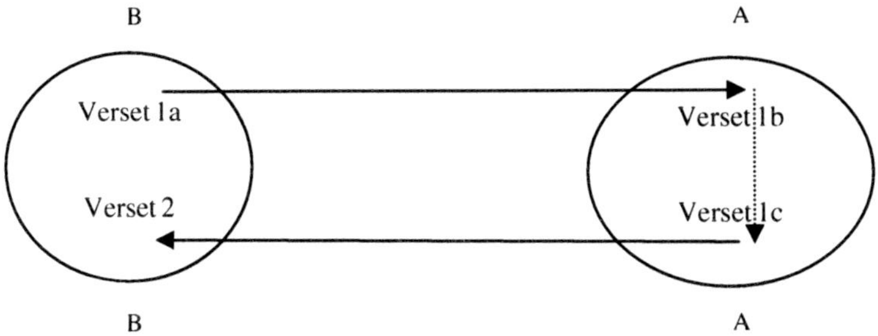

La Leçon VIII ajoute un schéma en chiasme entre les propositions 1a et 1c et les propositions 1b et 2. Le logos du commencement est su comme Dieu lui-même, ce que Fichte exprime par AxB ou A est déterminé[1] par B (lien entre 1a et 1c). Ensuite, celui qui était auprès de Dieu est bien de Dieu depuis le commencement, indissociablement dans son être, ce que Fichte exprime par BxA ou B est déterminé par A (lien entre 1b et 2). On obtient alors le schéma en chiasme suivant[2] :

1. Pour *bestimmt*, on pourrait aussi proposer « caractérisé » en renvoyant à une opération de « constitution » dans la conscience. Il y a double constitution-caractérisation dans le mouvement de la conscience de A par B et de B par A. Mais on pourrait encore ajouter que, dans ce mouvement intime de la conscience, A est destiné à B comme B est destiné à A ; destiné au savoir (*ratio cognoscendi*) et destiné à l'être (*ratio essendi*). En renvoyant au langage de la prédication, il s'agirait d'un « mode d'accord qui sonne juste » entre A et B et réciproquement, le dire-vrai du soi de la conscience. Voir, par exemple, Fr. Loretan-Saladin et Fr.-X. Amherdt, *Prédication : un langage qui sonne juste : pour un renouvellement poétique de l'homélie à partir des réflexions littéraires de la poétesse Hilde Domin*, Saint-Martin, Éditions Saint-Augustin, 2009, p. 117.

2. Suivant les formules de la leçon VIII, les flèches formant le chiasme sont à lire dans de le sens de leur direction comme exprimant « être déterminé par » (*bestimmt durch*, au sens de ce qui ne se comprend ni par le *terminus a quo*, ni par le *terminus ad quem*, mais uniquement en fonction du terminus *per quem* en tant que reliant et intriquant les deux autres termes par le milieu de leur double liaison ; GA I, 9, p. 143, l. 11-15).

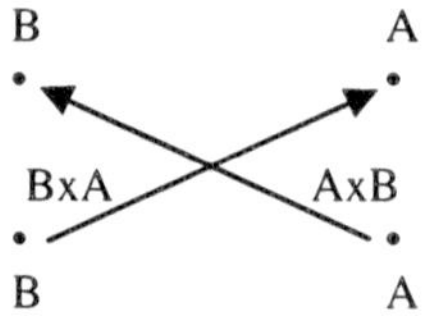

Apparaît ainsi le chiasme propre au dédoublement de la conscience de soi comme autoconscience avec deux axes de réciprocité intime selon la modalité de la connaissance ou de l'être (*Bewusst-sein*).

Il nous semble que l'exploitation de ce schéma en chiasme est décisive pour approcher la théorie de l'autoconscience absolue dans sa factualité propre à la *Religionslehre*.

SENS D'UNE ANALYTIQUE DU VERBE COMME « *GOTTES SICH-AUSPRECHEN SEINER SELBST* »[1]

Ce qui préoccupe Fichte dans sa lecture des premiers versets du *Prologue*, c'est la relation qu'établit sur ce modèle le christianisme primitif entre le Je de Jésus et le Je du croyant. Jésus-passeur n'est pas un *Lehrer* détenteur d'un discours du Maître-producteur de Vérité[2]. Son Je ouvre un espace d'expérience pour une conscience autre à partir de sa propre délectation de soi comme sujet-agent de son bonheur. Il renvoie l'autre Je à la recherche de ce qui l'agit et le détermine comme Je. Comme agent de son bonheur, il renvoie l'autre à la production de sa vérité ou, plus exactement, à la vérité de soi susceptible de le produire à son tour comme agent de son bonheur. Dans ce sens, le chiasme du *Prologue* se reproduit à l'identique dans l'annonce que constitue l'Évangile pour tous les hommes de bonne volonté.

Si l'autoconscience apparaît comme l'essence de la religion, c'est en fonction de cette structure particulière que l'on retrouve non seulement dans la relation entre l'événement effectif que révèle l'enseignement de Jésus et son appropriation possible par tout un chacun, mais également dans l'analytique de la parole comme énonciation d'une vérité. Reprenons cette structure particulière. Dans la parole se joue un double décalage parce que non seulement elle se détermine elle-même (Vérité) comme sujet par son opération de prédication (elle dit qui elle est; elle se rend témoignage),

1. GA I,9, p. 119, l. 29-30.

2. C'est en fait un *Erzieher* (παιδαγωγός).

mais ce faisant, elle s'adresse aussi à toute conscience capable à son tour de se dire elle-même (Possibilité) comme prenant part à ce savoir de soi, comme révélée à elle-même par réflexion de l'être à soi de la parole (se disant, la parole donne à penser la puissance d'énonciation). L'unité immédiate du *Deus Absconditus* (*implicitus*) et du *Deus manifestativus* (*explicitus*) dans l'auto-affirmation de soi, voire de l'implicite et de l'explicite, se double d'une séparation entre l'énonciateur et l'énoncé, si bien que le Dieu-Verbe-parlant (Vérité) semble extérieurement devenir conscient de lui-même comme Verbe-parlé-étant-Dieu (Possibilité *quoad nos*). L'énonciation est ainsi à la fois *coïncidence* de l'implicite et de l'explicite ainsi que *dissociation* du parlant et du parlé. Le mouvement par lequel l'Esprit rend explicite son être (Vérité) ouvre donc en même temps un écart par lequel son désir d'explicitation peut se comprendre librement comme choix d'un devenir (Possibilité).

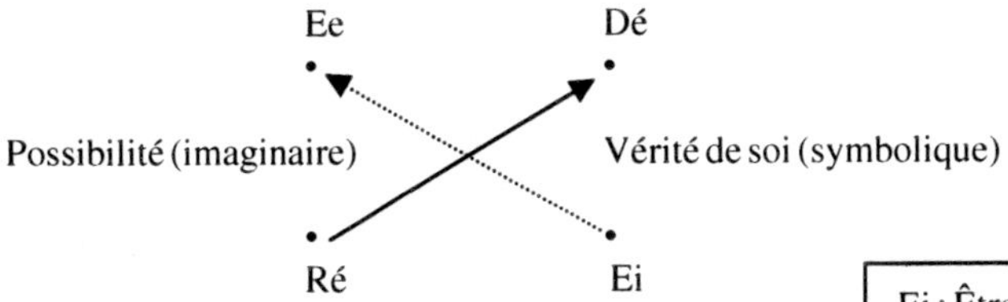

Ei : Être implicite
Ee : Être explicite
Dé : Désir
Ré : Réflexivité

Il n'y aurait donc de pluralité des possibles pour un sujet devenant conscient qu'en fonction de l'unité première de l'être du désir avec le principe vivifiant qui le commande. Le mensonge tente d'inverser l'ordre du rapport à l'être comme si la conscience enténébrée pouvait d'elle-même déterminer sa vérité de l'extérieur, en fonction des possibilités rêvées pour son action[1], sans que cette action procède réellement de la dé-cision de son être le plus intime. Au contraire, le champ des possibles ne s'ouvrent comme destin effectif pour l'action désirant qu'à la condition de procéder de l'explicitation de sa décision la plus intime.

1. Ce que nous nommons dans le schéma suivant « vérité de soi extérieure à soi ».

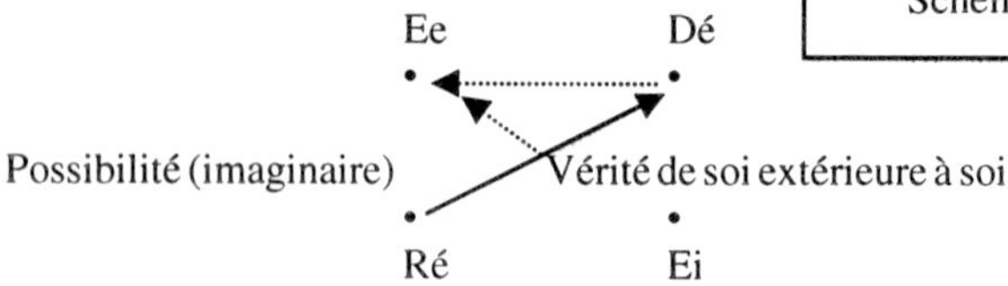

Schéma du mensonge

Le point de vue de Schelling peut aussi se comprendre à partir de ce schéma. S'il relève de la fantasmagorie pour Fichte, ce n'est pas par sa volonté de mentir, mais par sa méprise sur l'actualité immédiate de l'être en chaque processus de conscience. Aucun devenir conscient ne s'enracine dans une forme de négation de la conscience qui devrait d'abord s'assurer d'elle-même et se reconquérir. Le moment de contraction existentielle que Schelling tente de reporter jusque dans un schéma d'éternelle naissance de Dieu fait perdre de vue le rapport que la naissance entretient nécessairement avec le désir et l'ouverture d'un champ de possibilités, – rapport de modalité qui présuppose le socle ferme de l'être que la naissance détermine et multiplie dans sa reproduction, mais qu'en aucun cas elle n'explique comme si elle en était la cause[1]. La naissance est dé-cision pour l'être ; elle se rapporte donc réflexivement à la puissance de commencement qui la rend possible.

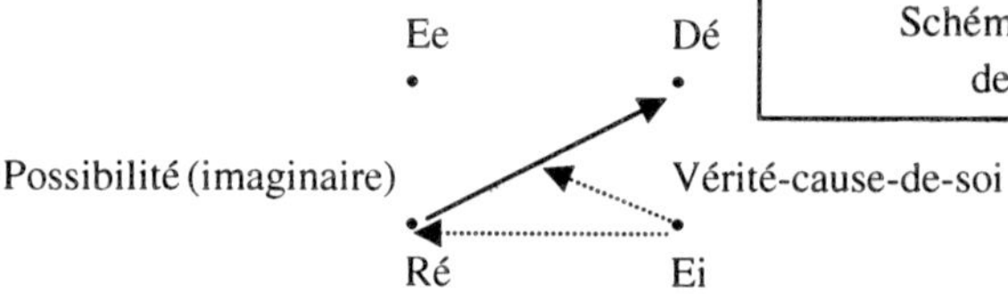

Schéma théogonique de Schelling

Qu'en est-il maintenant de la religion de Jésus comme enseignement ou communication de son témoignage sur lui-même ? En lieu et place du chiasme productif de la conscience, il faut alors tenir compte de deux niveaux de conscience. Ceux-ci se superposent dans l'analyse de Fichte en s'appelant l'un l'autre comme une clé formée par deux points de vue.

À un premier niveau relatif non seulement aux disciples, mais à tous les hommes susceptibles d'entendre les paroles fondatrices du message chrétien, c'est le lien entre un acte d'écoute, de mobilisation de soi et la

1. Ce que nous nommons dans le schéma suivant « vérité-cause-de-soi ».

possibilité d'un savoir de soi qui est en cause : le plaisir de la parole reçue et acceptée dans sa radicalité conduit à une conscience de soi comme sujet possible de cette parole. Le deuxième niveau renvoie quant à lui à l'évidence originaire de ce savoir en tant que révélant la vérité toujours déjà là par laquelle toute conscience de soi peut continuellement naître dans un Sujet. On obtient dès lors le schéma suivant :

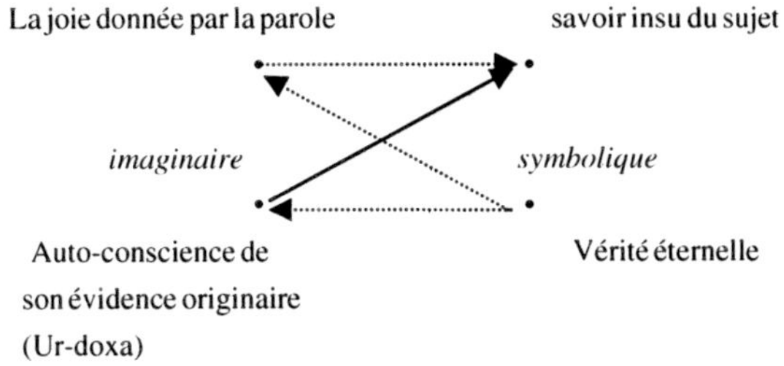

Cette position de l'autoconscience immédiate de soi comme *Factualité* constitue le caractère unique de vérité de la religion, sa raison absolue[1]. Autrement dit, la *Religionslehre* proprement dite commence avec le commentaire du *Prologue* dans la sixième Leçon. Il s'agit du passage à un point de vue scientifique sur la religion qui dépendait de l'exposé de la synthèse quintuple dans la cinquième leçon permettant de dissocier, formellement, « *die Religion ohne Wissenschaft* » et « *die Religion mit Wissenschaft* »[2]. Seule la vision scientifique est à même de concentrer l'attention sur l'exigence qui définit l'être-libre du Verbe dans sa déclosion : celui-ci n'est en aucun cas l'expression vécue d'un *amor fati*, mais la révélation intérieure de la force d'un amour agissant[3] qui conduit à l'exigence (*Anforderung*)[4] de son auto-réalisation. C'est de cette manière que, pour paraphraser la leçon V, « *...wird genetisch, was für die Religion nur ein absolutes Factum ist* »[5].

1. GA I, 9, p. 191, l. 34-35 (*Beilage*).
2. GA I, 9, p. 112, l. 17-19.
3. Selon la *Lettre* de Paul *aux Corinthiens* (1 Co 13, 2).
4. GA I, 9, p. 112, l. 23.
5. *Ibid.*, l. 16-17.

ESPACE D'EXPÉRIENCE ET HORIZON D'ATTENTE

L'enjeu du *Prologue* pour Fichte, du point de vue d'une *Religionslehre*, réside donc dans la saisie du point de jointure entre la religion et la science : d'un côté, la découverte de la pleine conscience comme idéal archétypique de l'humanité dans la factualité immédiate de l'espace d'expérience de la religion ; d'un autre côté, la saisie *génétique*[1] du comment (*Wie*) de l'effectuation de la liberté en toutes choses par la « vision pénétrante » (*Einsicht*) du principe vivifiant de cette unité (un voir « vivificateur »).

Schelling représente par excellence, dans ce cas, le blocage dans un simple voir (Ansicht) de cette unité reléguée dans un objet factuel de connaissance. Suivant son schéma, l'unité pulsionnelle de l'être est recouverte par la limitation (*Beschränkung*) imaginaire de la représentation. Le rapport de la conscience au possible bloque la vérité dans un *horizon d'attente* qui enferme la parole dans son processus idéal de renaissance à partir d'un savoir caché du monde, une gnose. Chez Fichte, au contraire, la religion offre par sa structure relationnelle un *espace d'expérience* qui permet de dépasser la séparation (*Trennung*) de l'être et de l'existence au nom d'une essence de la manifestation. Le Verbe y apparaît dès lors comme la libre factualité (*Freie Faktum*) de ce processus par lequel le désir de savoir se transforme et prend conscience de soi comme signifiant primordial, comme *Urlicht*.

Dans ses réflexions sur la modernité[2], Koselleck distinguait aussi « espace d'expérience » et « horizon d'attente », mais dans l'optique classique d'un modernisme visant le progrès contre l'attachement de la tradition aux milieux de vie particuliers. Il répétait donc la volonté de marquer la fracture de l'un au profit de l'autre, le déchirement de l'ancrage traditionnel et local au profit d'une projection utopique vers un ailleurs à conquérir et à réaliser par la volonté collective. Mais si ces catégories permettent de saisir la manière dont une attente « post-messianique » peut s'emparer de l'expérience pour lui assigner un terme temporel maîtrisable, elles ont aussi une autre vertu que nous avons tenté progressivement de cerner à travers l'opposition de deux lectures du Prologue johannique, celle de Schelling et celle de Fichte. Ce qui est alors en jeu ce sont deux modes de dissolution de la représentation messianique du temps devant la déclosion de la puissance du sujet. Pour Schelling, cette déclosion doit être différée

1. GA I, 9, p. 112, l. 16.

2. R. Koselleck, *Le futur passé. Contribution à la sémantique des temps historiques*, Paris, Éd. de l'EHESS, 1990, p. 315.

pour accroître sa jouissance imaginaire, alors que pour Fichte, elle n'a de sens que saisie immédiatement par soi-même dans sa factualité. Il en résulte deux dynamiques différentes de la modernité : l'une providentialiste et triomphaliste qui s'empare de l'histoire comme processus d'accomplissement et d'épuisement des contradictions ; l'autre relationnelle et analytique qui cherche les conditions de nouvelles attaches des attentes légitimes de la raison dans l'expérience immédiate et effective des capacités collectives. Ce qui importe pour la deuxième, c'est la traduction actuelle et immédiate du « pas encore » dans le « déjà là », l'accrochage de l'imaginaire du possible dans l'actualité d'un dire-vrai symbolisant la puissance de la liberté.

C'est exactement cette ligne de démarcation qui va de plus en plus séparer radicalement Schelling et Fichte. Le premier est tourné vers une économie des éons du temps en fonction d'un schéma d'auto-accomplissement, alors que Fichte s'inscrit dans une pensée de l'imminence du déjà-là pour ramener le sens premier de l'existence au présent (*Dasein*) de l'Esprit. Schelling pense à partir de l'horizon d'attente la transformation de l'expérience cosmique à travers l'avènement différé de la divinité du logos, alors que Fichte considère dans son immédiateté et sa présence l'expérience du *logos* comme déterminant et constituant tout sens possible de l'attente en fonction de son action présente.

La déclosion de l'être prime radicalement chez Fichte sur l'économie salvifique de l'histoire comme intuition intellectuelle de l'univers. Il suffit au parlant que la parole dé-cide le temps de son présent pour que l'autoconscience de sa vérité se libère et l'engage dans une « délectation victorieuse ». Schelling accorde trop d'importance aux fantasmes qui entravent la délectation toujours différée de la vie. La vraie religion, celle qui se confond avec l'amour de la science et la sagesse, c'est celle qui réunit immédiatement chaque individualité à l'autoconscience de sa plénitude spirituelle[1] !

1. Le point de contraction mis en évidence par la leçon VII où la puissance de l'énergie intérieure se saisit dans son surgissement comme vérité de soi, ἐκ τοῦ πληρώματος αὐτοῦ ἡμεῖς πάντες ἐλάβομεν (Jn 1, 16). *Cf.* GA I, 9, p. 130, l. 15-16 et l. 19-21.

Luc Vincenti

LE DÉPASSEMENT DE SOI DANS L'UNITÉ DE LA VIE MORALE-RELIGIEUSE

Grace à son sous-titre, le statut de l'*Initiation à la vie bienheureuse*[1] est plus clair que celui de la *Destination de l'Homme*[2], dont on ne sait s'il s'agit, à la suite de l'accusation d'athéisme, de défendre l'idéalisme fichtéen, de préciser le rapport à Jacobi, ou de présenter la philosophie de la religion non encore développée. *L'initiation*, sous-titrée *ou encore doctrine de la religion* est donc censée nous présenter cette dernière. Il est toutefois difficile de ne voir là qu'un exposé d'une science philosophique particulière comme l'étaient le *Fondement du droit naturel*[3] ou le premier *Système de l'éthique*[4]. Si nous retrouvons bien, j'y reviendrai amplement, la construction du point de vue religieux en ce qu'il a de spécifique, cette construction s'effectue dans le cadre d'une présentation générale de l'ensemble des points de vue propres à chaque science philosophique particulière[5]. On peut donc, et c'est peut-être l'effet d'une entreprise de

1. *Die Anweisung zum seligen Leben*, 1806, GA II, 9; trad. fr. *L'initiation à la vie bienheureuse, ou encore la doctrine de la religion*, Paris, Vrin, 2012.

2. *Die Bestimmung des Menschen*, F. Medicus (hrsg.), Hamburg, Meiner, 1908/1912, Bd. III; trad. fr. *La destination de l'homme*, Paris, Garnier-Flammarion, 1995.

3. *Grundlage des Naturrechts nach Principien der Wissenschaftslehre*, 1796, GA I 3; trad. fr. A. Renaut, *Fondement du droit naturel selon les principes de la Doctrine de la science*, Paris, P.U.F., 1984.

4. *Das System der Sittenlehre nach den Prinzipien der Wissenschaftslehre*, Jena und Leipzig, Gabler, 1798; GA I 5; trad. fr. P. Naulin, *Le système de l'éthique selon les principes de la Doctrine de la science*, Paris, P.U.F., 1986.

5. *Cf.* le plan présenté par A. Schnell, p. 24 de la trad. fr.

vulgarisation telle que défendue dans la deuxième Leçon, trouver dans l'*Initiation* tout aussi bien le développement du point de vue proprement religieux qu'un éclairage sur l'ensemble des points de vue et sur la Doctrine de la science elle-même telle qu'elle était élaborée depuis 1805.

Un trait domine toutefois, qui est la prévalence de la philosophie pratique, entendons par là la construction de l'ensemble de la philosophie à partir d'une exigence (le *Soll* des *Principes de la doctrine de Dieu, de la morale et du droit*[1], p. ex. 14e heure). On retrouve l'importance accordée aux parties pratiques de la philosophie, droit et morale, qui pourrait se comprendre à partir de la minoration, voire de l'absence, de toute philosophie de la nature. Mais il s'agit aussi dans l'*Initiation* du rapport qu'entretiennent moralité et religion, rapport qui consiste à nous conduire de l'une vers l'autre, et que l'on peut considérer tant du point de vue de la moralité que de celui de la religion. Du point de vue de la moralité, ce que Fichte appelle ici la moralité supérieure conduit, *via* le dépassement de sa volonté propre et la participation active à la création d'un monde nouveau, à manifester effectivement l'existence de Dieu ; ainsi « c'est par la moralité supérieure et par ceux qu'elle a saisi que la religion, et en particulier la religion chrétienne [...] que tout ce que nous possédons de bon et de digne de considération, sont venus dans le monde »[2]. Du point de vue de la religion, et allant de pair avec la récusation du mysticisme, Fichte se démarque plus qu'il ne le faisait dans la *Destination de l'homme* d'une position seulement contemplative, ainsi dans la cinquième Leçon : « la religion véritable, bien qu'elle élève à sa sphère l'œil de celui dont elle s'est emparé, maintient néanmoins sa vie dans le domaine de l'agir, et de l'agir authentiquement moral »[3].

Le rapport entre morale et religion se lie, pour la morale, à partir de ce qui distingue la moralité supérieure de la moralité inférieure ou légalité, et qui est l'abnégation de soi, abnégation allant jusqu'au dépassement de la personnalité kantienne. Cette abnégation permet à l'individu agissant moralement d'accéder à l'amour de Dieu dans la mesure où il supprime son « amour de soi personnel »[4]. La moralité supérieure donne alors sens à l'obéissance, mais cela dans la mesure où elle comprend, via son rapport à la religion, son rapport à Dieu, sans se faire elle-même religion, mais en

1. *Principes de la doctrine de Dieu, de la morale et du droit*, 1805, GA II 7 ; trad. fr. G. Lacaze, Hildesheim, Olms, 2009.

2. *Die Anweisung zum seligen Leben*, GA II, 9, p. 110 ; trad. fr. p. 118/119.

3. *Ibid.*, p. 113 ; trad. fr. p. 123.

4. *Ibid.*, p. 150 ; trad. fr. p. 180.

comprenant bien que l'action effective de l'individu moral ne peut qu'être l'apparition extérieure de l'œuvre divine agissant en lui[1]. Ici se montre un caractère essentiel de l'*Initiation*, qui, si elle est bien Doctrine de la religion, ne peut l'être qu'en étant aussi présentation de l'ensemble des sciences particulières et surtout du lien entre les points de vue supérieurs, moralité et religion, lien conditionné par le rapport que chacun des points de vue entretient avec la connaissance de Dieu et des formes de sa manifestation. On a donc, à l'occasion de cette doctrine de la religion, une synthèse de la philosophie fichtéenne. Et cette synthèse est possible parce que morale et religion se rencontrent dans le dépassement de soi qui caractérise la moralité supérieure. Un enjeu de cette contribution sera de montrer qu'avec ce rôle privilégié du dépassement de soi, l'*Initiation*, dans sa dimension pratique, est aussi un point d'orgue de la philosophie pratique de Fichte, et particulièrement de sa philosophie morale, en mettant en rapport, via l'*Initiation*, les deux *Système de l'éthique* de 1798 et 1812.

LA CONSTRUCTION DU POINT DE VUE RELIGIEUX

L'*Initiation* construit le point de vue religieux tout en nous permettant d'apercevoir l'ensemble de la Doctrine de la science, et cela notamment grâce au rapport privilégié qu'entretiennent les points de vue supérieurs, morale et religion. En un sens, cela ne veut pas dire plus que la construction du point de vue religieux en tant que point de vue, c'est-à-dire en tant que perception, et mise en perspective, de la totalité à partir de l'une de ses parties. La philosophie fichtéenne théorise la notion de point de vue depuis la composition des systèmes philosophiques au § 4 de la *Grundlage*[2]. Ces points de vue représentent chacun une manière de voir le monde, moins au sens d'une conception du monde qu'au sens d'une conception de mon rapport au monde, et donc du rapport au principe qui rend possible ma conscience du monde. Le monde est alors construit en fonction de la position particulière de la conscience : guidée par la jouissance sensible (équivalent au réalisme qualitatif ou primaire de 1794), ou bien par l'exigence morale par laquelle la volonté subjective est principe (idéalisme qualitatif ou primaire de 1794), ou par la compréhension du rapport entre sensible et intelligible qui fait de l'individu moral l'instrument de la raison

1. *Cf.* la fin de la 8e Leçon.

2. *Grundlage der gesamten Wissenschaftslehre* [1794]; GA I, 2 1965; Meiner, Hamburg, 1979; trad. fr. A. Philonenko, *Les principes de la doctrine de la science*, *op. cit.*

(idéalisme quantitatif ou second, construisant le rapport à l'objet, ici le monde sensible), c'est la moralité supérieure, ou encore, par la compréhension du monde intelligible lui-même, comme constituant les autres mondes et constitué par un seul principe (réalisme quantitatif ou second, supérieur, appréhendant l'unité des deux mondes dans l'ordre divin), c'est la religion.

La totalité ainsi mise en perspective par chaque point de vue peut donc être totalité de l'expérience, ses parties sont alors les opérations (intuitions et concepts) par lesquels la conscience construit la totalité de l'expérience. Mais cette totalité peut être aussi celle de la philosophie, comme discipline ou comme histoire, les parties de la philosophie comme discipline étant alors des sciences philosophiques particulières, et les parties de la philosophie comme histoire étant alors des systèmes philosophiques. Fort heureusement la polysémie[1] de cette totalité a été illustrée à plusieurs reprises et son apparente complexité est en fait un point des plus clairs dans toute la philosophie fichtéenne, dès l'opposition des systèmes philosophiques – réalisme et idéalisme, qualitatifs puis quantitatifs – dans le § 4 de la *Doctrine de la science* de 1794, en passant par la vingt-huitième et dernière Leçon de la *Doctrine de la science* 1804, jusqu'au déploiement de cette théorie des points de vue dans l'*Initiation*, entre les Leçons 5 et 10. L'*Initiation* est l'ouvrage le plus complet sur cette théorie des points de vue, plus complet que ne le sont les *Principes de la doctrine de Dieu, de la morale et du droit* qui ne développent pas explicitement chaque point de vue, mais les enracinent dans le principe de la Doctrine de la science elle-même.

Chaque point de vue ou « position réfléchie » de la conscience part donc d'un principe à partir duquel elle reconstruit la totalité de son expérience, opérant alors, à partir de sa position propre, une œuvre analogue à la Doctrine de la science elle-même, mais en faisant subir au principe de la Doctrine de la science (intuition intellectuelle, savoir absolu, ou manifestation de Dieu) un déplacement, mise en perspective du principe premier sur la position propre de chaque point de vue. Ainsi l'analogue de l'intuition intellectuelle pour le droit (2e point de vue) est la relation intersubjective des individus dans le monde sensible, alors que le principe de la morale, autre analogue de l'intuition intellectuelle, est l'unité de la

1. Sur cette polysémie, *cf.* A. Philonenko, « Vie et spéculation dans l'*Anweisung zum seligen Leben* », *Archives de philosophie*, 55, 1992, p. 253. Et sur la présentation des points de vue dans l'*Initiation*, Hartmut Traub, « Vollendung des Lebensform », *Fichte-Studien*, 8, 1995, p. 161-191.

conscience de soi et de l'exigence de l'autonomie dans l'expérience du commandement. Pour la religion, cette autonomie sera comprise comme volonté divine (fin de la neuvième Leçon de l'*Initiation*), ou amour que Dieu se porte à lui-même, ramenant à l'unité l'Être et son existence[1].

Fichte construit, dans les cinq premières Leçons de l'*Initiation*, le point de vue religieux, c'est-à-dire met en évidence ce qu'est le premier principe de et pour la religion. Pour expliciter cela, il faut proposer un découpage de l'œuvre différent de celui qu'annonce M. Gueroult dans sa préface, lorsqu'il isole les deux premières Leçons comme introductives (ce qui est bien sûr possible), puis sépare la suite en spéculatif (Leçon III à VI) et vécu (Leçon VII à IX), la fin (Leçon X et XI), représentant alors une synthèse et des conclusions générales. On peut ne pas s'accorder avec ce découpage puisque le moment du passage de l'ensemble de la Doctrine de la science au point de vue religieux n'y est pas isolé comme tel. De plus ce découpage sépare le spéculatif du vécu, alors que le rapport au vécu demeure partie intégrante des points de vue supérieurs, or ce rapport est essentiel pour apercevoir la dimension pratique dans la religion, et donc le rapport entre les points de vue supérieurs eux-mêmes. Voir dans l'*Initiation* une Doctrine de la religion requiert un découpage différent, permettant de retrouver, comme dans chaque ouvrage consacré à une science philosophie particulière, la construction de son point de vue comme tel : les Leçons I à V apparaissent alors comme introduction à la Doctrine de la religion ; les Leçons VI à X comme Doctrine de la religion ou développement du point de vue religieux ; puis la XIe Leçon qui est conclusion : il y est bien question comme le veut M. Gueroult d'application générale, mais en tant qu'elle engage le théoricien de la science en le confrontant à son époque.

La question posée au début de cette contribution se repose néanmoins. Nous rentrons évidemment, avec la sixième Leçon, dans la Doctrine de la religion, mais on ne peut considérer immédiatement les Leçons VII à X comme exposant purement et simplement le point de vue religieux. Ces Leçons apparaissent tout autant comme exposant chaque point de vue pour lui-même, comme le souligne A. Schnell dans sa présentation[2] : jouissance sensible et légalité dans la septième Leçon, moralité supérieure dans la huitième, religion dans la neuvième et la dixième, la moralité

1. *Initiation*, 10e leçon, trad. fr. p. 206 et 208 : « l'amour n'est rien d'autre que l'acte par lequel l'être absolu se tient lui-même » ; « l'amour est en Dieu, car il est son acte de se maintenir lui-même dans l'existence ». *Cf.* également 7e Leçon, p. 154, sur « l'amour comme *Affekt* de l'Être ».

2. *Initiation*, trad. fr. p. 24.

supérieure restant traitée jusqu'au delà de la moitié de la neuvième Leçon. Les deux dernières Leçons parlent d'ailleurs tout autant de l'unité des points de vue supérieurs, morale et religion, que de chaque point de vue séparément. Dès lors faut-il attribuer à l'*Initiation* un statut aussi ambigu que celui de la *Destination de l'homme*, présentant tout à la fois le point de vue religieux et la Doctrine de la science dans son ensemble ?

Si nous voulons conserver quelque crédit au sous-titre, il nous faut toutefois souligner qu'un élément se trouve présent dans la description des autres points de vue, élément rappelé au début de la Leçon consacrée en propre au point de vue religieux : c'est la béatitude, fin de l'amour, lui-même principe du point de vue religieux. La présence commune de cet élément nous permet de lire le parcours de l'ensemble des points de vue comme étant non pas la présentation de la Doctrine de la science, mais la mise en perspective de la totalité des points de vue à partir de l'amour, principe de la religion.

Le point de vue religieux peut se présenter comme le point de vue le plus élevé parce qu'il est celui dans lequel l'homme religieux est au plus proche de la béatitude. Ainsi le début de la huitième Leçon présente-t-il la succession des points de vue comme l'ascension de la vie vers la jouissance qu'elle a d'elle-même, et le début de la neuvième Leçon précise les degrés de cette ascension : d'abord une jouissance étrangère à la béatitude pour la sensibilité, puis une froideur qui s'en éloigne pour la légalité, ensuite reconnaissance de sa participation à la vie divine par abnégation de soi et amour dans les points de vue supérieurs, morale et religion. Il est aisé de retrouver dans chaque Leçon des précisions sur ces formes de rapport à la béatitude point de vue par point de vue. Ainsi, dès le premier point de vue, Fichte nous rappelle que les quatre points de vue sont « autant de points de vue pour jouir du monde et de soi-même »[1], et il souligne même deux pages plus loin qu'on peut aller jusqu'à reconnaître quelque valeur à celui qui est vraiment absorbé par cette jouissance sensible, contrairement à un autre qui s'y adonnerait par pure distraction. Nous retrouvons la détermination de ce rapport à la béatitude dans les autres points de vue : ainsi pour la légalité, la septième Leçon annonce le commentaire de la neuvième, en présentant « l'*Affekt* de la loi » comme un commandement absolu qui « repousse complètement tout amour et toute inclination pour ce qui est commandé »[2]. Et la huitième Leçon fait de la réception de l'amour de Dieu la marque de l'entrée dans la vie supérieure. Il est donc possible de lire

1. *Die Anweisung zum seligen Leben*, GA I, 9, p. 133 ; trad. fr. p. 154.
2. GA I, 9, p. 137 ; trad. fr. p. 159.

le rapport à la béatitude dans l'ensemble des points de vue, même sous la forme dégradée de la jouissance sensible, voire de lire la présentation de l'ensemble des points de vue comme diverses formes de la béatitude[1]. Nous pensons que la volonté de maintenir partout cette lecture permet de voir dans le fil conducteur de la béatitude la reconstruction de l'ensemble des points de vue à partir de celui de la religion. L'*Initiation* est une Doctrine de la religion.

RAPPORT ENTRE MORALITÉ ET RELIGION DANS LA SYNTHÈSE DU MONDE DES ESPRITS

La construction du point de vue religieux serait donc le propre de l'*Initiation*, et non le fait de la *Destination de l'homme*. Témoin en est la lettre *A Schelling* de 1801, souvent citée, où Fichte dit qu'il n'a pas, à cette date postérieure à la *Destination de l'homme*, développé le point de vue religieux : « la plus haute synthèse, celle du monde des esprits, n'a pas encore été effectuée »[2]. Qu'est-ce que la « synthèse du monde des esprits » ?

La situation de cette synthèse s'aperçoit clairement à partir du dernier paragraphe de la *Nova methodo*[3]. Au terme de la reconstruction de la conscience empirique opérée au § 17 de la *Nova methodo*, nous observons la conscience empirique prenant conscience de son agir, tout d'abord par la catégorie de causalité et l'activité de l'imagination, permettant de penser l'ensemble des transformations possibles de la matière. Fichte déduit alors, du côté de cette série réelle, la catégorie de substance, rapportant mon corps au monde sensible. C'est à partir de la position de mon individualité raisonnable dans le monde sensible que la même catégorie de substance s'appliquera, dans le § suivant, § 18 de la *Nova methodo*, à la série idéale, en

1. Il s'agit moins de voir, dans cette omniprésence de l'amour, l'exposition des diverses formes du sentiment de la vie (ce qu'Harmut Traub appelle une doctrine des affects, *Affektenlehre*, H. Traub, « Vollendung des Lebensform », III) que de mettre en perspective, à partir du point de vue religieux, l'ensemble des autres points de vue, et d'y retrouver donc une forme d'amour. Mais je reconnais que la distinction est assez subtile.

2. GA III, 5, cité en présentation du 2e exposé de la Doctrine de la science, « Doctrine de la science *Nova methodo* », *op. cit.*, p. 13.

3. *Doctrine de la science Nova methodo*, GA, éditées par R. Lauth et H. Jacob, *Gesamtausgabe der Bayerischen Akademie der Wissenschaften*, GA IV, 2, Manuscrit Halle ; trad. fr. I. Radrizani, *Doctrine de la science Nova methodo*, *op. cit.* ; et (à partir du manuscrit Krause) I. Thomas-Fogiel, Paris, Librairie Générale d'Édition, 2000.

détachant cette individualité raisonnable sur fond d'un règne de la raison en général. Tout comme le monde sensible est d'abord matière, puis déterminable sur fond duquel se détache mon corps, support de mon activité dans le monde sensible, le monde intelligible ou monde des esprits est d'abord le fond à partir duquel se détache le Moi déterminant. En l'occurrence le monde intelligible d'où émane le commandement moral. Dans la *Nova methodo* comme dans *l'Initiation*, nous abordons le monde intelligible ou règne de la raison universelle, qui est l'élément de la religion, par la moralité. Cette primauté de la moralité n'est pas chronologique, elle est celle de la reconstruction logique de la conscience empirique qui a lieu dans la deuxième partie de la *Nova methodo*. Ce qui signifie qu'il nous faut arriver à penser en même temps le déterminé et le déterminable, l'individu agissant moralement (le déterminé) et se détachant, par le fait du commandement, sur fond d'un monde intelligible (le déterminable), déterminable qui n'est pas antérieur au commandement moral mais tout aussi bien constitué par la détermination de la volonté des individus remplissant ce même monde intelligible. Ainsi le monde des êtres raisonnables peut être présenté (*Nova methodo* § 19 pt3) comme l'agir des êtres raisonnables : *Nova methodo* (§ 19, pt3) : « la raison entière n'a qu'un seul et unique agir [...]. La fin entière de la raison est élaborée par un nombre infini d'individus et elle est le résultat de l'action exercée par chacun ».

Deux choses distinctes sont dites ici qui ont toutes deux leur importance pour bien comprendre la constitution du monde des esprits et le rapport de la morale et de la religion dans l'*Initiation*. Premièrement, dans l'esprit du § 19 de la *Nova methodo* qui fait tenir ensemble les quatre termes de la synthèse finale (volonté individuelle, corps propre, monde sensible et monde intelligible) : la fin entière de la raison, ou le fait qu'il y ait une seule et même fin de la raison, n'est pas séparable de la coordination des actions réelles des individus raisonnables dans le monde sensible. C'est ici, au-delà du rapport entre morale et religion, le rapport entre le droit et la morale qui est en jeu, avec la valeur que la morale fichtéenne reconnaît à l'action effective. Et la constitution du monde intelligible en rapport à cette unité réelle de l'activité des êtres raisonnables dans le monde sensible explique aussi pourquoi la religion ne peut se séparer du point de vue pratique de la morale. Nous comprenons maintenant le lien entre la religion et la pratique effective affirmé dans la cinquième Leçon de l'*Initiation* : « la religion véritable, bien qu'elle élève à sa sphère l'œil de celui dont elle s'est emparé, maintient néanmoins sa vie dans le domaine de l'agir, et de l'agir authentiquement moral »[1].

Deuxièmement, le monde des esprits n'est pas autre chose que ce nombre infini d'individus se déterminant moralement – cette deuxième remarque se situe du côté de la série idéale rapportant les individus raisonnables au règne de la raison. La difficulté rencontrée ci-dessus se retrouve puisqu'il nous faut penser en même temps le déterminable et le déterminé, le monde des esprits comme substrat des individus raisonnables, et la raison même déterminant ces individus, ou la détermination en acte de leur volontés individuelles, comme étant le monde des esprits lui-même. Cela se résout en posant que la raison n'est pas autre chose que la détermination des volontés individuelles : les deux termes de la relation de substantialité ci-dessus, l'individu (raisonnable) et le monde (intelligible), sont alors à penser comme étant tous deux posés par cette relation même : l'individu raisonnable est constitué par le commandement[2], et le monde des esprits n'est pas autre chose que la coordination des volontés individuelles agissant moralement, c'est-à-dire agissant selon la même loi de la raison universelle. L'*Initiation* rejoint ainsi une dimension que l'on retrouve dans les autres œuvres morales de Fichte, comme l'a déjà souligné Edith Düsing[3], p. ex. dans la *Destination de l'homme* posant le monde intelligible comme constitué par des volontés individuelles[4], tout en posant ces mêmes volontés individuelles comme constituées par le commandement de la raison : « la voix de la conscience qui impose à chacun son devoir particulier est le rayon de lumière par lequel nous émanons de l'infini et sommes posés comme des êtres isolés et particuliers; elle trace les limites

1. *Die Anweisung zum seligen Leben*, GA I, 9, p. 113 ; trad. fr. p. 123.

2. Le résumé (« *Diktat* ») du § 13 de la *Nova methodo* est très clair : c'est à la suite de l'expression de la volonté pure sous la forme d'un devoir ou d'une loi déterminée que je deviens sujet moral, individu raisonnable : « par là je deviens le sujet de cette volonté, un INDIVIDU, et, comme déterminable correspondant, un règne d'être raisonnables devient pour moi » *Doctrine de la science nova methodo*, résumé du § 13 : « dadurch werde ich das Subject dieses Willens, ein INDIVIDUUM, und als bestimmbares dazu wird mir ein Reich vernünftiger Wesen ». Le devoir ou la tâche de me déterminer moi-même est ainsi ce qui me produit comme individu rationnel ; *Cf.* E. Düsing, « Autonomie – soziale Heteronomie – Theonomie. Fichtes Theorie sittlicher Individualität », *Fichte-Studien*, 8, 1995, p. 69 et G. Zöller, « Die Individualität des Ich in Fichtes zweiter Jenaer W.L. », *Revue internationale de Philosophie*, « Fichte, *Doctrine de la science nova methodo* », 4, 1998, p. 658-660.

3. « Das Problem der Individualität in Fichtes früher Ethik und Rechtslehre » *in fine*, *Fichte-Studien*, 3, 1991.

4. *Destination de l'homme*, Livre III, trad. fr. p. 207.

de notre personnalité ; elle est donc notre élément constitutif originaire »[1]. Dieu ne peut être alors que la volonté ordonnatrice générale, non monde mais ordre, dynamique unifiant les volontés individuelles dans et par la loi de la raison universelle. Le Soi pratique de l'individu raisonnable apparaît donc dans la philosophie de Fichte en même temps que l'exigence de son dépassement et du reversement de l'individualité spirituelle dans le règne de la raison universelle.

L'*Initiation* reprend cette thématique développée dans les ouvrages antérieurs, puis enrichie par l'explicitation du rapport de l'Être à l'existence de l'Être en 1805, et reprise dans la doctrine de la religion du point de vue de l'unité de l'Être et de son existence, unité qui n'est autre que la première définition de l'amour comme ce qui relie l'Être à l'existence de l'Être en constituant ainsi l'unité de l'Être[2]. L'autonomie des individus peut alors être comprise, par la moralité supérieure s'élevant à la religion, comme manifestation de la liberté de Dieu s'extériorisant dans son existence[3]. C'est cette manifestation qui se fragmente (*zerspalten*) en un « système d'individus différents apparaissant comme autonomes »[4]. Mais cette infinité des individus raisonnables se ramène fondamentalement à l'unité de la raison. Telle est la synthèse du monde des esprits.

GENÈSE ET DÉPASSEMENT DE L'INDIVIDUALITÉ

Ce système d'individus apparaissant de façon autonome[5] est à comprendre comme la diffraction du Moi Un, thématique qui relie l'*Initiation* aux ouvrages les plus tardifs de Fichte, articulant la philosophie pratique et la théorie de l'apparition ou *Erscheinungslehre*. À la fin de la quatrième Leçon, les individus sont déduits de la scission de cette « substance qui porte la conscience », c'est-à-dire du Moi et du Moi Un que

1. *Destination de l'homme*, Livre III, trad. fr. p. 207/208.

2. *Die Anweisung zum seligen Leben*, GA I, 9, p. 166-167 ; trad. fr. p. 205/206.

3. Ce point sera particulièrement développé dans les *Principes de la doctrine de Dieu, de la morale et du droit*, 3e et 6e Séances.

4. *Die Anweisung zum seligen Leben*, GA I, 9, p. 102 ; trad. fr. p. 106 : « *ein System von verschiedenen auch als selbstständig erscheinenden Individuen* ».

5. Dans le texte allemand, l'autonomie qualifie d'abord le fait de l'apparition et non l'individu. Cela n'est pas sans importance puisque cela permet de comprendre, avec la nécessité de la manifestation, la nécessité de la liberté même, et donc aussi la nécessité avec laquelle la liberté individuelle vise l'unité comme retour à son principe.

reprendront les *Faits de conscience* de 1811 p.ex. La neuvième Leçon[1] renvoie également à cette scission du Moi Un sans la développer. Il ne s'agit pas seulement de la nécessité pour Dieu ou la Vie de s'extérioriser en un phénomène qui est, par sa propre opération réflexive, image de Dieu. Il s'agit pour ce phénomène originaire de se scinder en une infinité de consciences individuelles : la vie s'individualise pour agir[2], car, comme le répètera le *Système de l'éthique* de 1812, il n'y a de conscience qu'individuelle[3].

Et la vie morale et religieuse consiste, à rebours, à tendre vers l'unité commune et à rejoindre l'unité du principe commun à l'existence individuelle, ce Moi Un fragmenté en une infinité de Mois[4]. L'amour réunit, et les individus entre eux, et l'Existence à l'Être, ce que ne peut faire la réflexion : « la scission de la vie divine une en différents individus n'est aucunement dans l'amour, mais seulement dans la réflexion »[5]. Par delà l'unité du Moi Un c'est l'unité de l'Être et de l'Existence que nous fait vivre l'amour religieux ; la dixième Leçon proclame sans cesse l'unité de l'amour absolu et de l'amour qu'éprouve l'homme religieux. Pas plus que la scission entre individus, l'unité de l'Être et de l'Existence ne se trouve pas non plus dans la réflexion, puisque bien au contraire l'existence n'est Existence de l'Être qu'en tant qu'elle se comprend comme simple Existence ou image de l'Être[6].

Mysticisme et fanatisme sont les deux écueils qui guettent cette fusion dépassant l'unité du genre humain, surtout si elle va de pair avec l'abnégation de soi. Contre tout fanatisme, Fichte affirme l'impossibilité d'assigner un objet à l'amour religieux : « nul être-là ne saurait remplir » cet amour[7]. Mais l'inverse de cette particularité qui veut se faire idéal[8], c'est la négation totale, l'anéantissement de la particularité comme telle, qui s'ouvre vers le mysticisme. Cet écueil est plus difficile à éviter. Fichte reconnaît bien qu'il s'agit de saisir Dieu en sa vérité, voire de fusionner en lui. Et il accepte même qu'on l'appelle mystique en ce sens. Mais fusionner avec Dieu ne peut vouloir dire que cet individu là devient Dieu : ici aussi

1. *Die Anweisung zum seligen Leben*, GA I, 9, p. 159 ; trad. fr. p. 193.

2. *Cf.* les *Faits de conscience* de 1811, 3e Section, chap. II, SW II, p. 641.

3. Par exemple : *Sämmtliche Werke* (SW), éditées par I. H. Fichte ; Berlin, 1845-1846 ; Bonn, 1834-1835, rééd. : Berlin, Walter de Gruyter, 1962, SW XI 73 et GA II, 13, p. 358.

4. *Cf.* p. ex. les *Faits de conscience* de 1813, SW IX, p. 550.

5. *Die Anweisung zum seligen Leben*, GA I, 9, p. 170 ; trad. fr. p. 210.

6. *Ibid.*, p. 88 ; trad. fr. p. 85.

7. *Ibid.*, p. 167 ; trad. fr. p. 205.

8. Le « fanatisme de la fausseté », *Die Anweisung zum seligen Leben*, GA I, 9, p. 78 ; trad. fr. p. 214.

la particularité élève une prétention infinie[1], c'est la particularité du sujet mystique et non plus de l'objet, du culte ou du dogme, qui demeure ici comme lieu dans lequel Dieu est censé se manifester. Or exprimer l'existence divine suppose non seulement d'avoir renoncé à toute affirmation de sa particularité comme telle, mais aussi de reconnaître que l'existence divine se manifeste dans l'infinité du temps et non en un moment ou en un lieu. Le premier *Système de l'éthique* condamnait déjà, non l'idée d'une fusion en Dieu, mais la prétention qu'elle puisse se réaliser dans le temps[2].

Ce qui compte ici est moins l'unité proprement dite que le mouvement par lequel les individus tendent à la constituer. Toute la valeur de l'individu agissant repose en ceci qu'il est l'acteur de son propre effacement au profit d'une fin universelle, fin qu'il ne peut percevoir et à l'atteinte de laquelle il ne peut participer que par l'effacement de sa particularité. En un sens cet effacement est tout aussi nécessaire que la fragmentation du Moi Un en une infinité de Mois : non seulement l'existence de Dieu prend conscience d'elle même dans les consciences individuelles, mais la vie divine elle-même est ce retour vers l'unité par l'anéantissement des particularités individuelles : la vie spirituelle, s'aimant et jouissant d'elle-même, commence dans les extrémités et ouvrages périphériques[3]. L'individu est à la fois agent et instrument de la réalisation de cette vie spirituelle, mais il ne peut en être l'agent qu'à condition de n'être que son instrument, c'est-à-dire de procéder auparavant à la négation de sa particularité individuelle, comme volonté et comme fin. Les huitième et neuvième Leçons de l'*Initiation* expriment sans nuance cet anéantissement de soi. L'*Initiation* reprend ici[4] un caractère déjà présent dans le premier *Système de l'éthique* où Fichte, refusant l'idée de devoir envers soi-même, soulignait déjà que je ne puis être que l'instrument de la loi morale, et que l'individu n'est, en tant que tel, qu'un moyen de réaliser la raison. Le *Système de l'éthique* de 1812 dira de même : « Il n'y a au sens propre aucun devoir envers l'individu, mais seulement un devoir envers le tout, la communauté »[5]. Cet agir dans et par la communauté est avant tout agir pour constituer la communauté humaine comme telle dans son universalité. Garder à l'esprit cette universalité,

1. Contre l'égoïsme ou l'orgueil des mystiques, *cf.* aussi *Le système de l'éthique* (1798), § 19.

2. *Le système de l'éthique* (1798), § 12, trad. fr. p. 144.

3. *Die Anweisung zum seligen Leben*, GA I, 9, p. 81 ; trad. fr. p. 74.

4. Et parfois de façon très proche, *cf.* 8e Leçon, p. 180, où la personne devient moyen pour la volonté de Dieu.

5. *Système de l'éthique* (1812), SW XI, p. 73, GA II 13, p. 358.

et l'obligation rappelée dans l'éthique de 1812 d'accorder son amour à l'humanité tout entière, atténue l'effroi que peut aujourd'hui provoquer la lecture de la 19ᵉ Conférence des *Faits de conscience* de 1813, commandant à la pluralité des individus de tendre vers une unité collective où demeurera la différence des points de vue individuels, mais où la fin, le monde et la force seront communes[1].

Toutefois la spécificité de l'*Initiation* est de montrer que par cette abnégation de soi faisant accéder l'humanité à une existence universelle, la morale s'ouvre à la religion et ne fait plus qu'un avec elle[2]. En un sens cela préserve la vie morale du danger consistant à prétendre trouver son unité dans telle ou telle communauté particulière, puis à ériger cette dernière en universel : ce serait une autre forme de fanatisme, moral et politique, plus dangereux que le fanatisme antireligieux dénoncé au début de l'*Initiation.* Réciproquement, l'agir moral pour la communauté est la marque qui distingue, dans l'*Initiation* et dans le *Caractère de l'époque actuelle*[3], la vie religieuse du mysticisme. La rencontre entre morale et religion n'est donc ni une coïncidence ni une simple juxtaposition, mais une confirmation réciproque. *L'Initiation* fonde réellement l'unité de la vie morale et religieuse.

1. *Faits de conscience* de 1813, SW IX, p. 558-59. La formule fait écho à des considérations antérieures, p.ex. « la destination de notre espèce est de s'unir en l'unité d'un corps parfaitement transparent à lui-même en toutes ses parties et partout formé de la même manière », *Destination de l'homme*, trad. Goddard, p. 176.

2. Nous ne voulons pas nier la spécificité des trois points de vue supérieurs, mais, en développant par exemple la nuance indiquée par C. Asmuth dans « Wissenschaft und Religion. Perspektivität und Absolutes in der Philosophie Johann Gottlieb Fichtes », *Fichte-Studien*, 8, 1995, p. 14, nous voulons souligner que ces points de vue, et notamment la morale et la religion, doivent être exposés ensemble. Il s'agit donc pour nous de souligner ici, comme un propre de *l'Initiation*, le rapport entre morale et religion au même titre que C. Asmuth souligne dans l'article cité le rapport entre science et religion. Sur ce rapport entre les points de vue supérieurs, *cf.* H. Vermeyer, « Fichtes Religionsphilosophie », *Fichte-Studien*, 8, 1995, p. 218.

3. Fichte, *Die Grundzüge des gegenwärtigen Zeitalters* [1806] ; Hamburg, Meiner, 1956 ; trad. fr. I. Radrizzani, *Le caractère de l'époque actuelle*, *op. cit.*, 8ᵉ Leçon.

CONCLUSION

Par ces appels, tant aux extrêmes de l'œuvre – de la *Nova methodo* aux derniers textes de 1813 – qu'à l'unité des sciences philosophiques particulières, du moins pour les points de vue « supérieurs » – morale et religion –, l'*Initiation* apparaît bien comme un point d'orgue de la philosophie fichtéenne tout entière. Un point de vue pourrait être négligé, ce qui se comprendrait d'ailleurs dans un ouvrage de vulgarisation, c'est le point de vue de la science. Toutefois, par sa nature même de doctrine de la religion, l'*Initiation* peut se présenter comme dépassant le point de vue de la science, non pas comme l'exprimant – ce qu'elle fait déjà, de son point de vue, à partir de son principe, la volonté divine comme amour – mais bien comme le dépassant, allant plus loin que ne peut aller le savoir lui-même dans son rapport à Dieu.

La religion relève à la fois du spéculatif et du vécu. D'abord décrite comme « claire connaissance que ce sacré, ce bon et ce beau [...] sont immédiatement l'apparition et l'essence intime de Dieu »[1], la religion relève du spéculatif, à tel point que l'on a pu considérer le passage du 4e au cinquième point de vue, de la religion à la science, comme une explication du point de vue religieux comme tel, accompagnant celui-ci[2]. Mais ce spéculatif ne saisit Dieu que comme un concept vide, se bornant à indiquer l'amour. Le religieux vit cet amour et remplit ainsi le concept vide de Dieu[3]. En manifestant la vie divine, le religieux dépasse les limites du savoir et comprend l'unité absolue de l'existence, humaine et divine[4]. L'amour qu'éprouve l'individu religieux, et qui relie les individus entre eux, est l'amour qui tient l'Être même, celui qui relie Dieu à son existence : Dieu ne crée pas une liberté en dehors de lui, il est cette liberté qu'il crée[5].

Par cette unité comprise dans son vécu, la religion fonde l'agir plus profondément que ne peut le faire la morale. Mais c'est aussi en prétendant dépasser dans ce vécu le point de vue de la science que la religion se montre telle qu'elle est, simple point de vue d'une science philosophique particulière, doctrine de la religion.

1. *Die Anweisung zum seligen Leben*, GA I, 9, p. 110 ; trad. fr. p. 119.

2. *Cf.* M. Maesschalck, « La religion comme miroir de la philosophie », *Archives de philosophie*, 72, 2009 ; *Fichte 1804-1805. Lumière et existence*, p. 458.

3. *Die Anweisung zum seligen Leben*, GA I, 9, p. 111 ; trad. fr. p. 121.

4. *Ibid.*, p. 121 ; trad. fr. p. 136.

5. *Ibid.*, p. 145 ; trad. fr. p. 171.

JEAN-CHRISTOPHE LEMAITRE

MICHEL HENRY, LECTEUR DE *L'INITIATION À LA VIE BIENHEUREUSE* DANS *L'ESSENCE DE LA MANIFESTATION*

Michel Henry a lu *L'initiation à la vie bienheureuse* de Fichte, et fait état de cette lecture de manière récurrente dans son œuvre maîtresse publiée pour la première fois en 1963, *L'essence de la manifestation*. L'interprétation henryenne de la philosophie de Fichte est singulière précisément en ce qu'elle se concentre sur le cycle de conférences prononcées par Fichte en 1806. Dans *L'essence de la manifestation*, Henry ne cite quasiment que l'*Anweisung*[1], dans la traduction due à Max Rouché, parue en 1944 chez Aubier. Cette exclusivité a très probablement des raisons davantage circonstancielles que philosophiques : *L'initiation à la vie bienheureuse* est sans doute l'une des seules œuvres de Fichte que Henry ait lues à cette époque. Mais on peut se demander quelle orientation cette focalisation sur une œuvre de philosophie populaire, qui se présente aussi comme une « doctrine de la religion », donne à l'interprétation henryenne de la pensée de Fichte. Car ce qui est également remarquable dans *L'essence de la manifestation*, c'est que Henry réserve un sort particulier à l'auteur de l'*Anweisung* par rapport à Kant et aux autres représentants de l'idéalisme allemand que sont Schelling et Hegel. En outre, et en un sens pour ainsi dire inverse, on peut se demander sur quels fondements la philosophie de Fichte peut entrer dans un dialogue fécond avec celle de Henry,

1. La seule autre œuvre de Fichte mentionnée dans *L'essence de la manifestation* est les *Conférences sur la destination du savant* de 1794.

selon des directions que l'auteur de *L'essence de la manifestation* n'avait lui-même peut-être pas envisagées.

Afin de prendre la mesure de cette lecture henryenne de *L'initiation*, il convient d'abord de retracer le projet que Henry tente de mener à bien dans *L'essence de la manifestation*. L'ambition de l'ouvrage consiste à déterminer les rapports entre la détermination de l'être propre à l'*ego* et celle de l'être en général. Un tel questionnement appelle immédiatement, selon l'auteur, une réflexion sur la phénoménalité : le concept de phénomène invite en effet à réfléchir au lien entre l'être et le mode selon lequel l'être apparaît ou se manifeste. Henry se situe ici explicitement dans l'héritage de Heidegger en reprenant à son compte l'idée selon laquelle « la phénoménologie est la science de l'être et, comme telle, l'ontologie »[1]. La méthode phénoménologique repose sur l'affirmation de l'identité entre ce qui est visé (l'essence du phénomène), et ce par quoi ce qui est visé peut être atteint (le phénomène lui-même); cette méthode phénoménologique est ainsi caractérisée par Henry comme circulaire et réflexive[2]. La fin de l'enquête menée par Henry consiste dès lors dans l'élucidation de la structure de l'*immanence*; l'immanence est à entendre comme une certaine forme de réceptivité, qui se distingue de la réceptivité thématisée par la métaphysique de la représentation. Dans celle-ci – que Henry qualifiera de transcendance –, le contenu qui est reçu est projeté par la réceptivité elle-même dans une relation qui demeure sur le mode de l'extériorité; dans l'immanence, « la réceptivité [...] se reçoit elle-même »; il y a identité entre le fait de recevoir et l'être même qui est reçu. C'est le concept d'affectivité qui permettra à Henry de faire droit à cette exigence de penser l'immanence.

Cette opposition entre transcendance et immanence (prises en un sens bien spécifique) constitue le prisme à travers lequel Henry propose une certaine lecture de l'histoire de la philosophie, en essayant d'y repérer des moments où une pensée authentique de la structure de l'immanence aurait été approchée. L'idéalisme allemand constitue un moment décisif de cette relecture, dans la mesure où il apparaît à Henry comme une tentative pour

1. M. Henry, *L'essence de la manifestation* (désormais abrégé EM), Paris, P.U.F., 1963, p. 67. Roberto Formisano attire l'attention sur la manière dont la lecture que Henry fait de *L'initiation à la vie bienheureuse* le conduit à se séparer de la lecture heideggérienne *stricto sensu* de l'histoire de la philosophie : voir « La question de la transcendance. La référence de Michel Henry à l'*Anweisung zum seligen Leben* de Fichte dans *L'essence de la manifestation* », *in* G. Jean, J. Leclercq, N. Monseu (éd.), *La vie et les vivants. (Re-)Lire Michel Henry*, Louvain, Presses Universitaires de Louvain, 2013, p. 81-88.

2. EM, p. 69.

penser conjointement l'être et la subjectivité, l'être en tant qu'être et l'être du sujet. L'auteur de *L'essence de la manifestation* interprète l'effort de l'idéalisme allemand comme la tendance à faire de la subjectivité l'essence même de l'être. Selon lui, cet effort aboutit à un échec.

Au sein de l'idéalisme, Fichte reçoit un statut particulier : il apparaît à la fois comme parfaitement représentatif des lacunes de l'idéalisme en général, et comme celui chez qui la sortie hors de la métaphysique de la représentation et de la transcendance peut être entrevue. En outre, c'est *L'initiation à la vie bienheureuse* que retient Henry dans son interprétation de la philosophie fichtéenne : la réflexion ontologique menée par Fichte dans cette œuvre de philosophie populaire fait en effet écho à l'effort henryen de penser « l'essence de la manifestation ». Tout d'abord, Fichte définit explicitement la tâche de la pensée comme consistant à penser l'*être*[1]. C'est précisément la capacité à s'élever à l'être en tant qu'être qui distingue la pensée de l'opinion[2]. Or, la réalisation d'une telle ambition passe par une certaine rupture avec l'ontologie traditionnelle. Les premières déterminations de l'être que déduit Fichte dans la troisième leçon ne contribuent cependant pas encore à singulariser sa réflexion ontologique : il note en effet que l'être doit être pensé dans une autonomie causale radicale (il ne convient pas de le penser comme advenu à partir d'un non-être); la conséquence est alors d'exclure de lui tout devenir et de saisir son unité absolue. L'originalité de l'ontologie de l'*Anweisung* intervient plutôt dans la distinction du *Sein* et du *Dasein*. L'existence ou l'être-là de l'être est déduit comme la nécessaire révélation, la nécessaire sortie hors de soi de l'être pur (« caché »), sous la forme de la conscience et de la représentation. Fichte relève lui-même que cette distinction va contre la manière commune de penser[3]. Cette dernière se rend coupable de deux erreurs : l'une consiste à rester concentrée sur l'objet existant, c'est-à-dire sur ce qui est, et non pas sur le fait même d'être; l'autre réside dans la naïveté qu'il y a à croire avoir dépassé le domaine de l'être-là pour atteindre l'être. D'une certaine manière, Fichte reproche à la pensée commune de méconnaître la différence ontologique.

L'intention de Fichte, à travers cette distinction, consiste à comprendre et fonder le lien nécessaire entre l'être et son être-là, entre l'être et son apparaître dans le savoir, la conscience et la représentation. La sortie de soi

1. J. G. Fichte, *L'initiation à la vie bienheureuse ou encore la doctrine de la religion* [désormais cité IVB], GA I, 9, p. 85 ; trad. fr. cit., p. 81.

2. IVB, p. 84-85 ; trad. fr. p. 80.

3. IVB, p. 87 ; trad. fr. p. 83-84.

de l'être dans l'être-là est en effet co-éternelle à l'être pur lui-même. Ainsi, il s'agit de justifier ontologiquement et métaphysiquement la structure transcendantale de la conscience de soi et d'élucider l'essence phénoménale de l'être même. On comprend dès lors comment la manière dont Fichte tente de penser la nécessité d'une révélation et d'une extériorisation de l'être dans le concept d'existence rejoint la problématique dont Michel Henry fait le cœur du projet de *L'essence de la manifestation*.

Il convient désormais d'étudier la lecture henryenne de *L'initiation* selon trois aspects : en premier lieu, en quoi la pensée fichtéenne est représentative d'une métaphysique de la transcendance, ou de ce que Henry appelle le « monisme ontologique » ? En deuxième lieu, de quelle manière la conception du *Dasein* développée dans l'*Anweisung* conduit-elle Henry à voir dans la réflexion onto-phénoménologique de Fichte une possible sortie hors de la métaphysique de la transcendance ? Enfin, cette lecture henryenne de Fichte rend-elle pleinement justice à la pensée de ce dernier et n'y a-t-il pas des points de rencontre entre les deux philosophes que Henry n'a pas pris en considération ?

LA CRITIQUE HENRYENNE DU MONISME ONTOLOGIQUE PROPRE À L'IDÉALISME

La pensée moderne est caractérisée, selon Henry, par la position d'une distance comme condition de possibilité de la connaissance[1]. Ce concept de distance recèle un enjeu à la fois ontologique et phénoménologique : il faut entendre ontologique ici par distinction avec ontique (il ne s'agit donc pas de constater une distance effective, sur le mode de la distance spatiale, entre le sujet l'objet) ; c'est par le prisme du concept de distance que l'être même du monde se trouve déterminé, et dans le même temps sa phénoménalité. Il est de l'essence du monde d'être à distance et cette distance essentielle le rend apte à la phénoménalisation : « la distance phénoménologique est le pouvoir ontologique qui nous donne accès aux choses, elle est cet accès lui-même, un accès dans et par le lointain »[2]. « L'être n'est un phénomène que s'il est à distance de soi »[3]. On peut dès lors s'étonner que Henry caractérise cette position d'une distance

1. Il cite notamment le passage des objections de Gassendi à Descartes, où Gassendi explique pourquoi l'œil ne peut se voir lui-même : voir EM, p. 72-74.

2. EM, p. 77.

3. EM, p. 81.

phénoménologique fondamentale comme propre à ce qu'il appelle le « monisme ontologique », puisqu'une telle distance semble fondée sur une dualité irréductible entre ce qui est à distance et celui pour qui l'être est à distance, c'est-à-dire, en fin de compte, sur la dualité du sujet et de l'objet. Or, il convient bien de parler de *monisme* pour Henry dans la mesure où, pour justifier la relation de transcendance et d'extériorité de l'objet au sujet, il faut poser l'unité même du sujet et de l'objet. Le monisme consiste ici dans la présupposition de l'identité entre l'essence de la conscience et l'essence de la manifestation[1] : l'être se manifeste comme distant pour une conscience dont l'essence est de saisir ce qui se trouve dans un rapport d'extériorité vis-à-vis d'elle-même; il y a monisme au sens où l'être est pensé comme se livrant par essence à la transcendance dont la conscience subjective, et dans le même temps objectivante, a besoin pour réaliser sa propre essence. Il s'agit pour Henry de la version spécifiquement moderne de l'identité parménidienne de l'être et de la pensée.

De manière assez originale, Henry repère l'origine de cette conception de la transcendance et de la distance caractéristique de la pensée moderne de la subjectivité chez Jacob Boehme[2], qui apparaît comme l'authentique père fondateur de l'idéalisme allemand. Boehme serait en effet le premier à penser l'absolu selon la structure de la conscience de soi, c'est-à-dire selon un rapport d'opposition, laquelle opposition est pensée comme la condition d'une reconnaissance de soi, qui ne s'opère qu'à travers la confrontation à une altérité opaque : tel est le sens de la doctrine boehmienne du *Grund*, et de l'*Ungrund*, qui sera reprise, de manière explicite, par Schelling dans les *Recherches* de 1809, mais que l'on trouve déjà implicitement dans l'analyse de la conscience que celui-ci propose en 1800 dans le *Système de l'idéalisme transcendantal*, ou encore dans le concept d'aliénation que l'on peut tirer de la phénoménologie hégélienne.

Quelle place est-elle réservée à Fichte dans cette reconstruction de l'histoire de la philosophie, et en particulier quel sens attribue-t-il à la détermination du concept d'existence dans *L'initiation à la vie bienheureuse*?

C'est bien Fichte auquel Henry fait référence lorsqu'il s'agit d'exposer les implications de la distance phénoménologique. La distinction de l'être et de l'existence définie par l'*Anweisung* est comprise comme fondée sur la distance. Henry cite le passage de la troisième leçon où Fichte indique le

1. EM, p. 137.

2. Dans ses analyses, Henry s'appuie sur l'étude classique d'A. Koyré, *La philosophie de Jacob Boehme*, Paris, Vrin, 1929.

sens de son concept de *Dasein* à partir de l'exemple de l'être du mur[1]. Ce qui est remarquable chez Fichte, aux yeux de Henry, c'est qu'il fait de cette extériorité de l'existence à l'être le modèle en fonction duquel il convient de comprendre Dieu, comme l'atteste son interprétation du Verbe dans l'évangile de Jean[2]. Ce que Henry retient des analyses faites par Fichte, à la fois de l'être en général, de l'être en tant qu'être, et de l'être absolu ou suprême, est d'une part que l'être-là est compris comme image de l'être, comme savoir, et d'autre part que cette extériorité à soi de l'être que constitue l'être-là est intérieure à l'être absolu lui-même, en est une détermination nécessaire. Ainsi, ce qui apparaît clairement avec Fichte, c'est l'idée propre à tous les penseurs de l'idéalisme, Boehme compris, selon laquelle « l'aliénation est l'essence de la manifestation »[3]. L'être ne peut être pour soi, ne peut être présent à soi et au sujet que sur le fond d'une aliénation originaire, d'une distance à soi fondamentale ; l'être, d'une certaine manière, est privé de sa propre essence s'il ne s'est pas révélé en mettant à distance, en se rendant étranger son être propre. Ce faisant, Fichte exprime quelque chose de fondamental sur la structure de la phénoménalité.

À ce stade de l'analyse, on peut voir que pour Henry, la distinction fichtéenne entre l'être et l'être-là n'est pas perçue comme une rupture vis-à-vis de l'ontologie traditionnelle, mais est au contraire interprétée comme particulièrement représentative de la pensée moderne, à savoir d'une ontologie de la présence, selon laquelle l'être ne peut être reçu comme présent qu'en s'aliénant à lui-même. Or Henry va faire remarquer que cette ontologie de la présence est intrinsèquement liée à la compréhension de la conscience comme activité de *représentation* (thèse qui constitue à ses yeux le propre des « philosophies de la conscience », inaugurées avec Descartes et dont la démarche consiste à faire de la conscience non pas un étant parmi d'autres, mais la condition même de l'apparaître de l'être)[4]. Une telle pensée de la représentation a pour tâche de déduire ce que Henry appelle la « détermination ontique », c'est-à-dire le fait qu'il existe un objet face à la conscience. Or là encore, Fichte apparaît comme l'un des auteurs chez qui les présupposés propres au monisme ontologique vont s'exprimer de manière symptomatique dans cette enquête sur la déduction de l'objectivité.

1. Voir IVB, p. 86-87 ; trad. fr. p. 83.
2. Voir notamment IVB, p. 119 ; trad. fr. p. 132-133.
3. EM, p. 87.
4. EM, p. 93.

Henry cite les *Conférences sur la destination du savant* de 1794 comme l'œuvre dans laquelle on trouve déjà cette conception du rapport de la conscience à son autre que l'on retrouvera de manière claire dans *L'initiation* et que Henry interprète selon la métaphore de la lumière[1]. Le sens de la métaphore est que la lumière ne devient visible qu'au contact d'un obstacle (lui-même opaque et non lumineux), sur lequel elle se projette (et se manifeste comme lumière). Henry retrouve un mouvement similaire dans l'*Anweisung*, lorsque Fichte montre, dans la quatrième leçon, comment l'existence de la conscience constitue le monde, selon ce qu'il désigne comme la « loi fondamentale essentielle de la réflexion »[2]. Quel rapport peut-on établir avec la métaphore lumineuse? Ce qui est semblable, est l'idée selon laquelle la conscience ne peut s'apparaître à elle-même qu'à l'occasion de la rencontre d'un étant déterminé : ce faisant, Fichte reconnaît que la phénoménalité ne peut advenir à elle-même que dans ce que Henry appelle la « détermination ontique », soit dans la fixation d'un étant mondain[3].

La question qui se pose alors est de savoir ce qui apparaît dans cette détermination ontique : s'agit-il de la vie divine comme telle ? A-t-on accès par là à l'essence de la manifestation ? La conscience, dans cette activité de détermination objectivante, se donne-t-elle à elle-même comme lieu de révélation de l'être ? La réponse de Henry sera négative.

Ce qui se produit dans la démarche fichtéenne (de même que dans celle de Schelling dans le *Système de l'idéalisme transcendantal*), c'est que l'essence même de la conscience cesse d'apparaître dès que la condition de l'apparaître (à savoir le monde) est effectuée. La conscience absolue, la conscience prise pour elle-même, abstraction faite de toute donation extrinsèque, reste de l'ordre du non-conscient. La conscience demeure aveugle à sa propre essence, car elle est tout entière tournée vers la condition de l'objectualité. C'est là que Henry repère une contradiction fondamentale dans les philosophies idéalistes de la conscience : la contradiction consiste dans l'intention de situer l'essence de la manifestation dans le processus d'objectivation et de détermination ontique, tout en indiquant l'impossibilité, pour l'essence de la manifestation, de se révéler en tant que telle dans un tel processus. Selon Henry, il y a un retrait de l'être hors de sa manifestation dans la perspective de l'idéalisme; à ce propos, il

1. EM, p. 143. On peut se reporter à la première des *Conférences sur la destination du savant*, GA I, 3, p. 28, trad. fr. J.-L. Vieillard-Baron, Paris, Vrin, 1994 (2e éd., 2e tirage), p. 37.

2. IVB, p. 98 ; trad. fr. p. 102.

3. EM, p. 144.

cite à plusieurs reprises le passage de *L'initiation à la vie bienheureuse* où Fichte déclare « toujours la forme nous voile l'essence » (trad. Rouché)[1]. Henry reproche à Fichte cette distinction irréductible de la forme et de l'essence et l'idée selon laquelle l'essence ne peut se manifester que dans une forme, qui tout à la fois la révèle et l'occulte. D'une certaine manière, les postkantiens ne parviennent pas à dépasser l'aporie de la chose en soi dans leur analyse de la phénoménalité, au sens où demeure toujours un point aveugle qui rend inaccessibles à la conscience son propre fondement et son essence.

Le monisme ontologique a le mérite de révéler que « l'être doit pouvoir se montrer »[2], mais il s'interdit de penser l'essence même de la manifestation, car il présuppose ce qui est à expliquer en faisant de la transcendance la condition de la manifestation. Il ne s'agit pas d'expliquer comment doit se manifester l'être pour qu'il y ait transcendance et que les conditions de l'objectivité pour la conscience soient remplies, mais au contraire il faut rendre compte de la transcendance comme d'un fait second par rapport à une immanence originaire. De la même manière, le monisme ontologique interdit de penser la subjectivité en tant que telle, car la subjectivité n'y est pensée que comme la condition de l'objectivité[3].

La pensée fichtéenne telle qu'elle est exprimée dans *L'initiation à la vie bienheureuse* reste pour l'essentiel tributaire de cette manière insuffisante de poser la question de la phénoménalité. Cependant, Henry ne pose pas un jugement univoque sur Fichte, et il repère, dans le concept de *Dasein*, un second emploi qui rapprocherait l'auteur de l'*Anweisung* d'une authentique pensée de l'immanence.

1. IVB, p. 111 ; trad. fr. p. 121 (« Toujours, pour nous, la forme enveloppe l'essence » ; « Immer verhüllet die Form uns das Wesen »).

2. EM, p. 164.

3. Cette idée selon laquelle la pensée moderne, qui passe pour une philosophie de la subjectivité par excellence, tend en réalité à rabattre la subjectivité sur les conditions de l'objectivité, est un *leitmotiv* de la réflexion henryenne : on en trouve l'expression, par exemple, dans un article de 1978 intitulé « Qu'est-ce que cela que nous appelons la vie ? » (repris dans *Phénoménologie de la vie*, t. I « De la phénoménologie », Paris, P.U.F., 2003, p. 39-57, en particulier p. 43), et elle constitue le fondement de l'interprétation du sujet transcendantal kantien soutenue dans *Généalogie de la psychanalyse. Le commencement perdu*, Paris, P.U.F., 1985, p. 125-157.

LE SECOND SENS DE L'EXISTENCE CHEZ FICHTE ET LA STRUCTURE DE L'IMMANENCE

La question que se pose Henry est celle de savoir si, dans l'histoire de la philosophie, l'immanence a été prise en considération comme une authentique catégorie ontologique (et pas seulement ontique). L'immanence est définie comme « subsistance et permanence en soi-même », tandis que la transcendance est comprise comme sortie hors de soi, projection dans une extériorité. Or la philosophie a eu tendance à exclure l'immanence comme non pertinente pour penser la phénoménalité et à en faire une catégorie ontique, propre à l'étant objectif – rester en soi, c'est le propre de l'objet, le sujet étant l'être qui au contraire peut sortir de lui-même.

Or certains passages de l'*Anweisung* manifestent l'intention de faire de l'immanence autre chose qu'une détermination ontique, et une caractéristique ontologique de l'absolu. Il y a deux éléments dans lesquels Henry repère cette intention : 1) dans la conception que Fichte développe de l'amour dans la dixième leçon ; 2) dans l'interprétation du Verbe du prologue johannique, dans laquelle on peut constater une équivocité.

Tout d'abord, Fichte définit l'amour comme l'unité de l'être et de l'être-là, de l'être et de la réflexion, de Dieu et de l'homme[1]. L'amour est un lien (*Band*), mais un lien antérieur à toute dualité, à toute scission. Dans ce passage, Fichte oppose amour et réflexion, amour et concept. Les expressions qu'il emploie pour le caractériser correspondent à ce que Henry entend par immanence : dans l'amour, l'être « se porte et se tient lui-même »[2]. En pensant l'être comme amour, Fichte rompt avec l'idée selon laquelle l'absolu n'est que sur le fond de son surgissement à même l'altérité[3]. C'est pourquoi l'amour est opposé à la réflexion en tant que cette dernière implique scission et division[4].

Outre la définition de l'amour à laquelle Fichte parvient dans la dixième leçon, Henry revient sur l'interprétation du Verbe dans l'évangile de Jean : alors que le Verbe était apparu, à la sixième leçon, comme l'existence de Dieu, c'est-à-dire comme ce en quoi il se trouve à l'extérieur de lui-même, cette première interprétation est amendée dans la dixième conférence à l'aune de la conception de l'amour[5]. Le Verbe désigne dès

1. IVB, p. 166 ; trad. fr. p. 205.
2. *Ibid.*
3. EM, p. 373.
4. IVB, p. 170 ; trad. fr. p. 210, cité dans EM, p. 374.
5. Voir IVB, p. 168 ; trad. fr. p. 207-208.

lors l'acte par lequel Dieu se maintient en lui-même, le fait de demeurer éternellement en soi.

Dans ces deux thèmes développés par Fichte dans la dixième leçon, Henry voit les fondements d'une pensée inédite de l'existence, du *Dasein*, où le préfixe *ex* d'« existence » n'est pas le trait saillant du concept. Dès la troisième leçon, Fichte indique en effet que, outre le fait que l'être-là se présente comme conscience, fondée par essence sur la scission et la dualité, il y a aussi un être de l'être-là, un être indépendant du concept qu'il se fait de lui-même. De même que l'être existe, est là, l'être-là lui-même *est*, et il est sur un mode qui n'est pas celui accessible à la conscience, mais comme un être antérieur à toute saisie, où il demeure en soi. C'est cet être de l'être-là qui fait de ce dernier quelque chose de vivant, car cet être n'est autre que celui de l'absolu : si l'être-là est en lui-même, c'est parce que cet être par lequel il est n'est autre que l'être divin même. Ainsi, Fichte conclut :

> La vie réelle du savoir est dès lors, en sa racine, l'être et l'essence intime de l'absolu lui-même, et rien d'autre; et il n'y a aucune séparation entre l'absolu, ou Dieu, et le savoir à la racine de sa vie la plus profonde, mais tous deux se révèlent pleinement l'un dans l'autre [1].

À la dixième leçon, Fichte déclare explicitement que l'être-là compris sous le mode de la conscience n'est que « l'être-là de seconde main » et « l'être-là vrai et absolu, dans sa forme propre, est amour »[2]. La dualité être/être-là se dédouble encore au niveau de l'être-là : il y a bien deux manières d'envisager le *Dasein* lui-même.

Henry repère donc deux sens d'existence chez Fichte. En quoi cette seconde pensée de l'existence s'approche-t-elle d'une pensée authentique de l'immanence ?

Ce en quoi Fichte développe une réflexion pertinente quant à la compréhension de la structure de l'immanence, réside en ce qu'il associe l'existence, pensée, selon son second sens, comme immanence, à la révélation et à la manifestation : « *existence veut dire manifestation* »[3], tel est le fondement phénoménologique indépassable de toute entreprise philosophique visant à éclaircir le rapport entre l'être en tant qu'être et l'être de l'ego. Or, que l'existence pensée selon l'immanence soit en tant que telle manifestation, cela ne va pas de soi et il faut l'établir ontologiquement. Un tel établissement passe par une rupture avec l'idée de l'existence

1. IVB, p. 89 ; trad. fr. p. 87.
2. IVB, p. 168 ; trad. fr. p. 208.
3. EM, p. 377.

comme manifestation sur le fond d'une aliénation de l'être. Or, selon Henry, Fichte ne procède pas à un tel établissement systématique. Que l'existence comprise comme immanente soit une manifestation est simplement présupposé. Le caractère simplement présupposé de ce fondement phénoménologique se manifeste à travers la doctrine de la béatitude que développe Fichte dans l'*Anweisung* : il déclare en effet que « la béatitude elle-même consiste en l'amour, [...] et est inaccessible à la réflexion : le concept ne peut que l'exprimer négativement »[1]. Fichte concède qu'on ne peut que *montrer* en quoi consiste la vie bienheureuse, montrer au sens d'exhiber; cette monstration n'est qu'un accès négatif à la béatitude, l'accès positif n'est possible que par le sentir (*fühlen*). Or, faire de la béatitude le seul accès à l'amour comme union immédiate de l'être et de l'être-là, comme demeurer-en-soi de l'être, résonne pour Henry comme un aveu d'échec au sens où l'essence de l'immanence comme manifestation reste inaccessible à la pensée et simplement sensible dans une expérience[2]. Cela signifie en fin de compte que Fichte se montre incapable de penser la phénoménalité autrement que dans le cadre classique de la transcendance : la manifestation de l'immanence resterait chez lui un présupposé non fondé. L'auteur de *L'initiation* resterait cantonné à une appréhension de l'existence de l'absolu qui ne peut se faire que sur le mode de l'image, de la représentation, de la réplique. L'immanence ne peut alors manquer d'apparaître que comme un reliquat non manifestable, « livré à la nuit », dit parfois Henry[3]. Il cite à ce propos les passages où Fichte déclare que l'être-là divin dépourvu de la médiation de l'existence reste « caché au regard »[4].

Mais sur quoi reposent cette dissimulation et ce retrait ? L'être-caché de Dieu repose chez Fichte sur l'œil humain, sur la manière humaine de voir : « L'œil de l'homme lui cache Dieu »[5]; Fichte étend ce paradigme de la vision à Dieu lui-même, puisque, un peu plus loin, il affirme, à propos de Dieu, que « Lui-même est caché à lui-même par cet œil qui est le sien ». C'est là-dessus qu'intervient le reproche le plus lourd que Henry adresse à Fichte : celui-ci ferait d'une caractéristique anthropologique (la finitude et la limitation du savoir humain, c'est-à-dire la nécessité pour l'homme de

1. IVB, p. 173 ; trad. fr. p. 215.

2. EM, p. 378.

3. EM, p. 380.

4. IVB, p. 120 ; trad. fr. p. 134, cité *in* EM, p. 380. Sur cette interprétation de Fichte par Henry, voir F. Seyler, « *Barbarie ou culture* ». *L'éthique de l'affectivité dans la phénoménologie de Michel Henry*, Paris, Kimé, 2010, p. 292-293.

5. IVB, p. 169 ; trad. fr. p. 209, cité *in* EM, p. 381.

passer par la scission de la réflexion, par la dualité de l'être et de l'être-là) le fondement d'une structure ontologique (la réserve de l'existence divine à l'égard de toute vision).

Malgré le second sens que l'on peut déceler dans la réflexion fichtéenne sur le *Dasein*, le point de vue de l'*Anweisung* n'échappe pas aux présupposés du monisme ontologique : s'il y a bien une pensée de l'être comme immanence, l'essence phénoménale de l'immanence n'est quant à elle pas reconnue, si ce n'est sous la forme d'un fait ou d'une expérience rabattus sur le mode ontique d'accès aux choses, à savoir le sentiment. Ainsi, aux yeux de Henry, il n'y a pas de rupture avec la métaphysique de la transcendance chez Fichte ; l'élaboration du concept de *Dasein* menée dans l'*Anweisung* reste entachée de la problématique classique de l'être objectif et de la présence, qui absorbe la subjectivité authentique et qui place hors d'atteinte de la pensée l'idée d'une manifestation de l'immanence[1].

RELIGION ET SCIENCE CHEZ FICHTE

La question qu'il convient maintenant de se poser est de savoir si l'interprétation que propose Henry dans *L'essence de la manifestation* rend pleinement justice à l'intention de Fichte dans *L'initiation à la vie bienheureuse*.

Tout d'abord, le problème majeur que semble poser la lecture henryenne réside en ce que l'auteur de *L'essence de la manifestation* ne prend pas en considération le statut qu'occupe le texte de l'*Anweisung* dans l'économie du système fichtéen. *L'initiation à la vie bienheureuse* relève en effet de l'exposé populaire, comme Fichte l'indique très explicitement au début du cycle de conférences, en définissant clairement en quoi consiste cette approche : l'exposé scientifique exhibe la genèse de la vérité, la manière dont la vérité « *devient* et *s'engendre* » à partir de l'erreur[2] ; l'exposé populaire en revanche s'adresse à ce que Fichte appelle le « sens naturel de la vérité »[3]. Surtout, cette distinction entre exposé populaire et exposé scientifique est destinée à rendre compte du fait que la vérité ait pu

1. À titre indicatif, Henry reconnaîtra une prise de distance plus cohérente vis-à-vis de la métaphysique de la transcendance et de l'ontologie de la présence (qui est dans le même temps une phénoménologie de la distance), ainsi qu'une approche plus nette de la structure de l'immanence, chez Maître Eckhart et chez Maine de Biran, à l'époque de *L'essence de la manifestation*, et plus tard chez Kierkegaard, Schopenhauer, Marx et Nietzsche.

2. IVB, p. 71 ; trad. fr. p. 60.

3. IVB, p. 72 ; trad. fr. p. 60.

advenir sur un mode historique dans le christianisme (il prend notamment l'exemple des Apôtres[1]).

Corollairement à cette absence de prise en considération du statut d'exposé populaire qui revient aux leçons que constitue l'*Anweisung*, Henry ne tient pas non plus compte de la doctrine des cinq points de vue, et notamment de la distinction entre le quatrième et le cinquième points de vue, ce qui est à l'origine d'un certain malentendu dans son interprétation de l'œuvre de Fichte. Henry s'appuie à plusieurs reprises sur la distinction que fait Fichte entre l'être pur de l'absolu et la forme, et sur ce qu'il interprète comme un aveu d'échec de Fichte, à savoir que la forme enveloppe ou nous voile toujours l'essence[2]. Or, dans la suite de ce passage, si Fichte reconnaît que la forme de la réflexion reste inéliminable, il fait aussi place à la possibilité que cette forme ne soit plus un voile, lorsque l'homme la comprend, c'est-à-dire en comprend la nécessité et en vient à la désirer et à l'aimer[3]. En outre, l'*Anweisung* s'interrompt au seuil du cinquième point de vue, celui de la science; Fichte indique tout de même, dans la cinquième leçon, que la science est capable d'exposer la genèse de ce que la religion reçoit comme un *factum*, et qu'elle peut parvenir à changer la croyance en un « regarder (*Schauen*) »[4]. Ainsi, le reproche qu'adresse Henry à Fichte de présenter l'immanence de l'être absolu comme un fait reçu, sans élucidation ontologique et phénoménologique véritable, ne vaut que pour *L'initiation* et non pour la *Wissenschaftslehre*.

De plus, au point de vue même de la religion, Fichte ne s'appuie pas seulement sur l'expérience du sentiment, mais sur l'agir, et notamment l'acte du Saint. Fichte déclare très clairement: « Dans ce que fait le saint, dans ce qu'il vit et dans ce qu'il aime, Dieu n'apparaît plus dans l'ombre ou recouvert d'une enveloppe, mais dans sa vie propre, immédiate et vigoureuse »[5]. Fichte pense donc bien un lieu dans lequel l'être en soi de Dieu se manifeste sans reste; Henry interprète cette manifestation comme n'étant pas pensée ontologiquement, mais seulement désignée de manière ontique. Or, une telle interprétation paraît méconnaître l'idée selon laquelle il est possible pour Fichte de penser le *faire*, l'*agir*, dans sa commune nécessité phénoménologique et ontologique, bien que l'exposé populaire en quoi consiste l'*Anweisung* ne puisse exposer la pensée « scientifique » de ce

1. IVB, p. 70; trad. fr. p. 57.
2. IVB, p. 111; trad. fr. p. 121 (cité *supra*).
3. *Ibid.*
4. IVB, p. 112; trad. fr. p. 122.
5. IVB, p. 111; trad. fr. p. 121.

faire, mais seulement l'exhiber et y rendre, en effet, *sensible* (au sens du « sens naturel de la vérité »). L'union de l'être et de l'être-là n'est elle-même possible que dans l'agir. Or, l'agir paraît être caractérisé par Fichte comme tout autre chose qu'un rapport objectivant réinstaurant la transcendance, comme semble le penser Henry. On peut à nouveau se reporter à la cinquième leçon, dans laquelle Fichte distingue l'attitude authentiquement religieuse, du rapport consumériste à l'objet propre à la jouissance : au contraire, le véritable religieux « saisit son monde comme un *faire*, et lui seul le vit »[1]. L'agir fichtéen peut alors revêtir une dimension ontologique, au sens henryen du terme, dans la mesure où c'est bien l'immanence de l'être absolu qui s'y manifeste. Quant à l'exposition du fondement ontologique de cette manifestation de l'immanence dans l'agir, il ne peut par définition avoir sa place dans *L'initiation à la vie bienheureuse*. La question reste ouverte de savoir si on le trouve dans l'exposé scientifique de la *Doctrine de la science*, notamment dans les exposés contemporains de *L'initiation*, des années 1804-1805.

CONCLUSION

Le fond du désaccord réside en fin de compte dans l'interprétation du pratique : Henry semble refuser la possibilité d'accorder à l'agir et au faire une signification ontologique et de les envisager comme le lieu adéquat pour penser l'*essence* de la manifestation. Le philosophe français interprète la distinction fichtéenne entre l'historique et le métaphysique comme opposition radicale de l'agir et du penser[2] : l'enseignement du Christ ne peut donner lieu à une transmission fondée sur la compréhension intellective, et inversement, le concept reste sur le seuil de la vision de l'essence absolue. Mais, encore une fois, Henry néglige que, pour Fichte, la vérité incarnée par Jésus peut être découverte par le *Wissenschaftslehrer* indépendamment de l'existence historique du Christ[3]. L'accès à l'essence de la

1. IVB, p. 114 ; trad. fr. p. 125.

2. EM, p. 512-514.

3. À ce titre, l'interprétation proposée par Roberto Formisano, consistant à dire que la doctrine des points de vue de l'*Anweisung* indique que la religion constituerait comme une étape préliminaire à la compréhension ontologique de l'être (voir « La question de la transcendance », *op. cit.*, p. 84) nous semble fort discutable. En effet, la religion et la science restent chez Fichte deux voies parallèles et indépendantes pour accéder à la vérité. Que la science constitue le cinquième point de vue (et donc le point de vue supérieur) tient au fait qu'elle contient la compréhension de sa propre genèse (ce dont ne dispose pas la religion), mais cela

manifestation s'effectuera pour Henry dans une compréhension de l'affectivité comme sentiment de soi indépendant de toute médiation, notamment celle du sens : l'affectivité n'est jamais sensible, car la sensibilité implique la transcendance[1]. Ce dont il s'agit de saisir le caractère essentiel, c'est la *passivité* qui définit le rapport de l'être à lui-même. Mais passivité implique chez Henry nécessité et autonomie; il reproche d'ailleurs à Fichte de faire du sentiment quelque chose qui dépend du hasard[2]. Mais là encore, Henry ne prête pas attention à un passage de *L'Initiation* dans lequel résonne pourtant une affinité certaine avec la démarche qui est la sienne dans les derniers paragraphes de *L'essence de la manifestation* : ce passage est celui de la septième leçon où Fichte fait de l'amour « l'*affect de l'être* »[3]. L'amour est ici défini comme un affect qui n'est le produit d'aucune action extérieure, comme « le sentiment d'un *amour* pour soi-même », « un sentiment de l'être en qu'être »[4]; l'amour comme affect de l'être est bien distinct du sentiment comme rapport à un objet (celui-ci dérive d'ailleurs de celui-là)[5]. Cet affect se manifeste en effet à travers diverses manières de voir le monde et d'en jouir, manières de voir et de jouir qui correspondent à des manières d'être et d'agir tout à la fois. L'agir chez Fichte est étroitement lié à la manière d'être affecté par l'être-un de l'absolu. De même, chez Henry, la passivité affective sera interprétée comme autonomie, liberté, et en dernière instance action[6].

n'implique pas que la religion, en tant que point de vue inférieur, soit une étape nécessaire ou une propédeutique à la science, ni inversement que la religion serait insuffisante pour accéder à la béatitude. On peut à ce propos repérer une certaine tension entre l'exposé de la *Wissenschaftslehre* de 1804 et *L'initiation à la vie bienheureuse*, comme le fait Jean-Marie Vaysse, dans la mesure où la science semble identifier béatitude et savoir absolu, tandis que le point de vue religieux « assimile la pensée à la croyance » (voir « Amour et béatitude. La réévaluation fichtéenne de Spinoza en 1804-1806 », *in* J.-C. Goddard et A. Schnell (éd.), *L'être et le phénomène. La* Doctrine de la science *de 1804 de J. G. Fichte*, Paris, Vrin, 2009, p. 353-362, ici p. 360).

1. Cette opposition radicale de l'affectivité et de la sensibilité est présentée par Henry comme une différence avec l'approche kantienne, qui rabat l'affect sur la sensibilité : voir EM, p. 650.

2. EM, p. 617.

3. IVB, p. 133-134 ; trad. fr. p. 154.

4. IVB, p. 134 ; trad. fr. p. 155.

5. *Ibid.*, trad. fr. p. 156.

6. Henry a parfaitement conscience de la destination du concept d'affectivité qu'il élabore ; on peut se reporter à l'un des fragments préparatoires à la rédaction de *L'essence de la manifestation* (Ms A 6-3-3715), où Henry déclare : « Liberté. Intuition profonde de ma philosophie : la théorie de l'affectivité transcendantale se confond avec la théorie de la liberté »,

Ainsi, la question qui sourd de cette confrontation entre Fichte et Henry concerne l'option qu'il faut prendre pour penser un rapport non médié de soi à soi qui permette d'accéder à l'essence de l'être : l'option du pâtir, ou l'option de l'agir. En fin de compte, c'est un choix éthique qui donne sens au projet ontologique.

Revue internationale Michel Henry, n° 3 « Notes préparatoires à *L'essence de la manifestation :* la subjectivité », 2012, p. 144 (ce fragment est cité et commenté par Grégori Jean dans sa présentation du volume « La subjectivité, la vie, la mort », p. 82). Sur la différence d'approche du rapport entre passivité et activité chez Fichte et chez Henry, voir G. Jean, *Force et temps. Essai sur le « vitalisme phénoménologique » de Michel Henry*, Paris, Hermann, 2015, p. 125.

ALEXANDER SCHNELL

L'ÊTRE, LA CONSCIENCE, LE RÉEL. L'*ANWEISUNG ZUM SELIGEN LEBEN* (J. G. FICHTE) FACE AU « PROBLÈME "DIFFICILE" DE LA CONSCIENCE » (D. CHALMERS)

La question du statut de la conscience, de son rapport à l'objet et, dans une perspective plus étendue, celle du sens et de la teneur de l'« être », du « réel », en général, n'a rien perdu de son acuité. Au regard des débats récents dans les sciences cognitives, et selon une démarche et une terminologie certes différentes dans les recherches phénoménologiques, cette question est aussi actuelle et urgente qu'à l'époque où Hume critiquait Descartes ou Fichte le réalisme de la « conscience commune ». Nous voudrions tenter, dans ce qui suit, une coupe transversale dans l'histoire de la philosophie, afin de montrer qu'il est possible de faire entrer Fichte dans un débat précis au sein des sciences cognitives contemporaines et de porter par là ce dernier à un niveau spéculatif plus élevé que c'est le cas, d'ordinaire, dans cette discipline. Mais exposons d'abord les points de départ respectifs des participants à ce débat.

La *Wissenschaftslehre* est autant un enseignement du « *savoir* », exposant son auto-engendrement, qu'une doctrine du « *réel* ». L'approche de ce dernier peut s'effectuer de différentes manières. Dans la *Première introduction à la doctrine de la science* (1797), Fichte a essayé de cerner le point où se séparent définitivement le « dogmatisme » et l'« idéalisme » (donc le point de vue du « réaliste » et celui du *Wissenschaftslehrer*), en tant que ce point de partage concerne deux différentes manières de concevoir le rapport entre la « chose (*Ding*) » et la « représentation (*Vorstellung*) »[1]. Plus exactement, il a mis en évidence, dans ce texte, « au moyen d'une image (*bildlich*) », une « *double série* dans l'intelligence » : la série « de l'être », qui est la « série "*réelle*" », d'un côté; et la série « du regarder (*Zusehen*) », qui correspond à la « série "*idéelle*" », de l'autre. Avant d'expliquer le sens et le statut de ces deux séries, il convient tout d'abord de s'entendre sur le sens du « regarder » au niveau de la série idéelle.

Fichte ne veut pas dire qu'un spectateur extérieur porterait ici son regard *sur* un quelconque objet. Dans la série idéelle, il n'y a *aucune* séparation entre le « regard » et ce qui est « regardé ». Et ce, parce que le rapport entre les deux est un rapport *immédiat*. Aussi est-il plus approprié d'utiliser ici la notion d'« intuition » (laquelle désigne toujours, on le sait, un « rapport immédiat à l'objet ») pour caractériser ce « regard » (qui est donc un « voir »). Dans la série idéelle, il y a une « inséparabilité » entre l'être et l'intuitionner, entre les « choses » et la « conscience » des choses; elle est de ce fait caractérisée par une « synthèse ». Dans la série réelle, en revanche, il n'y a pas de dualité. Elle est purement et simplement la série de l'être, c'est-à-dire celle des choses en tant qu'elles sont en interaction causale entre elles. Fichte remarque à plusieurs reprises dans ce même texte que la série idéelle et la série réelle, l'intelligence et la chose, sont radicalement opposées et qu'elles relèvent de deux mondes totalement différents, reliés par aucun pont.

Il s'agira donc de montrer dans cette contribution que cette « image » d'une « double série » permet de faire figurer Fichte dans un débat actuel au sein des sciences cognitives. Mais au lieu de nous focaliser sur le texte de 1797, nous nous appuierons sur l'*Anweisung zum seligen Leben* (en particulier sur les leçons III et IV) et ce, pour deux raisons : d'une part, parce que les conférences publiques de 1806 sont beaucoup plus précises sur ce point que le texte introductif d'Iéna; et, d'autre part, parce qu'elles reviennent sur l'idée d'une séparation totale entre les deux séries et proposent une alternative qui n'est pas sans intérêt pour les sciences cognitives.

Dans *L'esprit conscient*[2], David Chalmers a introduit la désormais célèbre distinction entre les « problèmes faciles » et les « problèmes diffi-

1. Précisons que la *Vorstellung* implique autant un « voir (*Sehen*) » qu'un « penser (*Denken*) ».

2. D. Chalmers, *L'esprit conscient. À la recherche d'une théorie fondamentale*, trad. fr. S. Dunand, Paris, Les éditions d'Ithaque, 2010. L'édition originale est parue en 1996 sous le titre *The Conscious Mind : In Search of a Fundamental Theory*, New York, Oxford University Press.

ciles » de la conscience. Les « problèmes faciles » concernent l'explication de la manière dont le cerveau enregistre des informations, les élabore et les transforme, et de tout ce qui a trait aux états mentaux lorsqu'un individu effectue n'importe quelle tâche théorique ou pratique. Dans un tel contexte, Chalmers se place sur *un seul plan* – celui d'un « matérialisme fonctionnaliste », c'est-à-dire des mécanismes réalisant les différentes fonctions du cerveau. Les sciences neuronales sont très loin d'avoir résolu tous ces problèmes, mais il y a lieu de penser que le progrès des recherches permettront de trouver les réponses recherchées. Les « problèmes difficiles » sont ceux, en revanche, censés rendre compte de la « conscience », de la « dimension "subjective" de l'expérience », des « *qualia* », etc. – bref, ce sont ceux qui (probablement à leur insu !) dévoilent un *autre plan*, lequel ne se restreint pas à des rapports de causalité entre des objectités matérielles, mais met en jeu un « sujet », une « conscience », un « vécu ». Il n'est pas difficile de reconnaître ici la proximité avec les deux « séries » évoquées plus haut : ici aussi se présente, d'un côté, le « réel », « matériel », *en dehors de tout rapport au sujet*; et, de l'autre côté, l' « enchevêtrement » (on pourrait dire également : la « corrélation », mais à condition d'admettre une corrélation « immédiate » entre les termes mis en jeu), dont il va falloir rendre compte et qu'il s'agit de clarifier, entre la « chose » et la « conscience » que « j' » en ai.

Quel est plus précisément le lien entre la série « idéelle » et les « problèmes "difficiles" de la conscience » ? Nous voyons au moins quatre attestations (mais la liste n'est nullement exhaustive) de « phénomènes » renvoyant à un plan au-delà ou en dehors de la série « réelle ». Chalmers évoque lui-même – à la suite par exemple de Thomas Nagel – l'*expérience* du « what is it like to be? » : une chose est en effet de rendre compte de la perception d'un aliment (l'activité cérébrale correspondant à la perception, à l'engloutissement, etc.), une autre chose est le fait de « vivre » le goût de l'aliment. Impossible de rendre compte sur le seul plan du fonctionnalisme causaliste du goût du soleil d'un vin de Rioja ou du goût du beurre d'un biscuit sablé breton. La même chose vaut, en outre, pour les sentiments – l'amour en premier, mais aussi le respect, l'admiration, etc. Par ailleurs, le phénomène *vécu* de la « liberté transcendantale » (au sens de la *Critique de la raison pure*), donc de notre capacité à commencer radicalement une nouvelle série causale, ne se laisse nullement intégrer dans une détermination causale intégrale. Enfin, les « transcendantaux » médiévaux (le vrai, le bon et le beau) transcendent à leur tour le plan fonctionnaliste.

Ne prenons que l'exemple du premier : le phénomène de la « certitude »[1] (ou de ce que Husserl appellera dans la *Sixième Recherche Logique* l'« évidence »), c'est-à-dire d'une « *Einsicht* » (compréhension intellective) apodictique du « vrai », relève lui aussi du plan de la « série idéelle » que nous nous proposons maintenant de clarifier davantage.

Pour ce faire, nous pourrions partir – à l'instar de Fichte lui-même – du simple fait d'être conscient de quelque chose. Fichte évoque au début de son *Essai d'une nouvelle présentation de la doctrine de la science* (1797) la possibilité, pour tout un chacun, de penser le « *Moi* » (donc *soi-même*) et puis n'importe quel *objet* (une table, un mur, etc.). Fichte insiste sur l'idée qu'en pensant d'abord le « Moi », ensuite, la « table », ensuite le « mur », nous avons conscience d'un *agir* et d'une *liberté* dans ce penser. Quiconque n'est conscient d'aucun agir de la sorte ne saurait plus rien comprendre à tout ce qui se présentera par la suite – aussi Fichte exhorte-t-il celui qui ne le suit plus à partir d'ici à se séparer définitivement de lui. La doctrine de la science (du moins dans ses versions iénoises) s'installe dans cet agir et cherche à comprendre – à partir de lui – le point d'unité et de disjonction de l'être et du penser (et donc la possibilité de la série « idéelle »).

Nous allons ici poser une *autre question* (mais étroitement liée aux perspectives précédentes) : celle de la *phénoménalisation* de l'être, c'est-à-dire, précisément, celle du rapport de ce qui « est » *réellement* à la *conscience* de cet être. Cette question est au cœur de l'esquisse de la *Wissenschaftslehre* que nous trouvons dans l'*Initiation à la vie bienheureuse*. Fichte ne prend pas ici son point de départ dans le « Moi » (ce qui ne veut nullement dire qu'il abandonnerait ce dernier), mais dans l'être absolu qui peut être compris comme « Dieu », *mais aussi comme la vraie RÉALITÉ*. Toute la question étant précisément de savoir comment cet être absolu est « là », comment il « se présente », comment il peut être « *pensé* », comment il « se phénoménalise ».

Qu'est-ce que l'être ? Fichte distingue entre l'être *mort* et l'être *vivant*. Ce ne sont pas deux « êtres » distincts, mais deux points de vue différents sur l'être, sur le *seul* être qui « soit ».

L'être mort est celui du réaliste ou du matérialiste – l'unique série causale, mécanique, fonctionnaliste, d'un être en soi indépendant de la conscience et du penser. L'être vivant, en revanche, est caractérisé par une « dualité », par une « corrélation ». Plus précisément, l'être vivant doit être

1. Voir par exemple GA I, p. 168 ; trad. fr. p. 207.

conçu comme l'*être en soi divisé*. Le caractère vivant de l'être provient ici de cette dualité, tandis que l'être mort est l'en soi un et immobile. Comment concevoir plus distinctement cet être-divisé de l'être ?

Ce qui s'oppose en effet à l'*indifférence* de l'être mort, c'est l'être vivant en tant qu'il est *concerné* par lui-même. L'être (s') « intéresse » (à soi) : l'être est *interesse*[1] – un « intéressement » qui est certes *immédiat*. La forme fondamentale d'un tel être-concerné, d'un tel « intéressement », est le « poser-devant-soi-même » (*Vor(-sich-selbst-hin)-stellen*), rendant possible toute « représentation (*Vorstellung*) ». C'est en vertu de ce dernier que l'être (vivant) est celui d'un « Moi » ou d'un « Soi » qui renferme en lui l'être divisé. Or, il faut bien s'entendre sur la nature des termes divisés « dans » le Moi ou le Soi : nous n'avons pas ici une conscience-sujet face à l'objet, mais cette division caractérise bel et bien le rapport *immédiat* de l'être à la conscience. Ce n'est que de cette façon que l' « égoïté (*Ichheit*) » saurait être la « racine de toute vie ». L'être est présent à lui-même de façon immédiate – c'est cela le sens du Moi ou du Soi divisé (en tant que synonyme de l'*être* divisé). Cette immédiateté ne concerne donc pas un sujet et un objet *partes extra partes*, mais le rapport de l'être à son propre être-là. Fichte dit à ce propos :

> [...] seul l'être *est*, mais en aucune façon il n'y a encore autre chose qui ne serait pas un être et qui se situerait au-delà de l'être [...]. Car, d'après [une] façon de voir habituelle [correspondant à une sorte de « réalisme naïf »], à quelque chose, qui par lui-même n'est ni ne peut être, devrait s'ajouter du dehors l'être-là, qui n'est à son tour l'être-là de rien ; et de ces deux incohérences réunies est censé surgir tout ce qui est vrai et effectif. Cette opinion ordinaire est contredite par la proposition que je viens d'énoncer : seul l'être, seul ce qui est de soi et par soi-même, est[2].

Les deux « incohérences » que Fichte stigmatise ici sont d'abord les suivantes. D'une part, il est impossible de considérer que ce qui est, n'est pas (ni ne saurait être) par lui-même. Ce qui est, est par lui-même, ou il n'est pas. D'autre part, il est impossible d'admettre que l'être puisse être clos en lui-même, indépendamment de son « existence » (ou de son « être-là »), *et que cette dernière (ou ce dernier) s'adjoigne du dehors à cet être* – qui plus est en étant existence (ou être-là) « de rien ». L'être *est* abso-

1. Non pas au sens du Levinas d'*Autrement qu'être ou au-delà de l'essence* qui attribue à l'être un « *conatus* » exerçant une « invincible persistance dans l'essence », mais au sens d'une dimension d'unité et de disjonction immédiate caractérisant tout rapport entre l'être et son « être-là ».

2. GA I, p. 58 ; trad. fr. p. 38 (trad. mod.).

lument; et il ne saurait être déconnecté de son *être-là* qui ne s'y adjoint donc nullement du dehors. Donc, quand Fichte affirme que l'être « se divise », cela met en jeu ce rapport particulier entre l'être et l'être-là dont il s'agira d'éclaircir le statut dans ce qui suit.

Par ailleurs, Fichte identifie l'être (absolu), la vraie vie et la béatitude, d'un côté, ainsi que l'être apparent, la vie apparente (qui n'est autre que la mort) et le malheur, de l'autre. L'objet aimé de la *vraie vie* est l'être absolu, celui de la *vie apparente* est le *monde*. Pour Fichte, la vraie réalité n'est pas dans le monde, mais dans l'être transcendant (que l'on pourrait nommer « Dieu »). Or, le monde (*Welt*) n'est que l'*apparence* (*Schein*) de l'être absolu – celle-ci ne doit pas être confondue avec son *apparition* (*Erscheinung*) qu'est la *pensée* (*Gedanke*) (de même qu'il ne faut pas confondre la division de l'être en être et être-là avec la scission sujet/objet). Au début de *l'Initiation à la vie bienheureuse*, Fichte identifie d'ailleurs tout simplement « vivre » et « penser ». Ces conférences investissent ainsi de part en part la *pensée* afin de faire apparaître comment l'être absolu se phénoménalise. Précisons et approfondissons, à présent, ce qui vient d'être esquissé.

Comment le penser procède-t-il dans la saisie, le remplissement et l'accomplissement de la « région suprasensible » ? Comment se réalise-t-il dans l'être absolu ? Comment la seule vérité possible, la vérité absolue, se déploie-t-elle dans l'évidence et la certitude inébranlables ? Pour répondre à ces questions, Fichte procède dans la troisième leçon en six temps.

Premier moment : lorsqu'on pense l'être « *avec acuité* », « *énergiquement* », il apparaît avec évidence qu'il peut seulement être « *de* » lui-même, « *à partir de* » lui-même et « *par* » lui-même – ce qui implique qu'en aucun cas il ne devient, ni ne naît, à partir d'un quelconque non-être. Si l'être devait ce qu'il est à autre chose que lui-même, il faudrait supposer un étant en vertu duquel il serait, lequel supposerait à son tour un autre étant, et ainsi de suite à l'infini. Soit l'être *est*, et alors il est de soi, à partir de soi, par soi ; soit il est en vertu d'*autre* chose, et dans ce cas, il s'éparpille et se perd à l'infini. L'être n'est donc pas *créé* – ni par un créateur autre que lui, ni *ex nihilo*.

Deuxième moment : en vertu de cette même caractéristique essentielle de son propre être, l'être absolu est immuable, clos en lui-même et achevé. Il n'est pas composé de parties, mais absolument *un*. Donc ce qui vaut de l'être vis-à-vis d'« autres » êtres, « extérieurs » (qui, nous l'avons vu, n'existent pas), vaut aussi de tout être le constituant de l'« intérieur » (qui n'existe donc pas non plus).

Troisième moment : comment cet être se manifeste-t-il ? Comment se révèle-t-il ? Il faut qu'il se révèle et se manifeste, *car, autrement, on ne comprendrait pas ce que l'être du monde et des choses du monde veut dire*. Pour Fichte, l'extériorisation (*Äußerung*) de l'être n'est pas une détermination de l'esprit permettant de prendre conscience de lui-même et d'accéder, par la conscience de soi, à une détermination supérieure (comme c'est le cas chez Hegel). La « conscience », le « penser », « l'élément, l'éther, la forme substantielle de la vie véritable » est plutôt le moyen, tout simplement, de laisser l'être « être là ».

> Je dis en effet : l'être-là de l'être est, immédiatement et à la racine, la – conscience ou la représentation de l'être, comme cela pourra vous apparaître clairement sur-le-champ en considérant le mot : *Est*, quand on l'emploie à propos d'un objet quelconque, par exemple ce mur. Car qu'est donc ce « *Est* » lui-même, dans la phrase : le mur *est* ? Manifestement, ce n'est pas le mur lui-même et il ne fait pas un avec lui ; il ne se fait d'ailleurs nullement passer pour tel, mais il sépare ce mur de lui, par la troisième personne, comme un étant indépendant de lui : il se donne donc seulement pour une marque de reconnaissance externe, pour une image, de l'être autonome ou, comme nous le disions plus haut et comme c'en est aussi l'expression la plus précise, comme l'être-là immédiat, extérieur du mur et comme *son être en dehors de son être* [1].

La *conscience* du mur, ce qui, du mur, est connaissable, est « l'être [du mur] en dehors de son être ». Dans les deux cas, il s'agit de l'*être* – l'être « *selbständig* », traduit ici par « autonome », mais qui veut dire littéralement « auto-stant » (ce qui se tient par soi-même), d'un côté ; et l'être-« image »[2], donc ce qui apparaît comme « marque de reconnaissance externe » du premier, de l'autre. Et c'est précisément cette « extériorité », l'« *Äußerlichkeit* » ou, comme Fichte le dira quelques années plus tard, l'« *Außen* » (le « dehors ») qui caractérise spécifiquement la conscience – sachant que ce rapport d'extériorité met précisément en jeu un lien intrinsèque, indéfectible. Le réalisme « saute par-dessus l'être-là », il croit pouvoir saisir l'être, alors que nous ne restons à jamais que sur le « parvis » – dans l'être-là.

1. GA I, p. 86 ; trad. fr. p. 83. Il est tout à fait remarquable que cette formule se trouve déjà, presque une décennie auparavant, dans les *Fichte-Studien* de Novalis.

2. Nous reviendrons plus loin sur cette notion d'« image ». *Cf.* aussi le chap. IV de notre ouvrage *L'effondrement de la nécessité*, Grenoble, J. Millon, 2015 et, d'une manière plus complète, *Bild, Selbstbewusstsein, Einbildung*, A. Schnell, J. Kunes (éd.), *Fichte-Studien*, 42, Bill/Rodopi, 2016.

Quatrième moment : comment établir alors le rapport entre l'être-là et l'être – plus précisément : comment établir que la conscience de l'être est la *seule forme* et le *seul mode possible* de l'être ? Citons un passage précis et déterminant :

> [L]'être – en tant qu'être et restant être, mais n'abandonnant nullement son caractère absolu, sans se mélanger ni se mêler avec l'être-là, doit (*soll*) être là. Il faut pour cette raison qu'il soit distingué de l'être-là et lui soit opposé ; et certes – comme il n'y a absolument rien hors de l'être absolu que son être-là, – il faut que cette distinction et cette opposition aient lieu dans l'être-là lui-même; cela, exprimé plus clairement, voudra dire la chose suivante : il faut que l'être-là se saisisse, se connaisse et se forme (*bilden*) lui-même en tant que simple être-là, et qu'il pose et forme (*bilden*) vis-à-vis de lui-même un être absolu, dont le simple être-là est précisément lui-même : il faut qu'à travers son être, il s'anéantisse vis-à-vis d'un autre être-là absolu, ce qui donne précisément le caractère de simple image (*Bild*), de représentation ou de conscience de l'être, toutes choses que vous avez déjà trouvées, exactement de la même façon dans l'explication du « Est » qui a été donnée plus haut. Et il apparaît clairement dès lors, pour peu que nous ayons effectué les pensées que je vous ai proposées, que l'être-là de l'être doit (*muss*) nécessairement être une – conscience de soi de lui-même (de l'être-là) en tant que simple image (*Bild*) de l'être étant absolument en lui-même – et qu'il ne peut être absolument rien d'autre [1].

Le verbe « devoir (*sollen*) » – dans l'expression « l'être [...] doit être là » – que Fichte utilise ici de façon lapidaire, est un concept *clef* de la *Wissenschaftslehre* (exposé en particulier dans la deuxième version de 1804). Pour pouvoir expliquer ce passage décisif, il convient donc de faire un rapide retour sur l'indication relative au « *Soll* » dans cette version fondamentale de la doctrine de la science [2].

Pour comprendre en quoi le « *Soll* » médiatise l'*être* et l'*être-là*, il faut d'abord rappeler que sa fonction fondamentale est de légitimer le transcendantal. D'une manière générale, le discours transcendantal ne dit pas ce qui *est* pour que la connaissance soit possible, mais ce qui *doit* être. Le problème de la *légitimation* du transcendantal (à partir de l'ouverture de la sphère de ce dernier) se pose dans la mesure où cette ouverture soulève la question du *lien* avec la sphère de l'*attestation dans l'expérience*.

1. GA I, p. 87 *sq.* ; trad. fr. p. 85 (trad. mod.).

2. Pour plus de précisions sur ce point, *cf.* notre ouvrage *Réflexion et spéculation. L'idéalisme transcendantal chez Fichte et Schelling*, Grenoble, J. Millon, 2009.

On peut formuler la même chose encore d'une autre manière, ce qui nous permettra d'approfondir l'enjeu du problème. On sait depuis les *Seconds Analytiques* d'Aristote que ce qui est au principe d'une connaissance doit être *au moins* aussi connu que cette connaissance elle-même. Mais si, comme l'affirme Kant, les conditions de possibilité de la connaissance ne sont pas « connaissables » au sens strict du terme *dans la mesure précisément où elles rendent d'abord la connaissance possible*, alors ce qui est au principe de la connaissance transcendantale ne répond pas strictement à la prérogative aristotélicienne. Dès lors, pour sortir du dilemme, il faut éviter deux écueils : celui d'une régression à l'infini (consistant dans le fait de chercher à toute affirmation catégorique une autre affirmation catégorique, et ainsi de suite) et celui de rester cantonné au seul plan de l'hypothéticité (en effet, si le principe n'est formulé que sous forme d'une simple hypothèse, on ne comprend pas comment on peut rendre compte, à partir de là, de la catégoricité caractérisant toute connaissance). Le sens fondamental du *Soll* consiste précisément à dresser ce pont : le *Soll* est le lien entre être et être-là, plus exactement : il est le principe d'éclosion de l'être dans l'être-là, de l'être-là à partir de l'être.

Quelle est alors l'« essence » du *Soll*[1] ? Le *Soll repose absolument en lui-même*, c'est-à-dire que *rien d'extérieur* ne repose en son fondement. Ce qui le fonde, c'est le fait qu'il se *suppose lui-même* : c'est une « *hypothèse* (*Annahme*) intérieure de lui-même, absolument ». (C'est donc très exactement *parce qu*'il exprime une hypothèse absolue qu'il se suppose lui-même.) Or, comme le *Soll* est « création *ex nihilo* », « auto-créateur de son être, et auto-porteur de sa durée », il exprime une *auto-construction*, un « se faire soi-même (*sich selber Machen*) » *intérieur, absolu et purement qualitatif*, une « création pure et intérieure »[2]. Autrement dit, le *Soll s'engendre lui-même* et en lui résident, en dépit de toute *problématicité* apparaissante, la *catégoricité* et l'*absoluité*. Il s'ensuit que le *Soll* est un Absolu qui se porte et se tient absolument lui-même « à partir de lui, de lui, à travers lui, absolument *en tant que tel* »[3]. Et il en découle l'« auto-stance » et la « clôture » de l'être.

1. Voir sur ce point la Conférence XVI de la *Doctrine de la Science de 1804/II* [cité GA II, 8), en part. p. 253, l. 16-32) et la récapitulation qui se trouve dans la Conférence XVII (*ibid.*, p. 267).

2. GA II, 8, p. 267, l. 15.

3. *Ibid.*, l. 27-28.

En dehors de cette clarification concernant l'« auto-stance » de l'être, le *Soll* a la même fonction pour l'être-là : il est le principe du « *phénomène* » (donc précisément de l'être-là) permettant de génétiser le principe de la doctrine de l'être. Le *Soll* est « l'auto-construction immédiate – c'est-à-dire qui ne peut absolument pas être reconstruite davantage et qui, dans la construction, donne immédiatement la chose même – et idéelle de l'être lui-même »[1]. À partir de là, Fichte tire la conclusion décisive – exprimant donc la médiation entre l'être et l'être-là – que le « *Soll* » est le « principe » qui « est en lui-même *construction* et *chose*, *Idéel* et *Réel* »[2].

Dans cette caractérisation de l'essence du *Soll* apparait enfin un autre moment qui s'exprimait dans la formule : « le *Soll* est un Absolu qui se porte et se tient absolument lui-même "à partir de lui, de lui, à travers lui, absolument *en tant que tel*" ». En effet, si le « *Soll* » peut avoir un effet médiatisant entre l'être et l'être-là, c'est parce qu'il n'est pas seulement « *Soll* », mais toujours aussi « *Soll* EN TANT QUE (ALS) *Soll* ». Le « *Soll* » « se tient là comme un centre et un porteur fixe et "auto-stant" de l'auto-créer et porter absolus ». Ce qui vient d'être dit n'est *vu* (*eingesehen*) que de façon médiate, « en supposant et en posant un *Soll* – bref, *sous la présupposition qu'un Soll lui-même doit être de nouveau, donc être vu à travers son propre redoublement* »[3]. En d'autres termes, la position du *Soll* n'a de sens *et ne se légitime que si elle est* en même temps *EINGESEHEN* (comprise intellectivement) *en vertu d'un « Soll »*. L'attitude transcendantale implique un *redoublement* du « *Soll* » en « *Soll en tant que Soll* », ce qui signifie : en « *Soll du Soll* ». Ce qui rend possible… se redouble en : ce qui rend possible cela même qui rend possible… – une « *Vermöglichung* (possibilisation) » qui clarifie donc définitivement cette médiatisation entre l'être et l'être-là en tant que caractéristique fondamentale du transcendantalisme.

Revenons alors au passage cité à l'instant qui s'éclaire considérablement à partir des éléments que nous venons de rappeler. Comment l'être (qui est absolument *un*) peut-il être *distingué* de l'être-là, tout en étant *un* avec lui (autrement, l'être-là ne serait pas être-là de *cet* être)? Cette question peut être reformulée dans les termes de l'*Assise fondamentale de la doctrine de la science* de 1794/95 : comment le Moi absolu peut-il à la fois être absolu, tout en se finitisant dans le Moi fini ? La réponse est dans les deux cas la même : cela n'est possible qu'en vertu d'une *division* qui ne saurait avoir lieu dans l'être (ou le Moi) absolu, mais seulement dans son

1. GA II, 8, p. 255, l. 11-13.
2. GA II, 8, p. 255, l. 16-17.
3. GA II, 8, p. 269, l. 28-32.

être-là (ou le Moi fini). Comment cette division (dont Fichte rend compte en termes de « loi fondamentale de la réflexion », cf. *infra*) s'opère-t-elle concrètement ?

La réponse est donnée avec une saisie ferme et précise de la manière dont l'être et l'être-là sont respectivement un « se faire soi-même » (comme cela a été indiqué plus haut). D'une part, l'être est par définition un tel « se faire soi-même ». D'autre part, et de la même façon, *dans* l'être-là, celui-ci se forme (*bildet sich*) *comme simple* être-là, ce qui n'est possible que s'il pose et forme en même temps, « vis-à-vis » de lui, face à lui, un être *absolu* dont il est précisément l'être-là (un *simple* être-là). Or, le caractère de *simple image*, impliqué par là, suppose en même temps que l'être-là *s'anéantisse* comme être-là pour laisser apparaître de la sorte l'être absolu, un, clos en lui-même. *L'être-là de l'être* (*absolu*) *requiert, pour être là, pour apparaître, l'anéantissement de l'être-là* COMME *être-là*. À défaut d'un tel anéantissement, l'être-là ne pourrait être conçu comme être-là *de* l'être absolu.

Quel statut de réalité incombe alors à l'être-là ? Fichte a livré la réponse dans cette même synthèse génétique : il est (une) *image*. Comprendre le « Est », dans « le mur est », revient précisément à comprendre l'être-là comme image : une image non pas comme simple *copie* (*Abbild*) de l'être, mais comme « *Bild* » mettant en jeu un « *Bilden* » (faire, former, configurer, construire génétiquement), c'est-à-dire comme portant donc en lui un *engendrement* et un *anéantissement*.

Il faut le souligner avec insistance : ce qui *est* véritablement *là*, ce ne sont pas les choses réelles du monde, mais la *conscience*, le *savoir* – qui, nous le verrons, n'est autre que l'être-là absolu (divin) lui-même. Dans le « Est » coïncident, se révèlent et s'absorbent les uns dans les autres, l'être absolu, l'être véritablement réel (et donc pas – nous y reviendrons – la réalité apparente !) et l'être pensant.

Cinquième moment : De cette façon, le lien entre l'être et l'être-là est alors clairement établi. C'est un lien pour la caractérisation duquel le terme d'« endo-exogénéisation »[1] serait peut-être le plus approprié – donc ce n'est ni un rapport d'identité, ni un rapport d'indifférence, ni un rapport d'inclusion : l'être n'est absolument un que pour autant qu'il est là, et il n'est là que pour autant que cet être-là lui-même s'auto-anéantit vis-à-vis de lui. Il inclut par ailleurs l'idée de *l'impossibilité de mettre au jour un quelconque lien* CAUSAL *entre l'être et l'être-là, qui rendrait compte de la détermination du second par le premier*. La conscience n'a pas d'origine,

1. *Cf.* notre ouvrage *La déhiscence du sens*, Paris, Hermann, 2015.

du moins une telle question n'admet-elle aucune réponse. Plus précisément, et c'est là une autre clarification décisive du transcendantalisme, c'est *parce que* l'être-là est *auto-transparence* qu'il ne saurait comprendre son *origine* (à partir de l'être). L'essence de l'être-là est un se-voir en se faisant et un se-faire en se voyant (ou, en d'autres termes, l'être est autant un *en-soi* radical que l'être-là est un *pour-soi* radical). Et c'est donc dans la mesure où son être et son agir sont absolument co-extensifs, que l'être-là ne peut en aucun cas aller au-delà de lui-même. Il est dès lors complètement dénué de sens que de vouloir déterminer la série idéelle à partir de la série réelle – le fonctionnalisme n'a donc aucune prise sur le transcendantal.

Sixième moment : S'il est impossible de mettre au jour la provenance de l'infinité des déterminations concrètes de l'être-là, celui-ci peut néanmoins être saisi en son « essence intérieure et vraie » (qui est une). Ce que nous venons de voir – à savoir que l'être-là est la conscience transparente de l'être au-delà de laquelle on ne peut aller – caractérise l'*essence* de l'être-là. Mais l'être-là lui-même *est* « avant » qu'il ne s'auto-appréhende – dimension d'être que Fichte avait appelée dans la *Doctrine de la science de 1805* « *existence* (*Existenz*) » en tant qu'existence *de l'être-là* (*Dasein*)[1]. Cette existence, l'être-là la doit à l'*être absolu*, lequel seul est en mesure d'être là, en vertu de son propre être absolu : « la vie réelle du savoir est dès lors, en sa racine, l'être et l'essence intimes de l'absolu lui-même, et rien d'autre ; et il n'y a aucune séparation entre l'absolu, ou Dieu, et le savoir à sa plus profonde racine de la vie, mais tous deux se révèlent pleinement l'un dans l'autre »[2]. L'être-là, tout en *révélant* l'*essence* de l'être, n'en *est* pas moins qu'*un* avec lui.

Or, comme nous l'avons vu plus haut, une multiplicité *apparaît* tout de même dans le *monde*. Mais, contrairement à l'*apparition* de l'être dans l'être-là, il ne s'agit là que d'une *apparence*. En effet, les choses multiples du monde sensible « se trouvent bel et bien dans la *réalité effective*, d'où résulte dès lors la tâche de lever cette contradiction entre la perception de la réalité effective et le penser pur, de montrer comment leurs affirmations en conflit l'une avec l'autre peuvent néanmoins subsister côte à côte et ainsi toutes deux être vraies, et de résoudre ce problème en montrant en particulier par où et en vertu de quel principe cette multiplicité s'introduit dans l'être, simple en soi »[3]. Essayons alors en effet de résoudre ce problème, de déjouer cette apparence.

1. *Cf.* notre préface à la traduction de l'*Initiation à la vie bienheureuse*.
2. GA I, 9, p. 89 ; trad. fr. p. 87 (trad. légèrement mod.).
3. GA I, 9, p. 94 ; trad. fr. p. 95.

L'être-là divin, en tant qu'il est un être-là « actif » (Fichte le caractérise comme « *DaseiEN* »), est identique à l'être un (interne et clos). Aussi le principe de la division (en *être* et *être-là*) ne peut-il se trouver qu'*en dehors* de l'être (« de telle façon, toutefois, que ce Dehors apparaisse avec évidence comme immédiatement rattaché à cet acte vivant et comme résultant nécessairement de lui, et qu'en aucune façon, en ce point, le fossé entre nous et la divinité, ainsi que notre expulsion sans retour loin d'elle, se trouvent renforcés »)[1]. L'être « *existe* (*existiert*) » signifie en tout cas que son être et son être-là sont la même chose[2]. S'il y a une « différence » ou une « déconnexion » entre les deux, *elle n'est pas dans l'être-là absolu en lui-même, mais ne saurait être que « pour nous »*. Quel est alors le principe de leur séparation ?

L'être ne peut évidemment apparaître *en tant qu*'être (« *ALS Sein* ») que si, *dans l'être-là* (c'est-à-dire là où se trouve ce principe de séparation), on ne le confond pas avec ce dernier. Le « Dehors » de l'être, l'être-là, s'inscrit dans la série verticale suivante (qui exprime l'idée que la conscience est le fait de la saisie de soi, en son être, de la vie absolue à travers laquelle saisie de soi cet être lui devient en même temps le monde) :

> Vie absolue, divine (= *être* un = *conscience de soi* (en soi))
>
> Penser (= *être-là* = conscience (pour nous) = forme fondamentale du concept donnant lieu au *monde*)
>
> Réflexion (donnant lieu à la *multiplicité déterminée* du monde)

Explicitons la teneur de cette série verticale. Comme nous l'avons déjà précisé plus haut, le « *Soll* » est le principe de l'être-là, fondé dans la vie absolue, divine (où, comme il est apparu de façon très claire entre-temps, l'être et l'être-là sont *en soi* identiques). Dans le vocabulaire de la quatrième leçon de l'*Initiation à la vie bienheureuse*, s'il y a dans l'être-là un principe de division entre l'être et l'être-là, celui-ci doit faire apparaître l'être *en tant qu*'être et l'être-là *en tant qu*'être-là. Or, cet « En tant que (*Als*) » repose sur un « *Durch* » (« Par » ou « À travers ») exprimant l'*essence* de l'être et de l'être-là. Cette essence ne correspond pas à leur *être* immédiat, mais seulement à leur *image*. Le *savoir* (la *conscience*) ne peut jamais aller au-delà d'une telle image ou d'une *relation*. Et la caractéristique fondamentale du rapport entre l'être et l'être-là, c'est l'idée que l'appréhension de l'être en tant qu'être, et de l'être-là en tant qu'être-là,

1. GA I, 9, p. 95 ; trad. fr. p. 97 (trad. légèrement mod.).
2. GA I, 9, p. 96 *sq.* ; trad. fr. p. 97 *sq.*

n'est possible qu'*à travers la relation qui donne l'un par* (*ou à travers*) *l'autre*. C'est donc en se déployant de la sorte comme *relation* que l'« En tant que (*Als*) » permet de déterminer l'essence de l'être et de l'être-là.

Or, cette *médiation* par la relation, qui ne permet pas de saisir l'être de l'être et de l'être-là de façon *immédiate*, opère une *transformation* avec ces derniers. En effet, l'être vivant de Dieu (tout comme son être-là) est immobilisé, grâce au concept, dans un poser-en-face (« *vor-stellen* »). Cette opération est fondamentalement constitutive du *monde* : le concept est le « créateur du monde » en vertu de la transformation de la vie divine en un être fixe.

Cette opération est le propre de l'*être-là divin*, elle s'effectue *en vertu de lui* ; et elle doit être distinguée de la *réflexion*, libre et autonome (quoique ou plutôt : en raison du fait qu'elle procède de l'être absolu et vivant)[1], opérée par la conscience de soi *individuelle* qui s'apparaît d'abord à elle-même dans ses actes réflexifs et qui, en même temps, divise le monde en une infinitude de déterminations. Le *factum* libre de la réflexion est le créateur de la multiplicité dans le monde restant toujours un. Nous passons ici de l'universel au singulier : la forme universelle du concept est constitutive du monde un; la réflexion est constitutive de ses déterminations singulières multiples. Ajoutons qu'au niveau de la réflexion se rejoue – en vertu de ce que Fichte appelle la « loi fondamentale et essentielle de la réflexion » – la même division que celle que nous avons déjà mise en évidence dans l'éclosion de l'être-là à partir de l'être absolu : « dans la réflexion sur soi-même [...] le savoir se scinde par lui-même et par sa propre nature, de sorte qu'il n'apparaisse pas seulement avec évidence à soi-même en général – ce qui fait un premier terme ; mais qu'il s'apparaisse aussi avec évidence comme étant ceci et cela, ce qui ajoute au premier terme un second, donc comme quelque chose qui pour ainsi dire jaillit du premier, si bien que la véritable assise fondamentale (*eigentliche Grundlage*) de la réflexion se divise en quelque sorte en deux morceaux »[2].

1. « Le fondement de l'autonomie (*Selbständigkeit*) et de la liberté de la conscience est certes en Dieu ; mais précisément parce qu'il est en Dieu, et de ce fait et pour cette raison même, autonomie (*Selbständigkeit*) et liberté sont véritablement là et ne sont en aucune façon une vaine apparence. Par son propre – *être-là*, en conséquence de son essence intime, Dieu expulse son être-là en partie, c'est-à-dire dans la mesure où ce dernier devient conscience de soi, de Lui-même et le place en face de Lui comme véritablement autonome (*selbständig*) et libre », GA I, 9, p. 98 ; trad. fr. p. 101 (trad. légèrement mod.).

2. *Ibid.* ; trad. fr. p. 101 *sq.* (trad. mod.).

Récapitulons. L'être absolu, la vie absolue, la vie – divine – absolument vivante, est, dans son unité immédiate avec l'être-là, *conscience de soi immédiate*. La loi fondamentale de la réflexion opère alors à deux niveaux. Concernant le rapport entre l'être et l'être-là (niveau universel), l'être absolu se saisit en son être et à la fois devient *conscience*, laquelle conscience est caractérisée par une *médiation*; et cet être, qui est le sien, lui devient *monde* (un). Quant à la multiplicité des déterminations du monde concret (niveau singulier), le monde s'éparpille en vertu des « actes de la réflexion » en modes singuliers (infinis), caractérisés respectivement par la corrélation conscience empirique/objet empirique. Or, « à l'issue » de cette double transformation, de cette double division, « où » se « situe » la conscience de soi immédiate de la vie absolue (qui n'est autre que l'accomplissement immédiat, et dès lors non conscient, de cette double transformation)? Nulle part ailleurs que dans son propre *être* (=celui de la conscience de soi), qui est inconcevable, c'est-à-dire inaccessible au penser, au concept, à la conscience. L'être de la conscience qui gouverne la multiplicité des déterminations du monde n'entre pas dans ce dernier, seul son représentant – l'image – y entre. Fichte de conclure que la réflexion est la forme *a priori* de tout rapport possible au monde déterminé :

> Ce que tu vois, tu l'es éternellement toi-même; mais tu ne l'es pas comme tu le vois, et tu ne le vois comme tu l'es. Tu l'es, d'une manière immuable, pure, sans couleurs ni figure. Seule la réflexion, que tu es pareillement toi-même et dont tu ne peux pour cette raison jamais te séparer, – seule la réflexion le diffracte pour toi en figures et rayons infinis. Sache néanmoins que ce n'est pas en soi, mais seulement dans cette réflexion qui est la tienne en tant qu'elle est ton œil spirituel, par lequel seul tu peux voir, et en action réciproque avec cette réflexion, qu'il se trouve diffracté et figuré, et figuré comme un multiple; élève-toi au-dessus de cette apparence, – qu'il est aussi impossible d'éliminer dans la réalité effective que les couleurs dans ton œil sensible –, élève-toi au-dessus de cette apparence jusqu'au penser; laisse-toi saisir par lui, et désormais ce n'est plus qu'à lui que tu accorderas créance[1].

Concluons. Que pouvons-nous retenir de la reconstruction précédente pour la clarification du sens de la « série idéelle » et, par là, du « problème "difficile" de la conscience » ?

Selon l'argumentation de Fichte, on n'a pas besoin de la conscience pour accéder au réel, mais on a besoin de comprendre le statut de ce qui « est » pour ne pas laisser échapper le réel. À ses yeux, le « dogmatisme », le

1. GA I, 9, p. 100 *sq.* ; trad. fr. p. 104 *sq.* (trad. légèrement mod.).

« matérialisme » et – pourrait-on rajouter d'une façon certes anachronique – le « fonctionnalisme » partent d'un même présupposé erroné. Si l'on veut rendre compte du « réel », tout projet consistant à partir de la matière pour espérer pouvoir mettre en évidence l'éclosion de la conscience est condamné à l'échec. La vie de la conscience ne saurait être reconduite à la matière morte. Aussi, ce qui est premier ne saurait être ni la multiplicité des déterminations réelles de l'en soi (causalisme, fonctionnalisme), ni même – pour une tout autre raison (car il faut bien entendu rendre compte de la dimension *transcendante* du réel) – une conscience finie et empirique (subjectivisme). Si Fichte caractérise d'entrée de jeu dans l'*Initiation à la vie bienheureuse* la *Wissenschaftslehre* comme une « doctrine de la *vie* », c'est parce qu'il faut rendre compte d'abord et surtout du caractère vivant du réel. Or, cette vie absolue *n'est pas celle du monde*, mais d'un principe transcendant seul en mesure de rendre compte de la *conscience* et de la *conscience de soi*. Mais, nous insistons, si l'on doit éviter l'écueil de Charybde du matérialisme fonctionnaliste, il faut éviter également l'écueil de Scylla d'un subjectivisme fini. D'où la nécessité de se placer au point de vue de l'être absolu, identique à son propre être-phénoménalisé, dont l'approche et la légitimation sont assurées grâce au « *Soll* » (au cœur de la loi fondamentale de la réflexion). Par là se résout en même temps le problème du rapport entre la « chose en soi » et le « phénomène ». Le seul être est celui de l'être absolu qui, pour se manifester, s'extériorise en sa propre image s'auto-anéantissant. La caractérisation fidèle et fiable du réel met en jeu un « corrélationisme » qui n'est ni empirique, ni psychologique, mais *transcendantal* (tout en impliquant une « immédiateté »). Et ce transcendantalisme n'est ni formel, ni abstrait, mais exprime la transcendance d'un réel s'auto-légitimant par la « conscience de soi » (transcendantale, précisément) de l'être absolu.

LISTE DES CONTRIBUTEURS

CERUTTI Patrick : Professeur en Classes préparatoires. A publié des traductions commentées de Jacobi, de Fichte (*L'initiation à la vie bienheureuse* (dir.)) et de Schelling.

CHÉDIN Maxime : Professeur agrégé de philosophie en CPGE, docteur de l'Université de Paris-Sorbonne. Il a soutenu, en 2012, une thèse consacrée à la question de l'idéalisme et à la définition de la philosophie comme science chez Fichte, dans ses rapports avec Kant et l'idéalisme allemand. Il est l'auteur d'articles principalement consacrés à Fichte et à Schelling. Ses recherches portent actuellement sur le domaine de la philosophie de la nature dans la philosophie allemande et à l'époque contemporaine.

GODDARD Jean-Christophe : Professeur de philosophie allemande et française à l'Université de Toulouse Jean Jaurès où il dirige l'ERRaPhiS et coordonne le consortium universitaire international du master Erasmus Mundus EuroPhilosophie. Il a présidé l'Internationale Fichte-Gesellschaft de 2006 à 2012 et est l'auteur de plusieurs traductions et ouvrages sur la philosophie de Fichte.

IVALDO Marco : Professeur ordinaire de philosophie morale et de philosophie pratique à l'Université Frédéric II de Naples, coéditeur des *Fichte-Studien*, dirige avec Erich Fuchs et Carla De Pascale la collection « Fichtiana » (Vivarium Novum, Roma), dont il a été le fondateur avec Reinhard Lauth. Dernières publications : *Libertà e moralità. A partire da Kant* (Saonara-Padova, Prato, 2009) ; *Ragione pratica. Kant, Reinhold, Fichte* (Pisa, ETS, 2012); *Geschichte der Moralphilosophie* (Saldenburg, Senging, 2012); *Fichte* (Brescia, La Scuola, 2014).

LEMAITRE Jean-Christophe : Professeur agrégé de philosophie, docteur de l'Université de Paris-Sorbonne. Il a soutenu, en 2011, une thèse consacrée au concept d'identité dans la pensée de Schelling. Ses travaux portent principalement sur Schelling, Kant et Fichte, et sur l'articulation entre pensée de la subjectivité et métaphysique de l'unité, ainsi que sur la philosophie de la nature et de l'histoire. Il a collaboré à une nouvelle traduction de *L'initiation à la vie bienheureuse* de Fichte (Paris, Vrin, 2012) et a récemment dirigé le dossier « Penser l'âme après Kant » aux *Archives de philosophie* (2014).

MAESSCHALCK Marc : Docteur en philosophie et lettres de l'Université catholique de Louvain (1987) et agrégé de l'enseignement supérieur (1997). Il est actuellement président du Pôle Juridique de Théorie du droit et directeur du Centre de Philosophie du droit. Il a enseigné en Haïti, au Québec, en France et au Luxembourg. Son enseignement et ses recherches portent sur le droit et la religion dans l'idéalisme allemand, ainsi que sur la gouvernance démocratique et la théorie de l'action collective en philosophie politique contemporaine. Il a publié de nombreuses études sur Fichte et Schelling, ainsi qu'en philosophie sociale, en éthique et en théorie du droit. Ses derniers ouvrages sont *La cause du sujet* (Bruxelles, Peter Lang, 2014), ainsi qu'un numéro de la *Revue Philosophique de Louvain* sur l'*Actualité et les réceptions de l'idéalisme allemand* (mai 2013) et, avec Jacques Lenoble, *Democracy, Law and Governance* (Farnham, Ashgate, 2010).

RADRIZZANI Ives : Professeur à la Ludwig-Maximilians-Universität de Munich et collaborateur des éditions Schelling de l'Académie bavaroise des Sciences, est, en plus de Schelling, éditeur de Fichte (*Gesamtausgabe* et *Fichte in den späten Vorlesungen*), de Reinhold (*Korrespondenzausgabe* de l'Académie autrichienne des Sciences), de Jacobi (les "*Denkbücher*") et de Maimon (édition critique). Il est l'auteur de nombreux ouvrages et articles sur l'idéalisme allemand et le romantisme.

VETÖ Miklos : Membre extérieur de l'Académie Hongroise des Sciences, *Honorary Professor* à l'Université Catholique Australienne, a été successivement professeur aux Universités Yale, d'Abidjan, de Rennes et de Poitiers. Dernières publications : *L'Élargissement de la métaphysique; Explorations métaphysiques; Gabriel Marcel; La métaphysique religieuse de Simone Weil* (3e éd. : Paris, L'Harmattan, 2014); *De Whitehead à Marion. Éclats de Philosophie contemporaine* (Paris, L'Harmattan, 2015).

VINCENTI Luc : Professeur de Philosophie à l'Université Paul-Valery de Montpellier, travaille en morale et politique sur Rousseau, Kant, Fichte et la pensée marxiste. A notamment publié : *Pratique et réalité dans les philosophies de Kant et de Fichte* (Paris, Kimé, 1997) et récemment « Fichte e il marxismo » (*Dianoia*, Bologna, 18, 2013); « Fichte et Lukacs », *Dialectique et histoire* (Paris, Kimé, 2014). Site personnel : http://www.luc-vincenti.fr/

WOOD David W : Chercheur à Munich, a obtenu son titre de docteur en philosophie conjointement de la Sorbonne (Université Paris IV) et de la Ludwig-Maximilians-Universität de Munich. De 2009 à 2011, il a mené des recherches postdoctorales à l'Académie Bavaroise des Sciences, où il a collaboré à l'édition des œuvres complètes de J. G. Fichte. Il a publié une monographie intitulée *Mathesis of the Mind. A Study of Fichte's Wissenschaftslehre and Geometry* (Amsterdam, Rodopi, 2012), ainsi que plusieurs traductions en anglais de textes philosophiques, parmi lesquelles l'encyclopédie de Novalis *Notes for a Romantic Encyclopaedia. Das Allgemeine Brouillon* (Albany, SUNY, 2007) et, avec M. G. Vater, la correspondance de J. G. Fichte et F.W.J. Schelling, *The Philosophical Rupture between Fichte and Schelling. Selected Texts and Correspondence*, 1800-1802 (Albany, SUNY, 2012). Il prépare une nouvelle édition anglaise de l'*Anweisung* de Fichte sous le titre : *The Way to the Blessed Life, or also The Doctrine of Religion.*

TABLE DES MATIÈRES

Achevé d'imprimer par Corlet Numérique - 14110 Condé-sur-Noireau
N° d'Imprimeur : 143790 - Dépôt légal : décembre 2017 - *Imprimé en France*